中国グローバル市場に生きる村

Chinese Village, Global Market　New Collectives and Rural Development

トニー・サイチ＋胡必亮 共著
Tony Saich and Biliang Hu
谷村光浩 訳

鹿島出版会

学術研究とは、知的な刺激のみならず、楽しみとなることをご教示くださった
デイビッド・E・アプターへ

目　次

＊本書の表記中、〈　〉は訳者による付記であることを示す。

まえがき

〈シリーズ「変わりゆく中国」／原書はこの叢書として刊行されている〉

〝中国の台頭〟とは、海外と同様に、中国においても響き渡る決まり文句である。清の自給自足経済が、無限の商品に対する無数の消費者といった展望をみせる伝説的な市場であるとして、はやり立つ列強に砲艦と条約で門戸を開くように追い込まれてから、今や一世紀半以上の時が経つ。さらに、〝目を覚ましつつある〟中国といううきざしは、なぞめいて勤勉な中国人で世界があふれる〝黄禍〟のごとき、ひどく人種差別的な不安をも想起させた。二〇世紀の大半を通じて、中華民国と中国国民党の政治的瓦解、そして社会主義的革命闘争は、市場の夢を遅らせた。しかし、近年、中国はグローバル市場に対して安価な労働力、ものづくりの拠点として再編されてきた。先の共産主義の夢想に代えて、昨今の実態は、グローバル化のモデル、あるいは醜い資本主義の欠陥社会などとして、さまざまにとらえられている。

中国は、一九八〇年頃からみずからを改めて一変させ、〝台頭する中国〟という夢が鼓舞されてきた。このことは、来るべき〝中国の世紀〟について胸の高鳴る見解をも誘っている。人口においても、金融、軍事においても、中国による世界支配といった不安感が再び呼び起こされてきた。過去二〇年間の急激な〝台頭〟は、中国内にて、排外的愛国主義とともに、一連のきわどい内省を煽ってきた。また、中国の資金力と国内総生産の大きな割合を占めるその投資により、政府と市場の力学が大いに注目されている。資本主義的な――いや国家資本主義的な――生産という明確な路線にそって、中国社会の根本的な変動を取り仕切る、共産党の変わらぬ支配は、終わりなき逆説や矛盾をはらむ。その経済の地域化や改革する力の方向づけにみられる各地の特徴は、全国的な進め方の枠内で、構造的、制度的、草の根的なイノベーションの機会を創り出している。

〝中国の台頭〟を、どうすればそれが含意する国内ならびに世界の変動とともに理解することができるのか。中国の現状と世界においてますます重要となるその役割につき、論理的に厳密な学識にいたるため、いかにすれば決まり文句の歴史的、現代的な表層をはぐことができるのか。中国と世界について、しばしば現在の報道・学術界の特徴になっている、具体的なものとして扱われた甘い夢や暗黒郷《ディストピア》に、どうすれば巻き込まれることなく〝中国の台頭〟の意味を細かく考察できるのか。

このシリーズ「変わりゆく中国」では、現代中国に関する独創的な研究、翻訳・分析、ディベートの傑作を見出し、刊行していきたい。批判的、学際的、そしてグローバルな視座で、本シリーズは、中国と世界について考え抜かれた見方に到達するため、〝中国の台頭〟を取り巻く神話やイデオロギーを打ち破ることを模索する。何が起きているのか、どのように情勢・大勢が動きそうなのか、しかもなぜ注視しなくてはならないのかを総合的に思索するため、中国をその歴史的、地域的、国際的な背景のなかに位置づけ、さらには中国を糸口にグローバルな潮流を探っていく。

このシリーズは、より長期的な問題や課題を見出す、しなやかな取り組みであることをめざしている。学問領域、観点、あるいは手法にとらわれず、学術研究の発展ならびに多角化に資する、変わりゆく中国の新たなとらえ方を提起する。

カール・リスキン、林春、レベッカ・カール

二〇一一年一一月

謝辞

この研究の起点は一九九二年にまでさかのぼるが、近年の調査課題の多くは二〇〇六年以降に実施された。当然のことながら、数多くの個人・機関に感謝申し上げねばならない。言うまでもなく、何よりもまず、本調査対象の雁田村に暮らす人々に――村籍住民のみならず、この村にて業務に励む出稼ぎ労働者や外来投資家などにも――である。さらに、雁田を管轄する風崗鎮、東莞市の政府関係者諸氏にも感謝したい。

特に記しておきたい方々は、一九八一年から二〇一一年まで雁田の党支部・総支部委員会書記で、どのようなときでも快くご支援くださった鄧耀輝《トンヤオフイ》、一九九二年に初めて訪ねるにあたり、胡《フー》必亮《ピーリアン》に鄧耀輝を紹介くださった鄧建新、村での調査計画をいつも前向きに検討し、見事に手はずを整えてくださった鄧沢栄《トンツォーロン》、鄧満昌《トンマンチャン》、鄧旭枢、鄧淦田、そして当地での実地調査に際して重要な助言をくださった鄧森揚、陳広勝、陳麗媚、鄧順誼、鄧恵新である。

この調査には、村民の多くの方々より有用な情報が寄せられ、なかには貴重な統計資料の発掘にご尽力くださった方々もいた――鄧玉芳、李恵幇、鄧漢連、郭金球、鄧以諾、鄧景忠、彭志勇、陳宏斌、黄俊河、馬瑞成、鄧照祥、鄧冠華、鄧汝嬌、鄧偉基、鄧騰芳、鄧幗姿、鄧恵成、鄧金美、鄧富寧、鄧岳輝、鄧鶴齢、鄧進霊、鄧祖歓、鄧有興、鄧桂芳、鄧徳貴、鄧紹宗、李集権、李桂容、楊派連、鄧紹基、鄧岳倫、曽暁軍、鄧淑珍、黄小桃、周政平、鄧素華、蔡錦峰、鄧春燕――。

政策ならびに今後の課題に関わる検討で、特に有益であった当地政府当局者は、朱斌華、劉凱文、蔡康、王小玉、朱国和、張新偉、廖玉開である。実地調査の重要な手配などについては、雁田村事務局職員の方々、ことに周光明、林漢筠、李傑、鄧効雲、周錦萍、鄧美美、鄧翠芬が支えてくださった。

このほか、研究への助言、格別の支援を寄せてくださった方々は、杜維明、カールステン・ヘルマンピラート、ジュリアン・チャン、エドワード・カニンガム、王暁毅、張軍、姚梅、李玉祥、張嵐松、張瑋、李静、張元紅、李人慶、李国祥、馮興元、張斌、劉燕生、劉強、陳前恒、ライナー・ヒファーズ、ジョイス・リン、ウィモンパ・プロムズィマ、ジェシカ・エクホルト、ローラ・マー、劉潔、王潔、陳方、李金平、劉紅禹、魏培莉、靳文麗、李周、尭蛟、袁威、王慶超、熊飛、胡笛、孫雨濛、李廷洲、葛雷、陳宇軒である。中国社会科学院農村開発研究所長の張暁山には、本研究への支援に深く感謝申し上げる。李玉祥ならびに胡笛には、村での実地調査時の洗練された写真撮影、記録に感謝の意を表したい。最終的に、そうした写真を添えることができず残念である。現代中国について著述する多くの人々と同様に、ハーバード大学フェアバンク・センター司書のナンシー・ハーストにも感謝したい。

両筆者は、各自の所属組織からの支援にも深謝している。胡必亮は、二〇〇七年九月一日から二〇〇八年八月三一日まで、ハーバード燕京《イエンチン》研究所 客員研究員であり、二〇〇八年九月一日から二〇〇九年一二月三一日まで、ハーバード大学ケネディ・スクール アッシュ民主的ガバナンス・イノベーション・センター上級研究員であった。また、新たな本属の北京師範大学にて支えてくださった劉川生、鐘秉林、李暁西にも感謝したい。トニー・サイチは、研究計画への資金援助に関してアッシュ・センターに、そして教職員が整えてくださった組織的にも知的にも卓越した本拠について彼らに謝意を表したい。

さらには、本書の制作にあたりお力添えくださったパルグレイブ社のスティーブン・ケネディ、ファリード・K・カマリ、サラ・ネイサンに御礼申し上げたい。

第一章　グローバルな村へ

——雁田の歩み

一九七六年、筆者の一人は中国・広州への列車に乗るため、香港と深圳《シェンチェン》をつなぐ羅湖《ルオフー》橋を徒歩で渡った（註1）。西側諸国の者にとって、当時、これが中国に入る唯一の方法であった。そして、歩くことで、主として水牛を労役の家畜に用いた水田が一面に広がる、農村部のありさまを感じ取ることができた。そうした農村での暮らしのリズムは、一九世紀や二〇世紀の大激動にもかかわらず、何世紀にもわたってほとんど変わっていないように思われた。珠江デルタは、日照に恵まれ、降雨量も多く、歴史的に華南地方の主要な食糧庫のひとつであった。一見、珠江デルタはのどかな農村のようだが、その表面下においては、農民の願望や潜在的な能力が抑えつけられていた。毛沢東《マオツォートン》思想に根ざした閉鎖的な経済政策や外国貿易への警戒心は、珠江デルタを、香港からの国境を越えた投資と貿易がもたらし得る可能性から遠ざけた。一九九〇年代後半になると、その水田が幹線道路に、水牛はグローバル市場への製品を輸送する大型トラックに取って代わられ、さらには成長著しい輸出主導型経済の一端である高層建築、工場が立ち並ぶなか、農地は消えていった——ごく狭小な耕地よりもはるかに大きなものに出くわすならば、かなりめぐり合わせが良い――。

本書は、雁田《イエンティエン》というひとつの村の、そしてその目覚ましい一九七〇年代後半からの経済的、社会的な変動の物語である(註2)。雁田村は、風崗鎮の一部を成し、この鎮〈農村部にて商工業が比較的さかんな区域に設けられる末端行政区画単位で、郷と同レベル〉自体は広東省東莞《トンコアン》市の行政区域に入っている。本研究においては、北京での政策的な取り組みとローカル・レベルの関係者との相互作用、さらにはそうした関わり合いが、ゆるりとしたこの農村の変動をいかに方向づけてきたのかを論考する。雁田なる世界は、一九八〇年八月、深圳経済特区の設立とともに、また珠江デルタにて海外からの投資を促進する新たな規定を広東省が取り決めた、とりわけ一九八五年を経て、ことごとく変化した。香港と深圳に近いこの村は、製造・生産のグローバルな再編においてひとつの中核をなす珠江デルタで、巣〈結束して新規事業を展開する場〉をつくる(註3)。中国のリーダーらが鎖国的な中国経済からの脱却を図ろうとするなか、東莞・雁田が有する香港の製造業、資本への近接性は、それらが枢要な海外直接投資先となることや、国境を越えてより安価な土地と労働力を求める製造業の移転を可能にした。

世界的な加工・製造を担う巨大な工場群が現れ、東莞はエレクトロニクス産業において最も大きなグローバル生産・加工拠点となった。そのピーク時には、パーソナル・コンピュータに使用される世界の磁気ヘッドの四〇％、ディスク・ドライブの三〇％がこの地で製造されていた(Chang 2009, 30)。わずか三〇年で、この地域一帯は、農業(おもに水稲、サトウキビ)中心の経済から、大部分が輸出されるそうした製品の世界的な生産センターに転じた。急速な経済成長は、この地域に大量の労働力を引きつけ、たちまち都市化が進展した。ここは、昨今のグローバル化という諸力によって生み出される人口、経済、社会的変化の最前線になっている。

急速な成長、農業の衰退、そして新しい市街地の出現は、変化にいかに向き合い、対応するかという新たな課題を生じさせている。グローバルな統合と合わさったそのような変化が、旧来のガバナンスにいかなる影響を与えてきたのかといった研究に際して、雁田は興味深いひとつの起点となろう。本研究は、その主眼をこの村に置き、開発における地方政府の変わりゆく役割や、政府と社会との関係という、より広範な問題を説き明かす。改革と無縁であった仕組みは何もなく、各級〈地方でいえば省―市―県―郷などの〉政府間の、また政府と社会との関係は、根本的につくり替えられてきた。たとえば、基本的な福祉サービスの提供主体は、政府機関、市場原理にもとづく組織、親族、非政府組織のネットワークに広がり、多元化している。重要な基本的サービスの提供に関して、雁田に見られるようなネットワーク化されたガバナンスは、注目の的となってきた。経済的により発展したところも、資源により制約があるところも、どこでも緊急になすべき点は、みずからの財源を見出す必要性である。こうしたシステムから、結果として生じる財政上の格差は、公共財・サービス供給の凄まじい差異の一因となっている。雁田のような村は、急速に伸びる収入を管理し、資源の提供に資金を投下する、より大きな力を手にしてきた。しかし、本書が明らかにするように、その人が置かれた状況によって、コミュニティ内で何を得られるのかにも非常に大きな差異があり得る。村の富は、明確に、何よりもまず村籍を有する当地村民のためのもので、出稼ぎ労働者のためにあるのではない。医療衛生・教育経費への政府の一段と大きな支援にもかかわらず、末端の現場では、資源を補充するために予算外収入も含め、今なお地方財源にかなり依存している。それらがどのように分けられ、しかも誰が決めるのかは、重大な政治課題となっている。

雁田村――概観

雁田は、村の総面積二四平方キロメートルの六〇%を占める大きな平地に広がっている。村民は、ここを、みずからの願うものが手に入る〝聚宝盆《チュイパオペン》〟〈宝物が尽きることのない鉢〉と呼ぶ。この平地のまわりには丘陵地が広がり、最も高い地点は南東部の望海嶺（一八八メートル）である。雁田には、二河川が流れる。東深河は、深圳を経て香港へと真水をもたらし、また深圳市龍崗区平湖鎮を源とする水貝河は、雁田村内でこの東深河に流入する。これら二河川によって、雁田の工業、農業、そして人々の日常生活には、十分な水が供給されている。

亜熱帯モンスーン気候で、水がふんだんな雁田では、一年間に三回の収穫――水稲の二期作に加えて、雑穀の冬作――がかなない、数多くのトロピカル・フルーツ（ライチ、パイナップル、バナナ、竜眼、桃、スモモ）もよくとれた。年間平均気温は摂氏二二度と穏やかで、冷え込む一月の平均気温は一三度、暑い盛りの七月、八月は二五～三〇度。四月から一〇月にかけては雨季となり、年間平均降雨量は一、八〇〇ミリメートルである。このような恵まれた自然条件のもと、雁田の発展において農業が重要な役割を果たしたことは驚くにあたらない。しかし、雁田村籍の村民のほとんどは、もはや直接生産に携わってはいない。それは、改革下の最も目覚ましい発展――外資系企業の急成長――のゆえである。

雁田への最適なルートは、深圳経由である。深圳宝安国際空港からは車でほぼ一時間であり、

図 1.1 雁田の地理的な強み

深圳の羅湖駅からであれば、所要時間はさらに短くてすむ。行政上、この村は、北西に約六〇キロメートルの東莞市に入っているが、このように、地理上は深圳に近接している（図1.1）。深圳市中心部は南へわずか三〇キロメートルで、香港までの距離もさほど変わらない。風崗鎮までは六キロメートルほどである。

村には整備された幹線道路が通り、国内の要所を結ぶとともに、香港へのアクセスも容易にしている。東莞市橋頭鎮から深圳市中心部へといたる東深線は、東莞市の南東に位置し、深圳市に隣接する雁田を北から南へと通っている。また、この村には、恵州市恵陽区淡水鎮と深圳市龍崗区平湖鎮をつなぐ淡平線が東西に走っている。さらに、深圳市龍崗区横崗鎮と雁田は、雁横線で直結されている。なお、広州と香港を結ぶ鉄道については、西へわずか六キロメートルの平湖鎮を通る。これらの主要なルートは、改革の時代が始まるよりもかなり前にすべて整っており、いったん改革が政治的に受け入れられると、この地での生産には大きな利点となった。

雁田は、最初に人々が住みついてからしばらくの間、〝湴田《ポンティエン》〟(荒れ果てた泥地)と呼ばれていた。元代(一二七一～一三六八年)にはいくらかの小規模な開墾もなされたが、限られた労働力のため、相変わらず土地はやせていた。「緑の山々、花咲く木々、清らかな水路、見事に作付けられた農地」を手にするための整備が進められたのは、鄧、梁、楊、陳氏といった親族集団がこの地に移り住んだ明代(一三六八～一六四四年)になってからであった(Deng ed. 2003, 3)。秋分を過ぎたころ、北方から飛来する野鳥の雁にとっては、申し分のない生息環境がもたらされた。より温暖な天候は、春分過ぎに北へ向けて飛び立つまでの越冬に適していた。そうしたことから、村名は〝雁田〟に改められた。

中国農村部における土地の定義づけとは、地方政府がそれで成し得ること、成し得ないこと、さらには収入を生み出すためにそれを使えるかどうかを決するゆえに重要である。農業用地は、当該農村の集団〈農民集団〉によって所有され、通常、農民とはその使用に関わる契約が結ばれている。建設用地は、非農業生産――公共インフラストラクチュアや工業――にあてられる。一般的には当該農村の集団によって所有されているものの、賃貸される場合がある。住宅用地については、農民が家を建てるためのもので、これもそうした集団によって所有されているが、原則として賃貸、譲渡してはならない。雁田村においては、土地の三〇%が建設用地に指定され、六〇%は生態系保護にあてられている。農業用地には、かろうじて一〇%が取り置かれているにすぎない——おもに野菜が生産されている——。建設用地に関しては、村民の住宅がその二三%（二、五三〇畝《ムー》）〈一畝＝一五分の一ヘクタール〉、工場・作業場が四二%（四、五六〇畝）を占め、そのほかに、公園、学校、病院、村民委員会〈農村部住民の自治組織〉などの公共施設が九%（九七一畝）となっている。生態系保護、すなわち生態用地については、四二%（九、〇七〇畝）が林地、一二%（二、五〇〇畝）が果樹園、一～二%（三五〇畝）が養殖池として利用されている。残りの丘陵地は、十分に活用されていない。

この村は、三〇年ほど前から、〝村〟とは分からない。実際、今なお村であることに気づかずとも無理はない。外から見れば、工業化、都市化によって世界各地に生み出されてきた、言わば豊かにさかえる街のようである。けれども、雁田は、未だにひとつの行政村とされている。そして、このことは、その経済運営、各級政府との関わり合い、福祉の方策、村内の人々に優越的な権利として与えられる便益に、かなり大きく関わっている。

行政村である雁田村は、九自然村を有している。行政村中心部には、東一、東二、南坊、西坊、北坊の五村が、また周辺部には残りの四村がある。布心、水貝は北西部に、石蚧、長表はそれぞれ南部、南東部に位置する。面積が一番大きい東二は、人口が六四〇人で最も多い。一方、石蚧は面積が最小で、人口はわずか一四〇人である。

香港への近接性は、いったん深圳経済特区を設立する試みが動き出し、次いで外国からの投資がその区域を越えて奨励されると、雁田にはプラスに作用した。また、この村には、企業家精神にあふれる鄧氏がいた。彼らは、香港やさらに遠くの親族を、〝祖先〟の村への投資に動員することができた。活性化された親族の重要な役割については後述する。その後の急速な経済発展は、この地の村民を豊かにしたばかりでなく、大規模な外来人口をもたらした。広東省は、およそ三、〇〇〇万人の流動者を抱えている。二〇一〇年、東莞市においては、六九五万人の総人口のうち五二〇万人は流動者であった。風崗鎮は、戸籍登録されている人口が二万人であったが、流動者は三〇万人に達し、そのうち八万人は雁田村にて生活を営んでいた（註4）。

雁田村籍の「雁田人」（雁田村籍の住民）に対して、東莞、雁田に流入してきた人々は、「新莞人」（新東莞人）と呼ばれる。二〇〇八年末、雁田村籍の人々は、総数三、四八九人であった。村籍は政治的地位、社会的アイデンティティ、福利待遇、さらには相当な財務利益にも関わるため、そうした区別は、非常に大きな意味を持つことになる（註5）。驚くことではないが、「新莞人」について正確な統計を探してもなかなか見当たらない。たとえ雁田で生活し、仕事をしていても、多くの人々は届け出ないため、地方公安部門が有する戸籍統計データは、実際の数よりも過少である。警察と村の幹部は、その実数を、公式の統計より一万人ほど多い、約八万人とみていた。いずれにせよ、流動者と称される人々は均質ではない。工場労働者に比して投資家は厚遇されるように、それは、村でどのように扱われるのかにも関わってくる。なお、他には小規模な事業を取り仕切る個人企業家や、農業に従事する流動者もみられる。野菜など日々の生活に欠くことができないものでさえ、村の集団から農地を請負う出稼ぎの人々によって供給されている。最も重要なことだが、そうした流動者には、正式な住民に相対的な豊かさをもたらしてきた、村の集団より支払われる配当を受け取る資格がない。

流動者の大部分は、雁田に一八〇社ほどある外資系企業での仕事に就いている（註6）。「三来一補」――提供された原材料の加工［来料加工］、提供されたサンプル通りの加工［来様加工］、提供された部品の組み立て［来件装配］、そして補償貿易――企業と、三資企業――独資企業〈(外国)単独投資企業〉、合弁企業〈持分型企業〉、合作企業〈契約型企業〉――は、特に重要である。そうした外資系企業は、一九九〇年代半ばには四〇〇社とピークに達した。しかし、移設や二〇〇八〜二〇〇九年の世界的な金融危機にともなう衝撃で、雁田の外資系企業は二〇〇九年には二〇五社に減少し、その後二〇一一年末にはさらに一八〇社にまで落ち込んだ(註7)。それでもなお、現今、工業が経済活動の中心になっている。工業生産総額は、一九八四年から農業生産総額を超えており、農業の付加価値はこの村全体にあってはごくわずかな比率の寄与にすぎない。二〇〇八年を例に取れば、雁田の生産総額は五五億元であったが、農業生産総額は一、二五六万元（全体の〇・二％）と微々たるもので、工業生産総額は四八億元（八七・三％）にも達していた。なお、六億八、九〇〇万元（一二・五％）は、サービス業からであった。

外資系企業の流入は、住民や投資家にプラスの効果をもたらした。それは、新たな流入者にとってもと言えるかもしれない。雁田村の集団は、工場・作業場の賃貸、サービスの提供から収入を得た。村民も、一部の企業に工場・作業場を貸し出していたが、たいていは出稼ぎ労働者に家屋を賃貸して収入を得ていた。外国からの投資家は、雁田で安価な労働力やその他の資源を利用して、国際市場に相当量の加工品を供給でき、かくして、より大きな利益をあげた。こうした展開は、さまざまな関係者の利害調整を要し、旧来の村落コミュニティよりも開かれた新たな経済的コミュニティを生み出した。

企業の流入、そしてその増加は、土地に対する需要を高めた。これに対処するため、雁田村の集団は、一九七九〜一九八二年に農家ごとに配分していた農地を回収し始めた（註8）。改革当初、中央政府の政策は、「農家経営請負制」（第二章参照）として知られるようになった制度のもと、耕地が個々の農家とは生産目的で契約されることを求めていた。しかし、すでに一九八五年には、村の集団はそうした土地を取り戻し始め、一九九二年にはその作業が完了した。これ以降、傾斜地にて果樹園の契約を結んでいた数世帯を除いて、雁田の地元住民は農業生産をやめた。正式な住民には、工業経営が経済的繁栄をもたらした。

中国農村部の組織

雁田は、一九九九年より行政村〈村民委員会が管理する区域〉とされた。これは、正式な末端行政区画単位——郷・鎮（風崗鎮）——の下の自治組織である。農村部における正式な行政管轄区域は、幾度かの改称にもかかわらず、ほとんど不変であるが、政策やインセンティブはかなり変化してきた。大躍進（一九五八〜一九六〇年）のなかで設立され、一九八〇年代初頭に廃止されるまで農村の暮らしに睨《にら》みを利かせた人民公社は、昔からの商圏とたいてい重なり合っていた。ほとんどの人民公社は、今では、それらが立ち上げられる前のかつてのように郷・鎮になっている。郷・鎮の下には雁田のような行政村（旧生産大隊）があり（註9）、さらにその下の自然村、すなわち行政村内の集落には村民小組《グループ》（旧生産隊）が設けられている——雁田村には、九自然村がある——。そうした村民小組は、明・清代〈保甲制という隣保制度〉の「甲」にほぼ相当する。

中国では中央政府が、財政支出について通例よりもはるかに大きな割合を地方政府に負わせてきた。「自力更生」という毛沢東時代のスローガンのもと、各行政部門は上級政府による支援への〝依存〟を最小限にすべきとの考え方が助長され、これは改革の時代も続いた。その結果、中央と地方の財政支出全体に占める地方の財政支出の比率は非常に高く、八〇％にも達している（註10）――この値は、改革が始まった一九七八年の五二・六％から上昇している――。つまるところ、地方政府は、中央政府や上級政府からさらなる補助を得る手立てを講じるか、みずから責務を果たすためにその財政収入を増やす方策を探らなければならないことになる。地方政府は、教育については、中央と地方の当該項目における総財政支出の九四・六％、医療衛生では九八・四％、社会保障では九四・〇％、環境保護では九八・〇％を担っている。ただし、交通運輸については七七・〇％とかなり低い（http://www.stats.gov.cn/tjsj/ndsj/2010/indexch.htm）。二〇〇二年、〈農村税費改革にしたがい〉各種費用が単一の農業税に転換され、さらに二〇〇六年にはその農業税が廃止され、多くの地域において、地方政府の財政状況は一段と逼迫している。

農村部にて財政上の中核は県レベルの政府となりつつあり、郷・鎮の重要性が低下している。こうした職責をめぐる展開は、「県を主とする」［以県為主］といった標語のもとで図られてきた。現今、県レベルの財政支出は、中央と地方の財政支出全体の約四分の一を占めている。何よりも、教員給与について、財政上の責任を郷・鎮から県レベルに移した二〇〇一年の決定が重要であった（『人民日報』二〇〇一年六月一四日）。

財政支出における郷・鎮の責任は県と類似しているが、たいてい財政基盤はさらに脆弱で、しかも社会的支出項目に関して最も重い負担を強いられている。県と郷・鎮は、合わせて、教育については地方の当該項目における総財政支出の七〇％、医療衛生では五五～六〇％を引き受けている（World Bank 2002, 34, 94, 111）。二〇〇一年に改革が決定される前、郷・鎮にとって、全国的に教育は財政支出の約三分の二と最大の支出項目であった。二〇〇二年、新たな改革がまさに実施されることになった当時、義務教育費の七八%が郷・鎮、村によって賄われ、県が九%、そして省と中央がそれぞれ一一%と二%を負担していたことを、ひとつの調査研究が見出している(Kennedy 2007, 49)。郷・鎮は、負担が軽減されたものの、相変わらず教員への補助や学校施設の維持管理に責任を負っている。財政上の改革がもたらした大きな波紋とは、郷の止まらない衰退ぶりである。一地方政府レベルとしての郷を全廃する改革派の提言は退けているが、政策的には、鎮への統廃合[撤郷併鎮]を通じて、その弱体化を推し進めているように見える。郷・鎮数は、一九八五年には七二、一五三であったが、一九九五年には四七、一三六に減少し、さらに二〇〇九年には三四、〇〇〇あまりとなった。広東省は、郷を取り消し、鎮を設ける先頭に立ってきた。郷鎮改革では収奪的な組織から〝サービス中心〟の機関への転換が意図されていたが、上級ならびに末端からの重圧によって多くが〝空洞化〟し、行政区画単位としては抜け殻のようになっている(註11)。

また村も、財政自主権がないにもかかわらず、財政支出に関して相当な責任を負っている。村は、たとえば、給与、高齢者ケア、さらには医療衛生・教育支援の一部も含め、かつての集団経済の責務の多くを引き継いでいる(Wong 1997, 174)。かくして村の幹部は、後述のように、そのような責務を果たすために新型の集団経済組織づくりを急き立てられた。なお、村の幹部は、農業税が廃止される前はその徴収(註12)、計画出産の割当枠遵守、さらには基本的な公共サービスの提供を担っていた。農村部の住民にとって、行政村(雁田村など)は、経済的、社会的な行く末を左右する最も重要な組織である。それは、経済的、社会的なやりとりの要となるネットワークが生まれる「徳義の世界」である（Hillman 2005）。

一九四九年以来、農村部の組織には幾度かの公的な変化がみられるが、雁田の行政区分は、一九九九年にいたるまで不明瞭であった。一九四九年から最初の一〇年間については雁田郷とされ、村務を取り仕切る村ではなく、郷政府が置かれていた。一九五八～一九六一年、人民公社の設立にともない、雁田は塘厦《タンシア》人民公社第三営〈大隊〉に組み込まれ、軍事化された行政の支配下にあった。一九六一～一九八三年、雁田は、「行政・経営機能の一体化」「政社合一」が図られた風崗人民公社下の生産大隊となった。人民公社の社員としての村民には真の経済的、政治的権利がなく、すべての重大な決定は人民公社の幹部によってなされ、それぞれの生産大隊に押しつけられた。

人民公社の事実上の解体にともない、風崗人民公社は風崗区公所に改称され、雁田生産大隊は、一九八三～一九八六年、再び雁田郷となった。生産大隊管理委員会は、「郷政府」へと転換され、コミュニティに関わることを直接管理した。しかし、一九八六年、風崗区公所が鎮に改められたことから、雁田郷は雁田管理区とされ、コミュニティの発展に関するすべての事項は鎮政府のもとで直接管理された（Deng ed. 2003, 327）。「村民委員会組織法（試行）」の施行から一一年、一九九八年に改正された村民委員会組織法の採択・施行からおよそ半年が過ぎた一九九九年六月三〇日、雁田管理区はついに雁田村民委員会に転換された。このように、村民自治の組織的な枠組みは徐々に確立され、雁田においては一九九九年六月以降、ひときわ体系的に発展してきた（詳細については第八章参照）。

一九七〇年代末に開始された改革は、中国農村部における管理機構の相当な再編につながった。

何よりも、農家経営請負制の導入により、多岐にわたる農業活動の管理を集団から個々の農家へ戻すことになった。大躍進期に、人民公社は、農村部で最も高いレベルの経済・社会組織として、しかも正式な行政の末端レベルとして設けられた。生産隊は、生産計画や、累積された労働点数の多寡に合わせた収益の分配に関して最終的な決定を行っていたので、大半の農民には生産隊が最も重要な組織であった。農家経営請負制がとられると、多くの重要な決定がなされるレベルは農家にまで引き下げられた。かつての人民公社制度は、中央指令型の計画、大規模な生産、統一的な分配に適し、工業・都市建設を推し進めるために農村部から余剰を搾り取る諸政策を支えていた。農家経営請負制の導入に際して、当初は集団の弱体化をともなうことなど考えられていなかった。しかし、一九八〇年までには、農家の請負経営が単に広まるだけでなく、年来の集団体制を廃れさせることが明らかになった。それゆえ、一九八二年憲法により、人民公社の政治・行政的権限は復活した郷に戻された。その集団体制は、理論上は経済機能を保持することになっていたが、急速に人民公社の解体が進むなか、たちまち経済的には抜け殻のようになってしまった。一九八三年、農家経営請負制は正式に認められ、そのことが改めて確認された一九八四年には、土地の請負期間が一五年に延長され、さらには土地を最も生産的な家庭の手中に集める方策が導入された。農村部にて、重要な経済単位とされた旧型の集団は終焉した。こうした変遷については かなりの著述がみられるが、同時に、初めはさほど注目されなかった村民自治というもうひとつの制度的革新も進んでいた。一九八〇年代初頭、〝基層《グラスルーツ》の民主主義〟を推進する実験的な事業が開始され、一九八〇年代末にはひとつの頂点に達した。

集団経済組織の廃止ならびに個々の農家の重視により、「政社合一」制度は崩れ、村には政治・

行政的空白が生じた。村務に関わる意思決定を監督していた、「生産隊を基礎とする三級所有制〈生産手段を人民公社、生産大隊、生産隊の三レベルに分けて、それぞれが所有する制度〉」［三級所有、隊為基礎］に表される体制は、瓦解したか無効とされた。耕地の灌漑、村の治安、集団所有林の保護などの事業は、かつては生産大隊や生産隊によって展開されていたが、誰からも関心が寄せられない状況に陥った。最終的には、先の人民公社と生産大隊の政治・行政機能は、郷と村民委員会という新組織がそれぞれ引き継ぐことになった。

一部の地域においては、行政的空白のなか、コミュニティの発展について話し合うために、農民はみずからの組織化に乗り出した。これには、さまざまな組織形態や民主的な選挙の試行も含まれた。研究者らによれば、最初の試みは一九八〇年二月、行政村ではなく自然村の果作《クオツオ》村――広西チワン族自治区宜山《イーシャン》県三岔《サンチャ》公社合寨《ホーチャイ》大隊（現在の屏南郷）――で始まった。果作村下の六生産隊を率いてきた隊長たちは果作村村民委員会を立ち上げ、各戸に村民会議に参加する代表一人を出すように呼びかけた。そして、要職者（主任、副主任、委員）五人が得票数にしたがって選出された（Xu 2000; Luo 2006, 24）。一九八〇年七月一四日、彼らは話し合いにより、旧来の慣行にならって「村民規約」［村規民約］を定めた。なお、「村民委員会」なる名称は、都市部の居民委員会〈都市部住民の自治組織〉という概念が参考にされていた。同年末までに、合寨大隊には一二の村民委員会――基本的には生産隊ごとに一村民委員会――が設けられた。この新組織は、社会秩序の回復を促し、公事への対処にあたり意思決定の枠組みをもたらした。窃盗や賭博は抑えられ、集団所有林の保護を図ることができた（Luo 2006, 24, 25）。この制度的革新は、瞬く間に多くの村々に取り入れられ、ついには全国的規模で導入された。

村民自治は、基層の村民ならびに中央政府の政策決定者の取り組みを通じて進展した。一九八二年一二月四日に改正された中華人民共和国憲法の第百十一条には、「都市と農村で住民の居住区域ごとに設置される居民委員会や村民委員会は、末端レベルにおける大衆の自治組織である」と明記され、そうした組織が正式に認められた。その条項は、居民委員会、村民委員会の主任、副主任、委員について、住民が選挙することと明確に述べ、さらに、居民委員会、村民委員会は、紛争解決、治安維持、公衆衛生などの委員会を設け、当該区域内の公事・公益事業にあたり、民間の揉め事を収め、社会秩序の維持に力を合わせ、人民政府に大衆の意見ならびに要望を伝えることとも特に記している（http://wenku.baidu.com/view/3ba2ab4ac850ad02de804106.html）。

その後まもなく一九八四年には、全国的にそうした組織へ指導を行うため、中国民政部〈日本の省に相当〉が「村民委員会組織条例（草案）」を起草し始めた。本条例（草案）には、村々での試行からだけでなく、一九五〇年代に台湾で実施されていた制度や、何よりも一九三〇～四〇年代に晋察冀《チンチャチー》〈山西、チャハル、河北の省境〉革命根拠地〈中国共産党の実効支配区域〉での村民選挙という中国共産党そのものの経験からも発想を得た（Saich 1996, 975, 1017-38）。晋察冀でのそうした試行を支持していた彭真《ポンチェン》が、一九八〇年代には全国人民代表会議の常務委員長となり、新条例の採択を確実にした立役者であったことに留意すべきである。当然ながら、一九八〇年代という特有の環境が異なるものの、村民委員会の設立にあたり論法は変わらなかった。農家経営請負制の導入後、多くの村において国家権力の再構築が不可欠であった。条例（草案）は、徹底的に議論され、実施されるまで四年間も費やしている。民政部によって三〇回近く修正され、全国人民代表大会常務委員会にて三回も討議がなされた。当該「条例」は、「中華人民共和国村民委員会組織法（試行）」に改称され、一九八七年一一月二四日に採択、一九八八年六月一日から施行された。「村民委員会組織法（試行）」の制定は、全国的な村民自治モデル事業の展開へとつながった。なかでも時期的に一番早く、最も知られたモデル事業は、山東省莱西《ライシー》市で立ち上げられたものである。後に、中央政府は、全省の各郷に村民自治の試験的な事業の開始を求めた。そうした経験の分析、考察を踏まえて修正が施され、一九九八年一一月四日、第九期全国人民代表大会常務委員会第五回会議にて、「試行」の言葉がとれた「中華人民共和国村民委員会組織法」が採択された。さらに二〇一〇年一〇月二八日には、「村民委員会組織法」の改正案が採択された（詳細については第八章参照）。

　一九九九年、雁田が行政村とされた後、「村民委員会組織法」にしたがって雁田村の組織体系が整えられた（註13）。雁田村では、三年ごとに村民の選挙が執り行われ、選出された者が構成する村民委員会は村党総支部委員会とともに重要な意思決定機構を成している――特に、優位にある村党総支部委員会は政策決定機関、村民委員会は実施機関ともとらえられている――。党員が三名以上の村においては、全村党員によって〝選出〟され、その後上級の党組織に任命された、あるいはそうした上級機関から直接任命された書記、副書記の率いる党支部の設置が求められている。雁田村は前者の方策をとり、その党員数を踏まえて、村党総支部――その傘下には五党支部――を結成している。二委員会の首長については、たいていの村でみられるように当初は同一人物であったが、二〇〇五年の村民委員会選挙後、そうした状況に変化が生じた（第八章参照）。

　雁田村の権力構造において重要な一部分を形成している三つめの機関は、村の「株式経済連合社」である。この株式経済連合社の発展にともない、経済に関わる意思決定の多くは、村民委員会から離れ、株式経済連合社の社員代表大会ならびにそこで選出される理事会、監事会へ移っている。株式経済連合社は、年末配当や村のさまざまな予算や投資について決定している。この組織の設立により、村の集団資産は、雁田村籍住民の管理下に置かれている。言うまでもなく、村の人口の大半、すなわち外来者は、それら組織のいずれにも参加していない。大きく関わっている一団は、鄧氏である。鄧氏は、正式な住民の六〇％あまりを占め、村の有力なグループであり、企業の経営管理者も多く、村党総支部書記も務めていた。

グローバルな雁田へ——新型の集団と農村の経済発展

胡錦濤《フーチンタオ》総書記と温家宝《ウェンチアパオ》首相の政策のもと、北京からのさらなる財政支援にもかかわらず、問題のほとんどは依然としてその場で解決されなければならず、当地の資源やその分配が人々の暮らしの大部分を決定づける。ほとんどの研究者は、地方政府の経済力が地域産業の管理や予算外資金を通じて強化されてきたことを認めているが、地方政府と社会の新たな関係については、見解に少なからぬ違いが見受けられる。実のところ、これまでの相当数の実証的研究は、中国における地方政府の特質を述べるのに適当な一モデルの現実味を問うている。中国はさまざまな関係の〝パッチワーク〟であり、その一つひとつが、同じレベルの政府機関間、異なるレベルの政府機関間、地方政府機関と社会間の複雑な相互作用を通じて折り合いがつけられている。現地で目にする有意な変型は、ことに雁田での開発の際立った成果は、何によって説明されるのか。しかも、これは他の農村部の開発と比較するとどうなのか。まさにそうした成り行きは、その地での歴史的遺産、資源の賦存状況、リーダーシップ、社会構造に左右されるであろう。

　重要な最初の要素は、改革の時代の幕が開いて新たな好機が与えられた際、その地が持っていた比較優位・劣位である。こうした歴史的遺産は、開発の成果が改革の前夜に存在していた経済構造や資源に〝経路依存〟していることを示唆する。専門家は、地方レベルの政府と経済の主として経済的な関係について詳説してきた。中国・西側の学者ともに分析の傾向は、地方政府レベルにて政治・経済力の融合に焦点を合わせていくことであった。これは、西側の著述では財産権関連の重視にもなっていた(註14)。末端当局の性質を見極めるには、〈一〉末端当局が収入を生み出す能力と再分配のされ方、〈二〉上級政府との関係──特に政治請負制──、〈三〉基層の社会構造とコミュニティ組織のありよう──すなわち、その同質性ないしは異質性──といった三大因子が鍵となる。おそらく、末端レベルの多くの幹部は党員であり、なおかつ地元コミュニティの成員でもあろう。村民の選挙、村務公開などのフォーマルな制度により、ある程度の説明責任が確保されるかもしれないが、雁田村においても、まさにインフォーマルな制度が行動を最も律する心構えをもたらしている（Saich 2002）。

　ジーン・オイは、江蘇省南部（蘇南）や山東省などの地域において、一九八〇年代に離陸《テイク・オフ》し、一九九〇年代へと続く爆発的な経済発展へのインセンティブを、改革がいかに生み出したのかを概説した最初の研究者であった(註15)。彼女は、地方の当局者をインセンティブと制約事項に応じられる合理的な主体ととらえている。一九八〇年代初頭、ふたつの制度的な変化がインセンティブに大きな変化をもたらした。人民公社の解体により、郷や村の農業生産収益へのアクセスはなくなり、しかも財政改革によって予算制約が強まった。その一方で、地方政府には、当地企業から創出される余剰収入の獲得・利用が認められた。要するに、こうした課題に前向きに取り組むリーダーには、農村工業化を軸に経済を発展させる大きなチャンスがあった。ジーン・オイによれば、「改革の初期段階において、集団所有制の工業企業は、地元の幹部の政治的、経済的利益に、より一層かなっていた」（Oi 1999, 11）。「社隊企業」〈人民公社と生産大隊が所有・経営する企業〉という毛沢東思想が中軸をなした時代からの遺産が、経済発展への地方政府の投資――「地方政府法団主義《コーポラティズム》」――の基盤となった（Oi 1999, 11-14）。それら集団所有制企業は、人民公社の解体によって農地を離れた余剰労働力を取り込んで拡張していくが、蘇南のそうした企業の上海、無錫などといった都市への近接性は、物がすぐに売れることを意味していた（註16）。何よりも、主力の国有企業においては、経済改革で必要とされるような財・サービスを供給する手はずが整っていなかった。

かくして、チャンスから利益を手にする地元の幹部の技量とは、かなりのところまで改革が開始される前の遺産に〝経路依存〟していた。もっとも、ローカル・レベルのリーダーシップと社会構造も大きな因子であった。これらの因子は、組み合わさって末端の開発に見られる変型を説き明かし、研究者によって述べられてきたさまざまな成果の土台となっている。「法団主義」の変型には、地方政府を「企業家的」、「開発主義的」とした分析が含まれる（註17）。

雁田でもそうした力学の妥当性が見て取れる。しかし、鄧氏という結束に由来する連帯の絆を基礎に新たな集団経済を発展させてきたこの村には、かなり大きな違いもある。改革の前後を通じて、村の要職にある人々の継続性が確保され、一九五〇年代以降、党書記は三人の鄧氏が務めてきた。そして、ひとたび外国からの投資が政治的に受け入れられると、彼らはそれを促すインフラストラクチュア整備に多額の資金を投じた。雁田では、「法団主義」（corporatist）モデルによく適合する投資も初期にはなされたが、その経済的離陸は、「法団主義」や「顧客主義」（clientalist）のモデルで展開されるような、村が有する資金を利用して企業の設立を図るといった幹部が導き出したのではなかった（註18）。そうしたモデル——特に「顧客主義」モデル——は、相互義務・交換をともなうが、どうしても本質的には垂直的で、非対称的な義務となる（このことに関しては、Putnam 1994, 174-75）。この種の関係は、雁田にて親族集団を基盤とするネットワークが組織の基本的なかたちを定めたというような社会規範の強化をもたらさない。

いずれにせよ、雁田村は、工場の賃貸・経営から村へ納められる金銭の管理にあたる株式経済連合社を周到に立ち上げた。村の幹部は——鄧氏によって占められているが——、再投資、福祉の提供、雁田村籍家庭内での利益の分配について重大な意思決定を行っていた（第三章、第四章参照）。鄧氏の族人は、主として一族と他の村籍住民のために利益の最大化を図ろうと、企業経営に大きく関わっていた。

深圳経済特区を設置する決定がなされるや、一九七九年には雁田で大変動が起こった（註19）。毛沢東思想が中軸をなした時代、雁田は、香港資本および香港を通じたグローバル市場への近接性といった、その比較優位を生かすことができないでいた。この経済特区は、新しい法規定が評価され、全国的に実施される前の試みであり、中国の他所での経済改革に向けたひとつの実験となった。東莞の一部分をなす雁田はこの特区の北に位置し、相対的に緩和された政策の恩恵を受けた。雁田の変貌は、香港の発展と密接につながり、隣接する深圳経済特区の有益な経験や、外資・輸出加工に珠江小デルタを開放するその後の決定によって促された。

一九七〇年代末までに、香港の製造業は、労務費の上昇に加え、適当な土地を適正な価格で手に入れることがますます困難といった問題に直面していた（註20）。まさにこのとき、北京のリーダーらは、広東省にその比較優位を生かすことを認める方向で動いていた。東莞は深圳経済特区に含められていなかったが、珠江小デルタに一種の輸出加工区を形成する奨励策により大いに恩恵を受けていた。一九八五年一月までに、そうした戦略が、沿海部の珠江、閩《ミン》江、長江デルタを基盤とする三デルタ地域の大規模開発〈沿海経済開放区の設置〉へと進展していたことが明らかになった。一九八五年二月、珠江小デルタの市・県はまとめて、正式に珠江小デルタ経済開発区とされた（Vogel 1989, 161）。このことと関連して、一九八八年、東莞は〈県級市（県レベルの市）から〉市に昇格し、独立した行政単位となった。雁田を含め、広東省南部の幹部らは、地元経済を押し上げる新局面を生かすために、さらに誘致を進める必要などなかった。香港の事業投資家は、利用可能な土地、そしてたとえ近代的な製造業に携わるための訓練を受けていなくても、豊富な労働力に惹きつけられた。外資系企業、合弁企業にはインセンティブとなり、初めは華僑の投資を取り込むように企図された。東莞については、国境を越えて逃れていた大量の住民による潜在的な投資が高まっていた。当地の幹部は、香港には東莞出身者またはその末裔である住民が六〇万人ほど、そして改革が始まる前の三〇年間に若者たちの二〇%が香港へ逃れていたと推計していた（Vogel 1989, 176）。多くの香港の百万長者は、いつしか香港の億万長者へと変わっていた。

当初、雁田の地元幹部は、村営企業を主軸とする戦略に似た方策をとったが、ほどなく流れが変わる。雁田は、蘇南や山東省の郷村が有していたような投資資本を欠いていた。雁田における最初の集団企業は、香港の鄧氏からの資金で開発された採石場であった。十分な自己投資資本がないなか、村の幹部は、グローバル市場向けの製造業を基礎とする別モデルを展開するために、さらなる投資を求めて、香港・新界を拠点とする族人にただちに助力を求めた。新たな村の集団は、ひとたび設立されると至高のものとなり、外資系企業といったかたちでの私営企業〈企業資産が私的所有で、従業員が八人以上の営利組織〉なる存在にもかかわらず、村は企業の管理人員の任命や、工場・資材へのアクセスを管理してきた。村の集団のそうした干渉にもかかわらず、私営経済が展開されており、雁田は注目に値する。

この点で、雁田は香港からさほど遠くないもうひとつの郷村に似ている。そこでは、アニタ・チャン、ジョナサン・アンガーが調査を行ってきた。彼らの西樵郷《シーチアオ》に関する研究は、私営企業と公職における成功の判断基準がいかに収斂し始めているのかを明らかにしている。当地の郷政府は、不適切な費用徴収といった慣行が禁止される前から、各村の家庭に各種費用負担を求めていなかった。しかも、地元の私営企業を積極的に支えていた。彼らが結論にて述べているように、この実証的な論考は、大きく二点について、地方政府に関する通論に異を唱えている（Unger and Chan 1999, 73）。末端レベルの幹部は、〈一〉必ずしも公有制企業〈国有企業や集団所有制企業〉を私営企業よりも優先しておらず、〈二〉私営企業は重要度が低く、しかも彼ら幹部に依存しているような関係ではないという。アニタ・チャン、リチャード・マドスン、ジョナサン・アンガーによる『陳村《チェン》』の研究は、製造業の発展について、ものづくりの経験や市場の知識を持たず、総じて独自のイノベーションにいかに依ってこなかったのかを指摘している（Chan, Madsen, and Unger 2009, 315）。

雁田での私たちの研究は、それらの論点を支持している。私営企業が大半を占め、実際の業務は市場によって方向づけられ、生産への干渉はない。もっとも、より集団主義的な方面については、村民委員会が、雁田村籍住民の間での福祉サービスの展開や「社会的市民〈都市住民〉化」に、かなりの資金を再投資してきた（第六章、第七章参照）。実のところ、地元の幹部と企業は共生関係にある。西樵郷と同様に、村の幹部は、末端の行政機構が所有する企業を優先していない。また、集団として企業から恩恵を受け、収入の分配を決めているので、優先する必要もない。なお、村の企業グループが新たに展開されており、今後、こうした部門の優先度が村の幹部によっていかに設定され、しかもその優先度が外資系・私営企業が掲げるものとかみ合わない場合、いかなる対応がなされるのかは興味深いところである。

一九九二年までに、村は、農家経営請負制のもとで各戸に再配分していたすべての土地を、すでに取り戻していた。そして、一九九〇年代半ばまでに、事実上、雁田村民で農業生産に従事している者は一人もいなかった――豊かになった村では、決まって何らかの集団・法団主義的な組織づくりがなされ、非農業部門での雇用創出を図り、それを実現したといったことは中国各地にあてはまる――。村籍を有する当地村民は、製造工場を経営する投資家への土地・工場建物の賃貸から得られる収入や、新型の集団を通じて支払われる配当によって富を築いてきた。その後、村の集団は、みずからが営む企業への関心を再び強めている。

実際、村は、一九八一年までに村の集団企業を一〇社ほど設立していたが、当地の市場への貢献から輸出主導型成長の促進につながる加工業の振興へとすぐさま転換した。最初の外資系企業は、実のところ、企図したというよりもむしろ思いがけないことから創設された。元人民解放軍の同僚を訪ねていたある香港の企業家が、村の大会堂を利用して毛織物工場を開設することにした。元村党支部書記の鄧就権は工場長として送り込まれた。さらに、香港の鄧氏による投資が、後に続いて迅速になされた（第三章参照）。外資系企業は、政府に諸税を納めるとともに、雁田村の集団には提供されたサービスの諸費と土地・工場建物の賃貸料を支払っている（第四章参照）（註21）。一九九八年、外資系企業数は四三〇社と最高に達したが、二〇一一年には一八〇社にまで顕著に減少してきた。外来投資家の数が落ち込むなか、村の集団は、みずからの企業開発を活性化しようと決めた。雁田の「企業発展公司《コンスー》」は、実は一九八九年に設立されていた。この公司〈会社〉は、不動産分野において、また株式市場にて能動・受動的投資家として勢いづいた。加えて、村は外資系企業の減少を埋め合わせるため、国内企業からの投資を促した。

二方面からの収入は村の集団のもとに集められるが、それは村の株式経済連合社によって管理されている。この組織は村の財務を管理し、年末には村の全社員に配当が支払われている。二〇〇三年一一月六日、どのように国家、集団、個人の間で分配がなされるべきかをまとめた定款が採択され、本作業は形式化された。村の集団は、二〇〇八年、一億三、〇五一万元の純利益を得た。これが、集団の成員に分配される。三委員会――村党総支部委員会、村民委員会、株式経済連合社――は、株式経済連合社株主代表との話し合いを経て、純利益の五三％（六、九一七万元）が公共積立金と公益金に取り置かれるように決めた。かくして、集団株と個人株への配当には六、一四三万元が残された。当該定款では、集団株は残された利益の三八％を占めると定められ、この実例では二、三三一万元となった。集団株は、村コミュニティの発展にとって枢要な建設プロジェクト、公共財・サービスの提供に活用された。このような資金によって、村は高い水準の医療・教育サービスを雁田村籍の住民に行うことができてきた（第六章、第七章参照）。そして、残りの三、八〇三万元は、七六一戸の株主家庭（二、九八八人）で分けられることになった。したがって、個々の株主への配当は計算上一二、七二七元となり――実際には一二、七三〇元とされ――、一戸あたり平均五万元程度であった。

こうしたモデルは、親族の絆が強い特に広東省南部にて、注目すべき開発の一形態として現れてきた。アニタ・チャン、リチャード・マドスン、ジョナサン・アンガー（Chan, Madsen, and Unger 2009, 341-42）は、「村株式会社」［村股份《クーフェン》有限公司］の創設を含め、『陳村』における同様な現象にふれている。二〇〇三年、村の株式経済連合社の新定款を起草する際、雁田の幹部は株主数を確定し、個人株の恒久的な所有権を個々の村民に与えることにした。それにより、村内での人口構成の変化にともなう株式再配分への対処手続きが正式に整えられた。新株が発行されることはなかったが、株式は死亡時に他の親族に譲渡可能で、かくして実質的に私有化された。二〇〇七年九月、広東省は、「広東省農村股份〈株式〉合作経済連合社和〈および〉股份合作経済社示範章程〈模範定款〉（試行）」によって、この取り決めを制度化した。今後の農村ガバナンスにて想定される変化や、流動者を出生地ではなく、現実に生活も仕事もしている場にて経済、社会、政治的機構に取り込もうとする試みを視野に入れると、そうした組織は重要になる。株式経済連合社という経済組織は、村によって生み出された富を雁田村籍の当地村民、特に鄧氏の手中に収め続けるようにしている。それを、外来者と分かち合うことはないであろう。

ロバート・パットナム（Putnam 1994）のイタリアにおける互酬性の規範と市民参画に関わる論考を受け、再び関心が高まってきたのが、社会関係資本、ローカル・レベルでの行方を左右する社会組織の重要性である。これは、特に中国の村レベルにおいてしかりである。雁田における集団組織は新しく、改革によって得られた好条件の所産かもしれないが、その基礎は共産主義体制よりはるかに前から存在する社会組織、すなわち親族にある。ベン・ヒルマン（Hillman 2005, 30）が鋭く指摘しているように、一九八〇～九〇年代、農民は彼らなりに支配力を立て直し、みずからの利益を高めようと乗り出したが、農業協同組合のような正式な組織を結成することができず、親族・利益集団といったインフォーマルな社会的ネットワークをおもに動員した。これは、まさに雁田での状況であり、村のフォーマルな統治制度は、インフォーマルな制度によって根底から支えられていた。

鄧氏の優位性は、雁田の行方を左右する極めて重要な因子となってきた。雁田の鄧氏がひとつの親族集団と言えるのかについては多くの論議が交わされるかもしれないが、彼らは、村内では権力を操り、香港など外においては鄧氏の族人を結びつけるために、鄧姓を確かに利用している。ジェームズ・ワトソンは、親族集団〈宗族〉を、「〝儀礼的な一体性〟をたたえ、共通の祖先より〝明示された系譜〟を基礎とする〝共同体〟」と定義づけている（Watson, J. 1982, 594）。まさに、近隣者を従者に変えて、市場の中心部を管理する彼らは、ルビー・ワトソン（Watson, R. 1982, 69）がいう「主導的な親族集団」〈「主導宗族」〉と考えられる。また、その組織は、プラセンジット・デュアラ（Duara 1988, 120-132）のいう、村の成員とされるすべての人が含まれる「村に帰属する人々の団体」とも似通っている（註22）。

先に述べたように、鄧氏の族人は、共同で資産を保有する株式経済連合社から利益を得ている。確かに、村では他の姓の社員も利益をともに手にしているが、明らかに鄧氏はその過程を取り仕切っている。村党支部・総支部書記に鄧氏がつねに選ばれてきただけでなく、二〇〇三年、たとえば、データが得られた主要企業二四社について、一七人の工場長が鄧姓であった。二〇〇九年二月、村のおもな幹部六五人のうち、四三人（六六・二％）は鄧氏であった（Deng ed. 2003）。鄧氏は、村党総支部、村民委員会、株式経済連合社を指揮していた。二〇一一年、村党総支部委員会の成員七人のうち六人、村民委員会の成員五人のうち四人、そして株式経済連合社理事会の成員七人のうち六人は、鄧氏であった。

鄧氏も共通祖先をたどっている。そして、彼らの役割は、雁田村の歴史と深く結びついている（註23）。この村の始まりは元代（一二七一～一三六八年）にまでさかのぼるが、鄧氏の始祖である鄧鎮田《トンチェンティエン》が今日の東莞市企石鎮霞朗村から当地へ移り住んだのは、明代の一四一三年であった。雁田にて最大の人口流入が起きたのは、清代（一六四四～一九一二年）であった。鄧氏は、雁田村内の九自然村すべてにひろがっているが、他のおもな姓は、たとえば、李氏は布心、陳氏は長表、曽氏は水貝というように、個々の自然村に居を定めている。

村に来て以来、鄧氏が、その規模と影響力の拡大によって、雁田の発展に決定的な役割を果たしてきたことは明らかである。鄧氏は、人口規模（雁田村現人口の六一％）、政治力──古来、鄧氏は村の政治を牽引──であれ、歴史的な貢献であれ、飛び抜けて最も影響力のある親族集団である。鄧氏の調査、分析なしに、雁田の過去と今日を的確にとらえることはできない。

雁田の鄧氏は、他所の鄧氏と同様に、その起点は河南省鄧州市である（Xi 2008）（註24）。夏、商、周代（前二一世紀～前二二一年）、鄧州──一九一三年に鄧県に改められ、一九八八年より鄧州市──は、ひとつの国（〝鄧国〟）とされていた（註25）。『鄧氏族譜』によれば、商代の王・武丁は多くの諸侯に封ずるが、そのなかで叔父の曼公──字は徳陽──は鄧州に配され、そこに鄧侯国が建てられた。この〝鄧国〟に暮らしたすべての人々が鄧姓を名乗ることになり、現代にいたる。鄧氏は、曼公が姓を受けて以来、三、二〇〇年を越える歴史を有している（Deng ed. 2003, 3）。北宋代（九六〇～一一二七年）には、香港・錦田に移り住んでいた鄧氏の五兄弟が、家業を継ぐ一人を残し、他の四人は新たな事業を立ち上げるために広東へ赴くことを決めた。一四一三年、鄧鎮田は、現在の東莞市横瀝鎮月塘村から〈企石鎮霞朗村を経て〉雁田へと移り、初めて当地に居を構えた。彼は、三方面の活動を通じて、家産づくりを推し進めた。第一に、農業に取り組むことができるように、精力的に土地を開墾する事業を開始した。第二に、必要な人材を育成するため、私塾を設立した。第三に、他の親族集団との良好な関係を発展させた。その後二三代にわたって、これら三要素は、雁田の発展に首尾よく結びついた。人材育成において、雁田村民は、科挙制度や現行の大学入試制度のもと、ひときわ良い成績をあげた。不完全な統計ではあるが、雁田は、「監生」四八人、「貢生」七人、「挙人」一人、「進士」一人を、すべて鄧氏から輩出した（註26）。新中国の成立後、雁田からはおよそ二〇〇人が高等専門学校・大学に入学した。一九四九～二〇〇二年に高等専門学校・大学に進んだ一一七人のうち、一〇〇人（八五・五％）は鄧氏であった（Deng ed. 2003, 301-06）。

儀式は一体性の形成に重要な役割を果たす。要職にある鄧氏は、村内に投資を促すため、明らかに儀式を活用してきた。一九八六年、党支部書記の鄧耀輝は、親族の絆を手がかりに、雁田と密接な関係のある香港の人々を訪問するため、村の幹部グループを率いた。雁田と親密な血縁・地縁関係を有する香港の人々は三、〇〇〇人ほど存在したと算出されている。早くも一九七九年の清明節には（註27）、村への投資が早くなされるように、雁田の幹部は親族のつながりを利用しようとした。香港に暮らしている鄧氏の族人が先祖に敬意を払うために帰郷した際、村の幹部は、共通の祖先・歴史を思い起こし、合わせて新たな政策がもたらし得る発展のチャンスについても意見を交わすことで、絆を強固にしようと座談会を開催した。また、彼らは、鄧氏の族人もしくは雁田から香港への移住者である、見込みがある全企業家の九五%を訪問した。つながりを強化するため、村は、鄧氏コミュニティの再建に時間と資金を投じた。たとえば、一九九八年春から二〇〇三年一二月にかけて、共通の歴史を築き上げるために『鄧氏族譜』を取りまとめ、雁田の鄧氏記念館〈二〇〇四年八月竣工〉に多額の投資を行い、さらには鄧氏五大支派の代表者会議［鄧氏五大房代表会議］など、さまざまな会合を支援した。祖先を祀る祠堂である鄧氏記念館は豪華で、村を見渡せ、この親族集団にさらに大きな正統性を付与するための近代的な工夫もなされている。一角は、村民がいうには、数百年前に別の支派との統合を通じて血縁関係にある鄧小平《トンシャオピン》にあてられている。

鄧氏は、他氏と仲良く暮らしているというが、間違いなく雁田で最も有力な一族である。鄧氏が、総数や経済・政治・社会的な事柄において絶対優位に立ち、雁田の全般的な発展に関して確かに指揮を執り、影響を及ぼしていることは明らかである。

近年の研究では、特に福祉の提供に際して、親族・利益集団を含む社会的ネットワークや祠堂など、そうした伝統的な結びつきが、まさにどれほど重要になってきたのかが示されている（Saich 2008, 199-203）。現代中国にて、インフォーマルな制度の役割は、地方政府による農村公益事業への概して低調な投資と考え合わせ、社会的ネットワークの成員であることがいかに重要となっているのかを説く、胡必亮（Hu 2007）やリリー・ツァイ（Tsai, L. 2001, 2002, 2007, 2011）によって探究されてきた(註28)。リリー・ツァイ(Tsai 2007, 4)は、社会的境界が行政的、政治的境界と重なるなら、形成される社会規範は、「本来なら国家が定め、強いることになる当局者ならびに市民の〝公的〟責務を、強化あるいは置換する」ことさえあり得ると指摘している。雁田の場合、一九九九年に行政村と正式に定められたばかりであり、鄧姓の親族集団というインフォーマルな制度によって生成されたそうした規範は、ことのほか重要となる。

リリー・ツァイ(Tsai 2007, 13-14)が称するように、このような「連帯団体」(solidary groups)は、〈一〉包含性——当該区域内のすべての人々が参画可能なこと——と〈二〉嵌入性——当地幹部が団体の成員であること——という二つの大きな構造的特質を有している。確かに、鄧氏ならびにその祖先を祀る祠堂の巧みな取り扱いは、地元コミュニティに村の幹部を嵌入する重要な役割を果たしてきた。鄧氏は、その族人に利益をもたらすと同時に、国家の権威や正当性も強化している。親族集団とその祠堂が村のコミュニティや血縁関係にある人々にだけ役立つという事実は、上級の政府当局ないしは共産党にとっての脅威とみなされないことを意味する。鄧氏は、村の事業を営むという役割、親族集団に関わる用務、そして中国共産党の基層組織としての責務の遂行の間を、苦もなく行き来しているようにみえる。

最後のそうした役柄は、末端レベルでの共産党の性質について興味深い問題を投げかける。鄧姓の党員は、党の政策や価値観を村の伝統的な団体に取り込んでいるのか。あるいは、親族集団の伝統的なネットワークが党に取り込まれているのか。いずれの根拠も見出せる。たとえば、党支部・総支部は、計画出産など、中央の重点政策が遵守されるようにしてきた。また、改革の開始時には、営農を個々の農家へと戻す政策を進めた。なお、一九五〇〜七〇年代には、農業政策の紆余曲折に従っていた。けれども、村が個々の農家による営農がその経済的利益にならないとひとたび判断するや、国家政策に反して農地は再び集団のもとに持ち寄られた。加えて、鄧氏によって取り仕切られている党支部・総支部が、改革の時代、村ならびに親族集団の利益を守るための重要な道具であることが分かってきた。株式経済連合社は目新しいが、その包摂的《インクルーシブ》な特質は、〝かつて〟の集団化の時代に生産大隊が果たした役割を映し出している。雁田村籍のすべての当地村民は、株式経済連合社より利益を得ている。しかも、分配は平等主義的な方式である。ジーン・オイ（Oi 1999, 79）が論じているように、改革は、高度に工業化された村において、「社会主義にもとづく再分配の終わりではなく、法団主義にもとづく再分配という新たなかたちをもたらした」。雁田では、これが親族集団に深く根差している――むろん、外来者は排除されてきた――。また、そうした仕組みは、村の利益から、村のインフラストラクチュアへの相対的に高水準な投資を容易にしてきた。

雁田における経済組織モデルと政府と社会との関係は、珠江デルタ全域に共通しているように見て取れ、際立った一定の特徴を有している。成功した農村経済の多くが、何らかの集団経済組織にもとづいているのは事実である。もっとも、細かな仕組みは異なる。ジーン・オイの「地方政府法団主義」は、地方政府が設立・経営する企業を基礎としていた（註29）。このような企業の大半は一九九〇年代に私有化されたが、地方政府は重要な公司的役割を果たし続けている。

地方政府が強い企業基盤や投資に必要な資本を欠いた農村では、村がみずからの村民に略奪的となるか、私営企業を受け入れなければならなかった。私営企業を発展させている農村で最も良く知られたモデルは浙江省、とりわけ温州である。小規模な私営企業に注ぎ込まれる資金は、ここでは、地元コミュニティ内、または台湾とのつながりから集められた。その後、そうした企業は全国に、一部は海外にも、自社商品の販路を拡大した(註30)。

雁田は、華南、中国沿海部の多くの他村と同様に、外資を利用して利益をあげ、さらに村の集団が設立したいくつもの企業によって補完されてきた。改革によってチャンスがもたらされた際、自己資本がない鄧氏は、香港の族人に〝祖先の村〟へ投資するように求めた。村の集団が収入を管理し、雁田村籍の住民を代表して事業を監督するが、基本的には私営経済であった。これは、共産党政権下での政策の進展ならびに親族集団を通じた伝統的な結びつきにもとづく新型の集団であった。前者は、財政支援・福祉の提供に関して、村籍の当地住民すべてが恩恵を受けられることを、後者は、政治的な権力・意思決定が有力な鄧氏によって操られていることを意味する。次章以降においては、こうした経済的な変動がいかに生じたのかを概説し、その分配の帰結を考察する。

註1　これは、トニー・サイチ――中国にはブリティッシュ・カウンシル交換奨学生として――であった。

註2　主として改革下の経済組織に焦点を合わせている。人類学的、社会学的な描出、あるいは、村落史の体系的な記述は企図していない。そうした取り上げ方で、近隣の村における優れた論考としては、アニタ・チャン、リチャード・マドスン、ジョナサン・アンガー（Chan, Madsen, and Unger 2009）を参照。

註3　グローバル経済やそれがもたらした制度変化に、いかに中国が統合されてきたのかを読み解いた研究としては、エドワード・スタインフェルド（Steinfeld 2010）を参照。スタインフェルドは、そうした統合の重要な部分は、「制度の外部委託（institutional outsourcing）」という、グローバルな標準・慣習への適応過程を通じて成し遂げられていると論じている。本研究は、それをいくらか裏付けることになるが、村内のインフォーマルな制度がそうしたありようをいかに方向づけ、分配の政治において、どのように主要な役割を担ってきたのかを明らかにしている。

註4　東莞市と風崗鎮に関するデータの出所は、「今日東莞」（http://www.dongguantoday.com）。雁田村については、村の幹部への聞

き取り調査による。ピーク時の一九九九年から二〇〇〇年にかけて、雁田村には流動者が一五万人いたという。なお、その公式ウェブサイトによると、東莞出身で香港、マカオ、台湾に居住している者は七〇万人、さらに遠方にて生活している者は二〇万人という。東莞にて女性の流入者の暮らしをめぐる興味深い論考としては、レスリー・チャン（Chang 2009）を参照。彼女は、組立ラインの労働者の七〇％は女性と記している（2009, 125）。

註5　村籍住民三、四八九人のうち、厳密にいえば、五〇一人は、村の株式経済連合社から年末配当を受ける権利を有していなかった。

註6　二〇〇八年七月、私たちの調査は、当時、外資系企業二〇二社で働いていた従業員四一、四〇九人のうち、九五％は雁田村外から来ていたことを明らかにした。

註7　「三来一補」企業は一〇五社、独資企業は六六社で、合弁企業はわずか九社であった。

註8　アニタ・チャン、リチャード・マドスン、ジョナサン・アンガー（Chan, Madsen, and Unger 2009, 274, 331-332）は同様な展開を指摘しているが、その過程は比較的緩慢であったようで、農地が消滅したのは一九九〇年代半ばであった。

註9　二〇〇九年末、全国の郷・鎮数は四〇、八五八――広東省は一、五八四――、行政村数は五九万九、一二七であった。行政改革のため、この一〇年でそれらの数はかなりの減少をみた。

註10　二〇〇九年の数値であるが、その出所は「国家統計局」（http://www.stats.gov.cn/tjs/ndj/2010/indexeh.htm）。この数字は、胡錦濤と温家宝のもと、農村部での福祉・教育への高まる政府支援にもかかわらず、その責務の多くは地方政府が担うことになり、近年、上昇し続けてきた。この比率は、アジア地域の他の国々よりも高い。たとえば、ベトナムでは四八％、インドネシアでは三二％、タイでは一〇％である（Mountfield and Wong 2005, 86）。

註11　この問題については、グレーム・スミス（Smith 2010）の卓抜な論説を参照。郷レベルでの財政問題の原因は、ジーン・オイ、趙樹凱（Oi and Zhao 2007）によく描かれている。

註12　トニー・サイチは、ビルマとの国境に接している雲南省のある村へ向かった際、早朝に外出する支度をしていた村長のことを鮮明に覚えている。二丁の散弾銃を携えた彼を見ながら、山へ狩りに行くのかを尋ねたところ、「いや、税の取り立てに」と彼は答えた。

註13　より一般的に、村政に関する重要な論考としては、趙樹凱（Zhao 2011）を参照。

註14　そうした取り上げ方での優れた論考としては、ジーン・オイ、アンドリュー・ワルダー（Oi and Walder eds. 1999）を参照。

註15　彼女の主要な論述としては、ジーン・オイ（Oi 1999）を参照。そして、それに先立つ研究については、ジーン・オイ（Oi 1992 and 1998）を参照。他に類似したアプローチをとるものでは、無錫の事例研究を進めたジェームズ・カン（Kung 1998）や、林南、ジェイ・チェン（Lin and Chen 1998）を参照。

註16　アンドリュー・ワルダーは、山東省鄒平県に関する研究で同様な見方をしている。彼は、地方政府を、収入の創出が最も重要な工業企業と似たものととらえ、競争的な環境のなかで地方政府全体が公司のように活動するのを考察している（Walder 1998, 16-23）。

註17　たとえば、「企業家的」な地方政府については、四川省広漢県に関するマーク・ブレッチャー（Blecher 1991）や、天津市の不動産・

註18　商業部門に関するジェーン・ダケット（Duckett 1998）を参照。「開発主義的」な地方政府といった研究では、河北省辛集市に関するマーク・ブレッチャー、ビビアン・シュー（Blecher and Shue 1996）を参照。「顧客主義」モデルでは、当局者と企業家が、経済発展を推し進める庇護―随従関係を展開する。当局の方は、みずからの政治的資本を駆使する。林南（Lin 1995, 301-54）は、彼の調査地域にて見受けられた顧客主義の強固な結びつきにもとづく、地方政府法団主義（local state corporatism）の一変型を論じている。グレゴリー・ルフ（Ruf 1998）は、四川省眉山県に関する研究のなかで、社会の地方政府に対する影響力を減じた顧客主義の強い圧制を指摘した。デビッド・ワンク（Wank 1999）は、厦門経済特区における当局者と企業家との関係を描出するのに、「共生的顧客主義」という言葉を用いている。

註19　深圳経済特区が実際に設立されたのは一九八〇年八月二六日である。この展開は、一九七九年一一月、深圳（旧宝安県）を広東省が管轄する市に昇格させて、準備が整えられていた。一九八八年一一月には、省レベルの経済管理権を認められた。

註20　香港の発展、さらには改革まもない時期の珠江デルタにとってのその重要性については、エズラ・ヴォーゲル（Vogel 1989, 43-75）を参照。

註21　そうした企業の一七％近くは賃貸料を支払うのではなく、土地使用権を取得していた。これら契約の大半は、使用年限が五〇年間であった。

註22　これは、後述するリリー・ツァイ（Tsai, L.）の「包含性」の用法とおおむね合致している。

註23　共通の家系という主張にもとづく組織化の重要性については、モーリス・フリードマン（Freedman 1971）を参照。

註24　ルビー・ワトソン（Watson 1982, 75, 85）は、香港・新界の厦村に関する研究で、当地の鄧氏は、みずからの祖先を、一二世紀、もともとは江西出身で広東南部に定住した鄧符協にまでたどっていると記している。また、彼の親族集団も、雁田の鄧氏と同様に鄧州が起源であった。多くの鄧氏が、江西を経て他の土地へ移っていった。

註25　夏王朝（前二一～前一六世紀）は、中国最古の王朝と考えられている。商王朝は前一六七五年に成立し、六〇〇年あまり続いた。そして周王朝は、前一〇四六年から前二二一年までをさす。

註26　「監生」は、「国子監」――旧中国の教育制度において最高学府――で学ぶことを認められた者である。学生は、〈一〉学業成績が優秀であった者、〈二〉朝鮮、ロシアなどからの留学生、そして〈三〉学生の身分を金銭で入手した者という、おもに三グループから構成されていた。「貢生」は、国子監で学ぶことを許可された全国の各府学・州学・県学からの成績優秀者であった。「挙人」は、科挙の地方試験［郷試］に合格した者であるが、「進士」は殿中での最高位の試験［殿試］に合格した者である。この試験の首席合格者は、旧中国において「状元」と称されていた。

註27　「掃墓節」ともいわれる。四月初旬で、人々は先祖の墓所、埋葬地へ出かける。二〇〇八年、中国共産党は、この日を祝日にした。

註28　胡必亮（Hu 2007）は、浙江省巷東村での民間の金融互助組織の設立にあたり、〃村の信任〃の重要性を指摘している。

註29　このモデルは、たとえば北京郊外の昌平区鄭各庄村など、いくつもの場所で見受けられる。昌平区元党書記への聞き取り調査。

註30　資金の手当てについては、ケリー・ツァイ（Tsai, K. 2002）を参照。温州をめぐる議論については、ピーター・ノーラン、董輔礽（Nolan and Dong eds. 1989）を参照。

第Ⅰ部 経済運営・組織

第I部にあてられた章は、雁田村にて何世紀にもわたった農業主導に終止符が打たれ、世界的な生産拠点が現れた経緯を描いている。これらの章では、重大な事柄の方向づけにあたり、「新型の集団」、そして特に鄧氏の重要な役割が明らかにされている。その初期の試みは、新たな改革政策を生かすために村営企業を設立した山東省や江蘇省南部における、ジーン・オイが論考した取り組みなど、他の地域と似ていた。一九八一年までに、そうした企業は一〇社立ち上げられていた。しかし、比較的早い時期に、村の戦略は、当地の市場に貢献する村営企業から輸出志向型成長を促進するように仕立てられた加工業の振興へと移った。こうしたことは、広東省が一段と柔軟に外資を呼び込むことができるようにする中央政府の決定にしたがった。とはいえ、そのような公司も、当初は法定代表人が村民の中から選ばれたので、集団企業に分類された。興味深いことに、鄧氏の優位性にもかかわらず、雁田にて初めてとなる外資系企業の経営者は、その族人ではなかった。外資系企業の創設が始まったころ、村は事業を監督するために四人から成る管理チームを差し向けた。しかし、外資系企業数が増加するにつれて当地の労働力への需要が大きくなりすぎ、村は管理チームの成員数を減らした。村の集団がそうした企業から受け取る諸費は、村民に富の増大をもたらした。二〇〇八年、その総額は九、七二四万元に達した。また、工場を建設し、なおかつ雁田への多数の外来労働者を収容するための土地需要が高まり、土地は各戸から取り戻され、集団の管理下に置かれた。やがて、村の集団は、他の投資家からの諸費を当てにするだけでなく、投資それ自体をより上手に仕掛けられると考えた。その成果はまちまちであった。収入の大半は、不動産開発や温泉保養地建設によってもたらされた。雁田においては、集団は、行政区画単位としての行政村とそれを構成する九自然村それぞれの村民小組という、二レベルで事業展開をしていた（第一章参照）。行政村の集団は、年末、すべての雁田村籍の当地村民に配当を支払った。そして、村民小組のほとんどは福利分配を行っていた。こうした二レベルの集団組織の発展は、手に入る富を増大させるだけでなく、雁田村内での収入格差の軽減につながっていった。

第二章　足を洗う
――農業を中心とした村の終わり

一九八〇年代半ばまで、雁田の経済では、ほかの中国農村部と同じく農業が主要な役割を果たしてきた。一九四九年、中華人民共和国が建国されたとき、工業生産総額は全国の生産総額のわずか一〇％にすぎなかった。その大部分は伝統的な手工業であり、農村部における工業開発は極めて限られていた。雁田においては、恵まれた自然資源と天候が、とりわけ水稲、サトウキビ、落花生、ライチ、竜眼など、農業生産に適合していた。しかし、低い技術水準、脆弱な科学研究、欠陥を抱えた農業経営システムにより、一九四九年以前もそれ以後も、農業開発の潜在力は抑えられた。

中国共産党第一一期中央委員会第三回全体会議〈一一期三中全会〉（一九七八年一二月）後の農業改革は、雁田での事業経営の手法に劇的な変化をもたらした。一一期三中全会は、それまでのおよそ二〇年間にわたり大きく扱われてきたイデオロギーや階級闘争を控えて、経済の近代化を党のあらゆる作業の中心にすえた。都市部において当初の変化は穏やかであった。だが農村部門では、それは急速かつ劇的であった。政策立案はより実際的になり、中央指令型計画システムの産物であった割当て、分配の非効率性に対処するため、経済政策は市場メカニズムの推進を軸に展開された。この全体会議においては、買い上げ価格の大幅な引き上げと、生産大隊や生産隊による投資を通じた農業の近代化によって、農業生産を高めていく政策が承認された（Watson 1984, 83-108）。加えて、個々の地域に〝比較優位の法則〟から利益を得させるため、政策の緩和が図られた。文化大革命の諸施策を後退させ、農民は自留地で精を出し、さらに副業に乗り出すことを許された。農民がみずからの生産物——たとえば、定められた数量を超過して生産した食糧など——を販売できるように、自由市場が再び容認された。とはいえ、政策的には集団が引き続き活動の中心に置かれた。しかも、当初、まったく新しいところなど何もなかった。大躍進（一九五八～一九六〇年）という大難の後、経済復興を促すために導入された調整政策がモデルにされた。ただし、買付価格の上昇や投資の増大は、主要な意思決定の権限を世帯レベルにおいた、より抜本的な改革を導く政府の財政に大きな負担となった。

雁田の経済活動には、さらに別の政策的な取り組みがなお一層激しい衝撃を与えた。一九八〇年代初頭から半ばにかけて、深圳経済特区、珠江小デルタ経済開発区の設立が、珠江デルタへの力強い追い風となる、香港ひいてはさらに遠方からの投資の促進といった奮励努力を運命づけた。経済の重点は、農業から加工・製造業へと劇的に移行した。農業部門のなかでさえ、わずかに残った農作業は出稼ぎ農民に請負わせ、その生産はかなり変化した。

農業体制の改革と制度的な変化

一九四九年以前、農業は、個々の農家が生産・経営の中核となる私営で担われてきた。もっとも、世帯間には経営規模にかなりの違いがみられた。元代初期、現在の雁田に移ってきた最初の三氏は、羅、祝、李であった。驚くことではないが、彼らは入手できる最良の平坦地をすべて占有した。したがって、一四一三年、鄧鎮田がこの地にいたったとき、手に入れることがかなったのは、北門から西門へと流れていた川沿いの荒れた細長い低地のみであった。鄧鎮田と四人の息子は、稲作のためにその土地を開墾した。また、雑穀を栽培するため、鳳凰山の乾いた小さな土地も切り開いた（Deng ed. 2003, 28）。後に続く親族集団――梁、楊、方、陳、魯、何、曽――には、荒れた山地を切り開くか、または先に住みついた人々から土地を買うか、もしくは借りるかという選択肢が残された。土地所有の観点からは、これは村内に不均等なパターンを定着させた。ちなみに、一部の親族集団は、他地域での土地の開墾や購入にも努めた。かくして、一九世紀末までに、雁田に居を定めたすべての親族集団が一万畝を超える肥沃な土地を有した。その多くは雁田ではなく、平湖、鵞公嶺、西郷、新田、龍崗、布心湖といった近隣地域に広く散在していた。通常、雁田の村人は、みずからの住まいに近い土地を耕すだけで、遠く離れた土地からは、付近の村人より地代を徴収していた（Deng ed. 2003, 117）。

一年間に二回はもとより、三回――水稲の二期作に加えて、雑穀を一回――もの収穫が見込めた。ただし、産出量は少なく、米については豊作の年で一畝あたり一〇〇キログラムあまり、通常はほぼ一〇〇キログラムであった。米の生産高はそれほどでもなかったが、その品質は極めて良好であった。当地の市場には、「家屋は荷坳《ホーアオ》（註1）、食糧は雁田」という古言があった。そうしたことから、食糧を扱う地元の市場は栄え、季節ごとの開催から一年を通じた常設へと発展していった。米の生産ならびに関連する取引は、雁田に最初の繁栄をもたらした。サービス業の振興がはかられ、商店街が形成された。中華民国（一九一二～一九四九年）の初年、雁田には二〇あまりの雑貨店、一〇賭博場、七煙館〈阿片吸引所〉、三宝飾店、二百貨店、二料理店、二旅館、そして三〇を超える露店・屋台が立ち並んだ（Deng ed. 2003, 118）。香港商人も数多く見受けられ、活気にあふれていた。一九四九年以後、こうした状況は一変した。そして、一連の制度的な変化によって前途は揺れ動いた。

新中国における最初の改革

一九四九年、中国共産党は執政政党として、戦争で荒廃した経済の復興やインフレーションの抑制のみならず、旧体制の全体的な不平等の緩和も図る一連の政策をすぐさま打ち出した。農村部門に関して最も重要な法整備は、一九五〇年の「土地改革法」であった。農村は著しい変容を遂げるが、より根本的な農業の社会主義化はただちには実施されなかった――まもなく、これも雁田を一変させるのだが――。土地改革は、一九四九年以前、中国共産党が支配した革命根拠地にて取り入れられた政策がモデルにされ、農村部の伝統的な社会秩序と権力関係を解体する極めて重要なステップとみられた。農家に土地を再分配することによって、政治的に、土地改革は農民と中国共産党との利害の一致を迫れるといった利点を有していた。けれども、一部の地域においては、多くの貧しい農民がもとの地主や雇い主への復讐へと向かい、土地改革のプロセスが制御不能になったことは明らかである。土地改革運動（一九五〇～一九五二年）においては、八〇万人にも及ぶ地主が中国各地で殺され、さらに多数が殴られ、辱められたとの算出もなされている

(Teiwes 1993)。

土地改革法は、そのプロセスをきちんと整え、農村の改革を党の厳格な管理下に改めて置き、全国で生じていた行き過ぎた行為の抑え込みをめざした。農村の土地所有形態の複雑さを幹部が解き明かせるように支援するため、財産関係をもとに簡単な五分類〈「富農」、「中農」、「貧農」、「雇農(雇われ農民)」といった農民階級と、「地主」階級への仕分け〉がなされた。本法は、中農・富農を疎外することなく、雇農と貧農への土地の再分配を図るように求めた。地主の所有地は、特段の理由がない限り、再分配のために没収または接収とされた。〈すでに分配を受けて〉〝豊かになった農民〟と呼ばれていた人々を含め、富農・中農の土地は温存とされた。

一九五一年、雁田で最初の改革を実行したのは、中国共産党というよりむしろ人民解放軍であった(註2)。人民解放軍は、党に先立って南進していた。それから、人民解放軍は土地改革を行うというよりも、小作料の引き下げ、保証金の返還[減租退押]運動を仕切っていた。これは、一九四九年以前の根拠地で実施されていた政策で、農民の政治的な意識を高めるのに不可欠な要素ととらえられた(Mao [1943] 1965)(註3)。地主への小作料を二五%減じるなど、政策は貧しい農民に有利に作用した。なお、いかなる過払い金も返還されるようにとの指示がなされたことで、農民は借り入れた資金を返済しなくてもよくなった。こうした政治運動は——しかもかねてよりの革命的な手法は——、雁田において富の大きな再分配をもたらした。

全国各地よりも遅れて、一九五二年春、軍幹部、土地改革工作隊《チーム》の指導のもと、体系的な土地改革がようやく始まった。本作業には、農民協会の設立、個々の世帯が属する階級地位の決定、地主の資産没収、富農の余剰地徴収、そして土地なしや土地をわずかしか持たない農民へのそうした資産・農地の再分配が含まれた。一九五二年の年末から一九五三年の年初にかけてこのような作業が完了すると、階級地位が正しく見極められ、田畑の再分配がしっかりと行われているかを確認するため、上級政府の関係者が、すぐさま土地改革の実績評価に派遣された。

一九五二年、階級地位の子細な状況は次の通りである（Deng ed. 2003, 166）。雁田七八四戸（三、〇五四人）のうち、地主にはわずか一八戸（七八人）が、富農には一六戸（七六人）が分類されたにすぎない。これら二グループは雁田総戸数の四・三％、総人口の五・〇％であった。ただし、彼らは、雁田の水田総面積七、一三〇畝のうち、合わせて六、八七〇畝（九六・四％）を有していた。それゆえ、その他の細別――すなわち中農、貧農、雇農、小規模な土地の賃貸人、行商人、自由業者、遊民など――は、合わせて総人口の九五％を占めたが、水田総面積の三・六％を有するにとどまった――興味深いことに、現代の雁田においては、総人口（村籍の村民）のおよそ三・五％が村の収入に決定的な影響を与えている――。一人あたりの保有面積は、地主と富農については四四・六畝――一戸あたり二〇二畝――であった。その他の階級・グループに関しては〇・一畝に満たず（〇・〇九畝）――一戸あたりわずか〇・三五畝――であった。土地保有をめぐる改革前の不平等は誰の目にも明らかであった。

土地改革の目的は、地主のすべての土地、家屋、役牛、食糧、衣服を没収すること、富農の土地の一部を徴収すること、そしてそれらを土地なし農民あるいは土地、食糧、衣服を欠く貧しい農民に再分配することであった。土地改革工作隊は、大衆集会を開いた。そして、服従を確かなものとするため、二人の地主――鄧XFと鄧ZY――はその場で銃殺され、もう一人の地主――鄧XC――は批判され、糾弾された。これは、有力な鄧氏への見せしめであった。そうした圧力のもと、一九五二年九月、雁田における土地改革は基本的に完了した。実施状況に関わる事後調査においては、一部の中農が誤って富農に分類されたが、速やかに修正がなされていたことが判明した。

もっとも、中国共産党が農家をベースにした農業体制を長期にわたって容認する見込みは決してなかった。中国共産党のリーダーたちが社会主義の推進を検討し始めるや、私営農業、自由市場にもとづく農村部門は時代錯誤となった。小さな区画の土地では、合理的な利用ができず、新たな農業技術の普及も困難で、しかも大規模な基本建設プロジェクトが滞ることになろうと、中国共産党の政策立案者は懸念した。さらに、第一次五カ年計画の草案が取りまとめられるにあたり、ソ連型発展モデルへの関心が高まった。中国共産党のプランナーたちは、大きいことは良いことで、質的にどうであれ急速な成長が最重要であり、近代的とは都市的で、工業化されたさまと考えるようになった。

こうした思考は漸進主義の放棄へとつながり、農家が中核をなす農業体制は廃された。農村部門は、しだいにより大きな集団を単位に再編され、自由市場の機能は抑えられた。その新たな計画において、ソ連式の重工業優先とは、農業への投資に振り向けられる資金はほとんどないが、工業化というプログラムを促進するには一段と効率的な農業生産が欠かせないことを意味した。解決策は、農業合作化〈協同組合化〉の推進であった。この運動はゆっくりと始まったが、その後速度を増し、一九五〇年代後半の共産主義化の突貫プログラムで最高潮に達した。

言うまでもなく、国家の政策は、三段階の農業合作化――互助組〈農家間の労働互助組織〉、初級農業生産合作社〈初級合作社／半社会主義的な組織〉、高級農業生産合作社〈高級合作社／社会主義的な組織〉——を通じて、農業を展開する雁田に衝撃を与えた(註4)。雁田村の長老たちからも聞き取ったが、貧しい農民が土地を手にしてから半年足らずの一九五三年二月、中国共産党中央委員会〈中共中央〉は、「農業生産互助合作に関する決議」を公布した。本文書の草案は、試行的実施のため、これより前に各級党委員会へ配布されていた。そして、この政策は、互助組の結成を進展させた。続いて一九五三年一二月、中共中央「農業生産合作社の発展に関する決議」は、中国農村部の改造が三段階を経て進むものとされた。村民には、たとえ各戸の農業経営に弱点があったとしても、そうした問題を明らかにするだけの時間はほとんどなかったと感じられたため、これらの「決議」は皆を驚かせた。実際、農民の大半は、土地を先ごろ手に入れたとなお意気盛んであった。彼らには、農家間の労働力の違いから生じる貧富の格差、分化への懸念から、「決議」が公布されたとの説明がなされた。やむなく、雁田では「決議」を実行し始め、一九五三年夏には互助組を結成した。それは一時的なものとしてスタートしたが、まもなく常設とされた。当初は、わずか二互助組にとどまった——東坊の東高互助組（組長／鄧植安）と西坊の西坊互助組（組長／鄧春桂）——。いずれも小規模で、一〇戸ばかりが参加するだけであった。しかし、一九五三年晩秋までに互助組の数は三六に膨らみ、一九五四年春までに、農民はさらに一〇二組をみずから結成した。結果的に、一年もたたないうちに五五六戸（農家総戸数の七四％）が互助組に加入した（Deng ed. 2003, 170）。

一九五三年一二月に公布された「決議」は、雁田における最初の初級合作社の設立につながった。それは、秋の収穫を終えた一九五四年一〇月であった。この合作社は、社員をおもに南坊と西坊から、そして水貝と布心からも数名を引き入れ、南西初級合作社と呼ばれていた。参加した農家は一六八戸で、鄧連歓を社長とした（Deng ed. 2003, 170）。一九五五年七月三一日、毛沢東の「農業集団化の問題について」［関于農業合作化問題］の報告は、雁田でのさらに三初級合作社の設立に結びついた。報告のなかで、毛沢東は、その設立にあたっては自発性を求めたが、合作社の必要性ならびに実現可能性の要点も示した。この合作化は、上級政府より派遣された工作隊の指導のもとで進められた。なお、三初級合作社とは、北坊の北坊初級合作社（加入農家数は一四〇戸、社長には鄧炳佳）、東坊の東高初級合作社（一七二戸、鄧柱安）、長表と石蚧の長石初級合作社（六八戸、陳秀林）であった。このようにして、一九五五年末までに、雁田の五四八戸（農家総戸数の七一％）が初級合作社に加入した。

一九五六年、初級合作社にかえて、高級合作社の設立を急き立て、それらに全戸を組み込もうとする中共中央からの政治的な圧力が高まった。雁田では、南西初級合作社が先陣を切り、最初の高級合作社をめざしてさらに四六戸を吸収した。加入農家数は二一四戸となり、社長には鄧連歓が留まった。その後、残りの三初級合作社も、高級合作社への昇格をめざして未加入であった農家を吸収し、社長は以前と同じ人物とした。明らかに、雁田においてこうした作業は、他所と同様に、中央政府より打ち出された文書・政策と、その過程を監督するために上級政府から派遣された工作隊に従うトップ・ダウン方式であった。農民は、土地改革にはひときわ前向きであったが、合作化においてはただ中央の指示に応じただけであった。一九五六年末までに、全国では農家の九六・三％が高級合作社に加入した。中国都市部と同じように、私営企業は消滅させられていった。雁田における展開は、エドワード・フリードマン、ポール・ピッコウィッツ、マーク・セルデン（Friedman, Pickowicz, and Selden 1991, 271）が華北平原の研究にて指摘した、「市場や移動によって古くから紡ぎ出された村外へと広がる関係は、国家統制主義者の諸制限により減衰させられた」状況と似ていた。同様に、親族・利益集団に対してより大きな支配力を行使しようと、伝統を攻撃し、社会構造を解体するために社会への浸透に努めた政党制度に、雁田の農民は負けた。新中国における最初の改革のもとで手にしていた土地を失うようになるや、雁田の農民にはもっとひどいことが起きようとしていた。

互助組の設立は、土地所有権に変化をもたらさなかった。役畜、農機具、そして再分配された土地については私有制を維持し、農繁期にはたがいの農作業の手伝いや働き手の交換を図るため、組員が労働力をともに出し合った。生産手段の共同補償や転用はなかった。互助組が常設の作業グループになると、これに変化が生じ始めた。労働はすぐさま集団的になり、農業機械は共用とされた。ただし、土地と他の重要な生産手段は、個人の手に残された。しかし、これは、合作社の設立で一変する。初級合作社は、依然として理論的には任意の組合であったが、ただちに労働だけでなく、資産、土地、農機具、役畜も共同管理とされた。農民は、小区画の土地を保持できた。高級合作社は、規模がさらに大きくなり、また報酬は獲得した労働点数にもとづいて決定されるため、大きな管理上の変化をともなった。農民は出資して社員となり、合作社の運営にあたっては委員会が立ち上げられた――正、副社長および三、四名の委員を選出――。指導は集権的になされ、社長は全般にわたり責任を負い、副社長は農業生産を、各委員はそれぞれ具体的な要務を担った。なすべき仕事は、合作社が練り上げた計画にしたがって管理された。そして、生産過程は一元的に把握され、合作社幹部は小組〈チーム〉に業務を割り振り、小組長〈チーム・リーダー〉は個々人の作業計画を決めた。同様に、収益の分配も、日々の作業によって累積された労働点数で統一的になされた――どのような余剰も、その累積点数にしたがって分けられた――。一日の作業につき、男性は一〇点、女性は八点を得た。個人営農は、まさに社会主義的な集団営農へと改造されていった。しかし、農村の大変革はそこで止まらず、政策はより一層急進的になった。

さらなる急進化の基盤は、大躍進への道を開く第八期中央委員会第三回全体会議〈八期三中全会〉（一九五七年九～一〇月）での決定で築かれた。合作化運動は、中央においては急進的な雰囲気をすでにつくり出していたが、この社会主義化の流れは、労働者ならびに農民の物欲的な関心とぶつかり始めていた。一九五六年冬から一九五七年にかけて、農民が合作社を退社する動きが広範に見られたという。それは、「退社風」と呼ばれた（Teiwes 1987, 140）。また、中国都市部においても、より急進的な政策の受け入れをめぐって問題が生じていた。エリザベス・ペリーの研究は、新しい労働者階級が、工業の社会主義化を概して容認していなかったことを明示している（Perry 1997）。一九五七年の始めまでに、諸改革とは、労働者にとっては実収入の減少や意思決定からの疎外となり、ストライキなどの争議行為の多発につながった。全体として、そうした抗議行動は、社会主義化のプロセスを冷たくあしらっていた。急進的な雰囲気は、ソ連におけるスターリン批判への毛沢東の反発、中国の反右派闘争での知識人弾圧にともなう後遺症によって、さらに高められた。ひとつの帰結は、社会主義的改造を完全に終えるように、早期に押し切って実行するという決断であった。

大躍進は、ソ連型発展モデルとの決別を際立たせ、一九四九年以前に革命根拠地で用いられた動員を軸とする開発手法への回帰を意味した。大躍進は、「大衆」の熱意は経済成長や工業化の促進に結びつけられるとの前提にもとづいていた。より効率的な農業生産は、投資のために蓄積される資金を豊かにすることになる。毛沢東は反急進派を批判し続け、一九五八年三月、中共中央が成都で開催した政治局拡大会議においては、「小規模な農業合作社を適切に大規模な合作社に合併することに関する意見」が採択された。毛沢東は、「冒進派」〈急進派〉とは向こう見ずではなくて「マルクス主義者」であると唱えた。何よりも、避暑地の北戴河で八月下旬に開催された政治局拡大会議では、「農村の人民公社設立についての決議」が採択された。この決議は、人民公社を「社会主義の建設、共産主義への段階的な移行に最適の組織形態」と称した——問題なことに、共産主義は、かなり遠い将来のことと考えられたのではなくて、短い期間で到達可能ととらえられていた——。それは、全国的規模で人民公社を設立する運動をもたらした。そして、鉄鋼生産量を二倍の一、〇七〇万トンとする、同時になされた決定は、ローカル・レベルでの鉄づくりという狂気じみた奮闘へとつながった。

こうした発展戦略の転換は、雁田でただちに感じられた。人民公社化のプログラムは、大躍進の極めて重要な部分であり、一九五八年後半には中共中央からの要求に応じて、雁田は人民公社の設立に着手した。人民公社は大規模な組織であり、ほとんど軍事的な方策で進められた。始めに、雁田では塘厦人民公社の第三営〈大隊〉が結成され、その営長には鄧春桂がついた。人民公社の最も注目すべき特徴は、その大規模さに加えて高度な公有化であった。さらに、農業のみならず、工業、商業、教育、軍事、医療衛生、村政、社会福祉といったことも行うように求められた。人民公社は、その管轄区域内で、土地ならびにその他の農業に関わる生産手段を集団で所有した。したがって、それらは無償にて社員間で共有された。人民公社は、経済的組織であるとともに、一政府レベルであった。そして、その多機能性は、農民はもとより、労働者、兵士、学生、商人も加えた、多様な社員からなる高度に統合された組織であったことを表していた。なすべき仕事は集団で遂行され、日々の作業には労働点数が配された。食糧や生活必需品については、配給制が導入された。場所によっては、生活方式の集団化もはかられ、一部の夫婦は別々に同性の他人と暮らすように求められた。

全国では、七五万の合作社から二万四、〇〇〇の人民公社が結成された。そのスケールは手に負えないほど大きく、優れた管理要員も不足していたことから問題が生じ、結局は規模の縮小へと行きついた。塘厦人民公社についても非常に大きく、産出するものと供給するものの調整に手間取った。そこで、一九六一年六月、塘厦人民公社は解かれ、風崗人民公社に切り替えて、雁田はその管轄下に移された。人民公社―生産大隊―生産隊という、三級の組織構造が導入された。一般に、生産大隊は高級合作社に、生産隊は初級合作社に相当した。基本採算単位になった生産隊には、ひときわ大きな権限が与えられた。より小さな規模であることは、意思決定において、生産隊がより大きな役割を担うことを可能ならしめた。しかも、農民の基本的な生産手段は、もはや上級の組織には登記されなかった。また、農民は小さな自留地――雁田では社員一人あたり〇・一畝――の保持を認められた。その結果、農業生産は好転し始めた。

人民公社化が最高潮の時期には、中国が鉄鋼など主要工業生産高において英国を追い越し、米国に追いつけるように、雁田も積極的に鉄づくり運動に加わった。一九五八年冬、雁田村民は近くの山に土高炉を設計・建設した。それから、村民は、みずからの古い鉄製の農具(鎌、鍬、鋤など)や家庭用品(鍋、釜など)の提供を促された。また、近辺の山々では鉄鉱石が採掘された。最終的に取り出される三〇トンもの役に立たない鉄を生産するために、その燃料としてライチ、竜眼が一、〇〇〇本近く切り倒された（Deng ed. 2003, 173）。中国の他所と同じく、この運動はエネルギーと資源のあまりにも滑稽な浪費であることが分かった。

農業生産により多くの労力を投じるため、雁田は一〇〇〜六〇〇人に食事を提供する一〇棟の公共食堂を建てた。しかし、その開設から半年後、不十分な食糧供給のため、食糧の配給を始めなければならなくなった。各自に配られる食糧（おもに米）は、一日あたり〇・一〜〇・一五キログラムと定められた。農地深耕の重労働とあいまって結果として生じた飢餓は、一九六〇年、多数の餓死や病死を招いた（大躍進に関わる数多くの人々の物語については、Becker 1996, Dikötter 2010を参照）。大躍進政策によって引き起こされた経済的混乱と人々が受けた苦しみは、中央委員会に政策調整を進めさせた。一九六〇年末までに、人民公社の社員は確実に生きていけるように、小さな自留地の経営、荒れ地の開墾や家庭副業への従事を認められた。一九六一年三月から五月にかけて、「農村人民公社工作条例（草案）」が採択・修正された。中共中央は、〈人民公社からの現物支給という〉供給制や公共食堂を正式に廃止し、家庭を基礎とする暮らしを復活させた。一九六二年までに、そうした農村の組織体制は、おおむね一九八〇年代初頭まで続く仕組みとなって落ち着いた。人民公社の数は、より管理しやすい単位とするため、二四、〇〇〇から七四、〇〇〇に増やされた。そして、生産隊を基本採算単位とする、人民公社—生産大隊—生産隊という三級の構造が改めて確認された。生産隊の規模については、三〇〜四〇戸を上限に構成された。農村では、生産隊が経営管理ならびに収益分配について自主権を有し、最も重要な単位となった。

農村での生産をうまく進展させるレベルをめぐっては闘争が続いていたが、多くの家庭は、選択肢を与えられたなら、なすべき仕事の中軸には農家がつくのを希望していたことは明らかである。たとえば、一九六一年三月、安徽省党委員会は個別農家による請負制を試行した。この請負方法のもとでは、各土地の生産量が決められ、各人と請負契約が結ばれた。秋までには、同省の生産大隊と生産隊の八五・四%がこの方式を採用していた――なお、全国的には二〇%が取り入れていた――。この制度は、当初、毛沢東によって黙認されていた。しかし、一九六一年一二月には彼はすでに考えを変え、個人営農に戻るよりも生産隊が基本的な単位をなすべきであると主張し、その進め方をはねつけた（History of the Chinese Communist Party 1991）。とはいえ、このようなやり方は続いた。そして一九六二年五月になっても、全農家の二〇%は個別農家による請負制を実践していた――ちなみに、夏にはその数字が三〇%まで高まった――。これは、社会主義への移行という毛沢東が考える道筋からは遠ざかることを指し示すことになり、受け入れられなかった。

改革下の農業組織

第一一期中央委員会第三回全体会議〈一一期三中全会〉（一九七八年一二月一八～二二日）は、経済発展に向けて大きく異なったアプローチをとる一連の改革の出発点となった。先述の通り、この三中全会は、党のすべての作業の中心に経済の近代化をすえ、経済成長や生産を刺激する市場改革の導入工程を開始した。農村においては、鎮が活気に満ちた物資交換の場として現れ始めた。もっとも、農民は集団にのしかかった国家統制をどうにか振り払おうとしていたことから、政策より実践が先行していた。一九七八年末までに、安徽省では一部の農村にて個人営農を展開していくために土地の請負が始まった。報われたことには、そうした農民はより良い収穫を手にし、国家ならびに集団へ以前にまして多くの食糧を納めても、みずからに一段と多くを留めておくことができた。一九七九年を通じて、ますます多くの貧しい農民が集団営農を離れるようになり、報酬を生産量と結びつける、個別農家による請負制――農家経営請負制――を試み始めた。しかし、これは公式方針に反し、それゆえ伏せておかれた。けれども、しだいにそのようなやり方は他の農村部へも広がり始めた。集団営農の放棄は、多くの地方幹部によって反対されたが、改革派の幹部から暗黙の了解を得ていた（Zhou 1996 : Zweig 1997, 12-15, ch.2）。鄧小平でさえ、一九八一年にいたっても、そのやり様が良いのか悪いのか、迷っていたという（F・タイヴェスから個人的に得た情報）。

やがて末端での実践が急進的になるにつれて、中央は成し得ることがほとんどなかったが、寄り添い、そして現実に追いつくように努め、政策提言を行っていた。改めて、明確に規定された区画の耕地で一定期間にわたって作業する農家が、農業生産の重要な経済単位となってきた。土地は依然として集団所有であったが、使用のために各戸に割り当てられた。割り振りの仕方はさまざまであったが、最も一般的な方法は「人頭平均分配方式」であった。この基本原則は、土地所有権と経営権との分離であった。結ばれた契約には、土地所有権はむろん除かれるが、すべての原材料や灌漑施設へのアクセスが含まれた。後者の権利は、集団によって利用できるように整えられた。なお、農家は定められた国家への上納を果たし、集団に対しては十分な資金が留保されるように努めなければならなかった。残余があるのなら、農家のものとされた。

雁田は、農家経営請負制を採用した先駆けではなく、ますます政治的に受け入れられるようになって、ようやく動いた。したがって、そのプロセスは、一九七九年夏に一生産隊――東坊の東大生産隊――のみがこの制度を導入するかたちで初めて始動した。他の一八生産隊は、一九八〇年に同制度を取り入れた。いずれの農家にも課される国家統一買付けの数量に関しては、雁田では人口割で各農家に土地を配分する最も簡単な方法を採用した（Deng ed. 2003, 174）。平均すると、各戸はおよそ五畝――たいていは水田と畑が半々――の土地を手にした。新しい制度が実施されると、食糧の生産高、収量――ここでは水稲のみについて――は、一九七九～八一年に申し分のない伸びを示した。

しかし、工場に割り当てられる土地が増えた一九八二年から、より多くの労働力が農業――とりわけ食糧生産――から離れた。生産総額は上下したが、食糧の収量は引き続き増加した。かくして、農家経営請負制の採用からまもなく、外資の流入とは、雁田の農民がみずからの田畑をやめることを意味するようになった。こうした移り変わりは、地元では「足を洗い、田畑から手を引く」と言われた。まさに、人々は水田を出て、他のビジネスに従事するため、靴下と靴を履きつつあった。低水準な農業の機械化、不十分な農業への投入、整備が遅れた社会サービス、成熟していない食糧市場のもと、水稲栽培とはわずかな収益しか得られない苦役であった。「足を洗い」、彼らがその後になしたことは、農村経済の構造転換に直接つながっていた。雁田においては、有利な二条件が急速な経済再編を促した。その結末は、正式な村民の生活にみられる大幅な質的改善であった。

好条件のひとつは、水稲に加えて果実などの生産や畜産が展開できる、豊富な水資源と丘陵地であった。一一期三中全会前、雁田の農民は、食糧の生産に集中することを求めた党の方針や制度上の枠に縛られた。一九八三年一月二日、中共中央は、林業、畜産、副業、水産業のさらなる振興に際して、農業生産の請負制による進展を求めた一号文件を発表した。その結果、雁田は農家経営請負制を山林、果樹、養魚池にも広げた。一九八六年、村の集団は村民に林地を請負うように呼びかけ、最終的には広大な山林が無償で供与されただけでなく、果樹の苗木までも無料で請負った各戸に提供された。正式な契約は結ばれていないが、実際上の請負期間は七〇年で、所有権は村の集団によって保持されている。請負を開始して一五年目まで、山林や果樹から生じる収入の四〇％は村の集団に納められ、残りは個人のものとして留められた。一六年目からは、集団へは三〇％のみになった。

村民に与えた影響は劇的であった。たとえば、鄧松添は、双羅坑の一〇〇畝近い土地を請負い、ライチの木を植え、果樹を専門とする生産者の一人になった。数十戸が後に続き、雁田の果実生産を大いに押し上げた。鄧佐興は、総水面積が一〇〇畝を超える一〇あまりの養魚池を請負った。彼は有名な養殖業者になり、地元の需要を満たすとともに、みずからの家族を豊かにした。陳全妹は、東二近くの山に養豚場を建てた。年間一、〇〇〇頭が食肉処理され、彼女は豚の生産において最も著名な専門家の一人になった。

もうひとつの有利な条件とは、この地域における鄧氏の力量であった。元来、鄧氏は香港の錦田に居を定めようと、河南から江西を経て移り住んでいた。北宋代（九六〇～一一二七年）、鄧氏五兄弟は立ち上げた家業を切り盛りするために、一人——鄧元亮——を香港に残すことにした。そして、他の四人は新たなビジネスを始めようと広東へ移った。その後千年にわたって、香港では家業が大いに発展した。加えて、新中国成立後三次の〝逃港〟潮のさなか(註5)、多くの雁田人も香港へ逃れた。その結果、雁田と密接なつながりを持つ、しかも鄧氏を軸にした大規模なグループが形成された。すなわち、香港には雁田と非常に深い関係を有する者が、すでに三、〇〇〇人前後もいたということで、それは雁田村民とほぼ同数である。雁田と密接な血縁・地縁関係にあるこうした人々は、ひとたび改革・開放政策が開始されると、その発展には必須であった。彼らは、みずからの投資を香港から雁田へと移し始めた。そのような決断は、利益計算にもとづく実務的なものであったが、あわせて、祖先をたどり、たがいの厚情に報い、親族関係を結ぶという情感によって方向づけられ、なおかつ左右されていた。

外資系企業の流入は、労働需要を増加させた。農民はもっと稼げる好機とみて、水田からの撤収は加速度的に増えた(詳細については第三章参照)。政策の自由化と市場の膨張にあわせて、雁田村民のなかには、水田から離れた後、みずからのビジネスを開始する者もいた。香港との長年にわたる取引関係、雁田が有する商業の伝統が、そうした外資の流入と合わさり、サービス部門――ホテル、飲食店、ショッピングセンター、娯楽、運輸など――が発展し始めた。そうして、工業生産総額が農業生産総額を初めて上回った一九八四年までには、当地の農業労働力はほぼ完全に非農業部門に吸収された。製造業の発展は、ますます土地を必要とした。その上、新しい工場は、地元で得られるよりもさらに多くの労働力を要した。地元の働き手が離農していくなか、村の集団は土地の回収をはかり、農業を外来労働者に請負わせた。

一九八六年、雁田は、工業の用地問題と増大する人口への食糧供給を望む声の高まりに対処するため、農業事務室を設立した。農家経営請負制の導入にともない土地を人口割で等しく配分していたが、工場数が増え続けるなか、土地利用は最も差し迫った課題となった。唯一の解決法は各戸から農地の一部を回収し、それを村の集団のもとに置くことと、村の幹部たちは十分認識していた。農業用地から建設用地への転換にあたっては、彼らは上級の関係機関に報告し、認可を受けなければならなかった。村の幹部たちは、各戸から土地使用権を取り戻すには、徐々に戦略が必要となろうと考えた。驚いたことには、村民は反対しなかったばかりか、すべての土地を集団で利用するように村を積極的に支持した。村民と村の集団との間で紛争もなく、一連の手続きは円滑に進んだ。さらに、村民は何も補償を求めなかった——これは、透明性を欠いていたことも相まって、上級の当局による開発目的の土地没収が騒動へとつながった、中国の他の多くの村々とはまったく異なっている——。そうした作業に続いて、村の集団は、村民に代わり諸税を上納した。なお、食糧の現物納付は、現金での納付に切り替えられた。農地は実質的にはないに等しく、村民は自由市場でみずからの食糧を購入し始めた。

なぜ、このプロセスがそのように円滑に進んだのか。そのおもな理由は三点ある。第一に、先述の通り、雁田の人々は田畑へ戻りたくなかった。しかもその多くは、土地を返すことによってのみ農業から逃れられると考えていた。第二に、一九八五〜八八年は、ことに工業部門において急速な経済成長の時期であった。一方、農業はわずかな収益しかあげられず、なおかつ農業税・諸費の負担も重く、割に合わなかった。第三に、工業が急速に発展し、利益をもたらすことが分かると、ほとんどの雁田村民は非農業部門に一層儲かる仕事を見出した。その結果、雁田の村民は、土地を村の集団へ返すことを非常に喜んでいた。

一九八九年、村の集団は、三、〇〇〇畝あまりの土地を無償で回収した。そのかなりの部分については、外来労働者に、野菜生産を委託した。当初、委託料は一畝あたり一、〇〇〇元を下回っていた。しかし、二〇一〇年までに、それは水田では一畝あたり二、〇〇〇元、畑では一畝あたり一、五〇〇元へと上昇した。初めて外来者が農地を請負い、野菜づくりに着手したのは、一九九一年夏であった（Deng ed. 2003, 207）。広東省潮州市から来た一人の出稼ぎ労働者が、雁田では市場の野菜価格が非常に高いことに気づいた。地元の生産量では需要を満たせず、市場に並ぶほとんどの野菜は他の産地から持ち込まれていたのだ。したがって、単に価格が高いだけでなく、新鮮ではなかった。そこで、彼は製造業での就労よりも、野菜の栽培を決意し、その考えを雁田の幹部たちと話し合った。村の幹部たちの承認を得て、彼は三畝を借りた。彼の成功は村外者を引きつけ、一年足らずで野菜に特化した外来の栽培者が一〇〇人（戸）を超えた。一九九〇年代半ばには、外国から雁田への投資が急増するとともに、他所からの野菜栽培者数がピークに達した。米の市場価格に引きつけられ、借りた土地の一部分を水稲の生産にあてる者もみられた。

一九九七年一月の統計資料によれば、それまでに野菜・水稲に特化した外来の生産者数は三四六戸に上り、雁田村の集団は一、五六九畝——一戸あたり平均四・五畝（最大八畝、最小〇・九畝）——の土地を貸し出していた（Deng ed. 2003, 208）。概して、こうした土地の七〇％は野菜づくりに振り分けられ、残りの三〇％は水稲の生産のために耕された。賃貸料は、一畝あたり九〇〇〜一、二〇〇元であった。借り受けていた人々の出身は、大半が広東省ならびに隣接する広西チワン族自治区で、数は少ないが湖南省という者もいた。

二〇〇八年七月、村外からの人々が借り受けていた土地での作物生産を調査した際には、多くの変化に気づいた。第一に、そうした外来者の数が野菜づくりに特化した一六五戸にまで減少していた。第二に、水稲を生産する外来者はもはや見られなくなった。彼らは、田畑で野菜のみ栽培していた。第三に、その借り受けられていた面積も、一戸あたり平均一・八六畝に減少した。一九九七年の一戸あたり平均面積の半分にも満たない。この一六五戸のうち、最大の生産者でも三・五畝を請負うだけで、最小はわずか〇・六畝に留まった。最大の生産者である潘瑞冲は、広東省汕頭市澄海区の出身で、白菜《パクチョイ》や通心菜《エンツァイ》を地元および香港市場向けに育てていた。第四に、野菜栽培者の多くは、おもに香港、深圳市場に供給していた。地元市場へ供給していたのは、五七戸（三四・五％）にすぎなかった。第五に、一九九七年以前に雁田に来た生産者のうち、二〇〇八年にこの村で依然として野菜を植えていたのは四九戸だけであった。これは、借り受けていた総戸数の二九・七％を占めるにすぎず、そうした出稼ぎの人々の高い流動性を示している。本調査によれば、このような野菜栽培者の平均純収入はかなり低く、一畝あたり一三、〇〇〇〜一五、〇〇〇元であった。一戸あたり年間平均収入は、二四、〇〇〇〜二八、〇〇〇元となる——野菜栽培者一戸あたり平均一・八六畝をもとに——。むろん、生産者間には大きな違いがある。数戸の生産者との意見交換では、なかには年間収入が一万元未満で、非常に厳しい暮らし向きの者もいることが分かった。

　村の集団はすべての農地を回収したとはいえ、建設用地は国家によって厳格に規制されていた。すなわち、野菜づくりのために外来者が請負った土地を除いて、多くは有効利用されていなかった。山地も含めて考えると、四、〇〇〇畝あまりが有効に利用されていなかった。したがって、一九九七年、雁田村の集団は、地元の村民に果樹を育てる土地を請負うように再び働きかけた。請負期間は七〇年であった。この時、その呼びかけは、より耳目を引いた。そして一九九九年には、六〇戸以上が、約二、五〇〇畝の林地について、村の集団との請負契約に署名した。その面積はわずか二畝から三五〇畝までさまざまで、上位三戸——いずれも鄧氏——だけで八一〇畝を占めた。主要な二果樹は、ライチと竜眼であった。

加えて、雁田には一、〇〇〇畝近くの休閑地があった。村の集団は、そうした土地の有効な利用方法を見出したかった。国家は、農民に対して、使用権を有する土地の規模に応じた直接補助金や、改良種、農機具、その他の生産手段の購入を支援する補助金の支給など、数多くの好ましい政策を打ち出していた。雁田にとっての問題は、集団がすべての農地を回収済みで、村民がそうした政策の恩恵を受けられなかったことであった。さらに、雁田村民は、もはやそのような補助金を気にもかけていなかった。二〇〇六年、そうした国家からの補助金の活用が完全に終わった。二〇一〇年、雁田村の総面積三六、〇〇〇畝のうち、およそ一万畝が林地であり、約二、五〇〇畝ほどは地元の果樹栽培者に、約四五〇畝は外来の野菜栽培者に請負われ、ほぼ一万畝は建設用地として利用されている。残りの土地は、休閑地である。明らかに、今後、そうした残りの土地の一部は、建設用地に転換することが認められよう。また公共のレクリエーション用地としての利用もはかられよう。

こうした激動の末、今や、農業は村の収入にほとんど貢献していない。農業部門からの収入は、さしあたり、おもに三六〇畝の水田、七〇畝の畑を請負っている外来者からの諸費で構成される。実際には、すべての投入を計算に入れると、雁田の農業部門全体としてはまったく利益をあげていない。たとえば、外来の野菜栽培者の安定した暮らしを支援するため、水道、電気を備えた三〇平方メートルの住居を一二二戸建設する際、村の集団は一五〇万元の投資をした。各戸は、これに応えて、月額二〇〇元の家賃を支払っていた。

註1　現在の広東省深圳市龍崗区横崗鎮荷坳村。

註2　華南地方の大半にて、初めて現れた共産主義勢力とは人民解放軍であり、中国共産党ではなかった。さらに、華南地方での中国国民党の瓦解は、中国共産党指導部の誰の予測よりもはるかに早かった。それゆえ、新政府がより忠実な公僕をすえる間もないうちに役人が配されるといった、多くの妥協がいたしかたなくなされた。このため、デイビッド・シャンボー（Shambaugh 1997, 127）は、「中国共産党の勝利を、長期の軍事作戦を経た、武力による権力奪取ととらえることが肝要である」と考察している。

註3　中国共産党の広州解放に関わる優れた論考としては、エズラ・ヴォーゲル（Vogel 1969）を参照。

註4　当時の行政区画にもとづくと、雁田の範囲は、現在とわずかに異なっていた。

註5　第一次〝逃港〟潮は、一九五七年六～九月——集団化の加速期——であった。第二次〝逃港〟潮は、大躍進直後の一九六一～六二年の困難な時期に生じた。そして、第三次〝逃港〟潮は一九七二年であった——大部分は、下放されていた都市の「知識青年」——。

第三章　霊鳥を呼び寄せる巣づくり
――親族、市場、そしてグローバルな生産拠点の興起

一九八四年、雁田では、工業生産総額が初めて農業生産総額を上回った。雁田経済の大きな構造的変化の先触れであった。この頃より、工業、すなわち製造業と特に加工業が急速に発展し始めた。一九九三年には、国家統計局によって、雁田は屈指の「中国億元郷鎮」（生産額が一億元の郷鎮）と認められた。より正確には、雁田は生産額が一億元の村である。歴史的な変化のなか、この村は、国際的な投資が集まる、輸出志向型製造・加工業の拠点となってきた。その製品は、グローバル市場で販売される。多くの要素がこうした歴史的な変化をもたらし、フォーマルな制度とインフォーマルな制度がともに重要な役割を果たしてきた。

ダグラス・ノースによれば、制度は「社会におけるゲームのルール」である。そして、それはフォーマルなルール、インフォーマルな制約（ルール）、さらにはそれらの執行にあたっての特性から構成されている。フォーマルな制度には、憲法、制定法、慣習法、財産権、契約、規則などが含まれ、インフォーマルな制約、ルールとは、伝統的なしきたり、道徳規範、みずからに課した行動規範などである（North 1990, 36; Hu 2007, 11,12）。雁田村の情況では、製造・加工業の急成長を

推し進めたフォーマルな制度とは、市場の諸力であった。そのなか、外資の絶え間ない流入――国際資本流動と資本市場――とありあまるほどの外来労働力――労働力移動と労働市場――が重要な生産要素を提供した。外資と外来労働力は、雁田村の集団によって調整がなされ、かなり競争力のある産業の漸進的形成をもたらした。製造・加工業発展の鍵を握る初期段階においては、インフォーマルな制度の貢献も極めて重要であった。ここでインフォーマルな制度とは、おもに親族制度と家業、ならびに血縁、地縁、同郷団体などの人間関係、さらにはそうした特定の人間関係にもとづいた共通の認識、信念、価値観をさす。これらの要素は、投資機会、ひいては経済発展に影響を与えた。たとえば、親族の共通祖先の崇拝やローカルな場（村など）への強い親近感、あるいは古くから伝承してきた文化や慣習といった共通の記憶によって、人々は祖先への感謝の気持ちを持つようになるのかもしれない。こうした特別な親近感や道徳的な情操は、みずからの故郷への投資、同族者への経済的支援の提供など、具体的な行動につながる可能性がある。本論考にて、これは、インフォーマルな制度の極めて重要な部分である。この章では、雁田の製造・加工工業発展に対するフォーマルな制度とインフォーマルな制度の影響や意義を考察する。何よりもまず、これらの産業はインフォーマルな制度から助力を得た。親族・家制度は、資本市場、労働市場の影響や、後の国有経済との関わりに際して、先行するものであり、なくてはならない基盤であった。そうしたインフォーマルな制度、フォーマルな制度を論じるにあたり、雁田における工業発展の起源と歴史から概観しておきたい。

雁田における工業発展

雁田は、かねてより手工業の伝統を有し、さらには発展が段階を追って進行してきた。二〇世紀の幕開けまで、雁田は他の農村地区とほとんど変わらず、手工業はおもに地元の生活ニーズに応えていた。職種としては、仕立業、木工業（テーブル、いす、腰掛け、ドア、ベッド）、建築業（家づくり）、金属加工業（やかん、水桶）、竹細工業などがみられた。発展段階の初期には、そうした手工業は簡素な作業場を持つこともなく、たいていの手間仕事のサービスは各戸へ提供された。後に、いくつかの事業は、石灰・煉瓦窯、「糖坊」（製糖所）、「油坊」（搾油所）など、より恒久的な施設を持ち始めた。

雁田は、二〇世紀初頭には、その石灰生産ですでに有名になっていた。そして、一九二〇年代には、「雁田実業公司」が設立された。請負制の経営方式が採用され、最高額の入札者が経営権を得た。一九四三年、鄧鎮福は、「華益焼窯廠」を――雁田に近い荷坳の分工場とともに――創設した。何よりこれらの二事業も、深圳、香港へ出荷して非常に利益を生むことが分かった（Deng ed. 2003, 125）。歴史的にみて、雁田の全戸がサトウキビと落花生を栽培していたので、製糖と搾油も重要であった。二〇世紀初めまでに、雁田はすでに一〇を超える糖坊と油坊を有していたが、時代遅れな技術・設備のため、その供給はもっぱら地元での消費向けであった。

中華人民共和国の成立後、雁田においては、全国のたいていの地域と同様に、手工業が工業発展の大きな柱となった。人々は、依然として、石灰生産、製糖、木材・竹材加工、鉄製品加工、建築業など、旧来の仕事に携わっていた。たとえば、私営の六製糖工場は従業員を合わせて二〇〇人、鄧氏祖業の「石灰廠」は三〇人、村の集団が営む「木材加工組」は一〇人を雇い入れていた。市場が雁田を越えて拡大していた蔗糖と石灰を除いて、ほとんどの事業は、地元の原材料と労働力を使い、当地の人々のために生産していた。

当初、私営企業は容認されていたが、農村部門にみなぎる一段と急進的な雰囲気が広まるにつれ、中国共産党の政策は、個々の手工業企業が有する生産設備などの買い取りに転じた。これは、雁田においては一九五六年に本格化した。第一に、個々の手工業企業は、村の集団によって配属された専任の人員によって合作社への転換がはかられ、操業・管理された。第二に、似たような製品の生産を行っていた作業場は、よりフォーマルな加工工場に統合された。かくして、数あるなかでも、「雁田糖廠」は、陳秀林を工場責任者として、従業員数一五人、大地堂に開設された。「雁田磚〈煉瓦〉廠」は、鄧慶雲を工場責任者として、従業員数三〇人、数自然村にて操業がなされた。また、農業の重要性が見て取れるが、「雁田糧食〈食糧〉・飼料加工廠」と「雁田農機修配〈修理〉廠」(工場責任者/鄧潤竹、従業員数 各一八人)、ならびに落花生油を製造する「雁田食油〈食用油〉廠」(工場責任者/鄧志祥)が設立された。他所に売り広げられた製品はほとんどなく、主として当地村民のニーズに即した生産であった。

農業の集団化が急速に進展するにつれて、工業は周縁に追いやられ、発展は鈍化した。一九五八年の熱狂的な鉄づくり運動を除いて、個々の生産隊によって営まれる企業はなかった。なお、雁田の集団は、「磚瓦廠」、「糧食加工廠」、「農機修配廠」、「魚苗〈孵化〉場」、「建設隊〈チーム〉」、「林業隊」など、数多くの事業に関与していた。糧食加工廠と魚苗場については、毎年四万元前後の利益を生み出していたが、その他はおしなべて赤字であった。

親族集団と外資の流入

第二章にて概観したように、一一期三中全会（一九七八年一二月）は、全村を二年以内に農家経営請負制へ転換し、農業体制の急速な発展をもたらす改革を始動した。雁田の幹部たちは、村の集団工業が抱える問題についても検討し始めた。討議、熟慮の後、村の集団工業を振興する最適な方法は、雁田から香港へ出て行った人々、とりわけ裕福な鄧氏族人から借り入れを行うという、全員一致の考えにいたった。事業を営み、いったん利益があがり始めれば、彼らは返済も受けられる。

合意にいたるや、村の幹部たちは素早く動き始めた。一九七九年の清明節は絶好の機会を提供した。これは、香港で暮らす鄧氏の族人が墓参のために雁田に戻ってくる時期であった。村の幹部たちは、雁田での鄧氏の歴史を回顧し、また新たな政策環境のもと、村の集団工業の詳細な発展計画を検討する座談会を開催した。意外にも、鄧成発や鄧鏡など香港から来た鄧氏の族人は、雁田に資金を貸し付けるというアイデアを退けた。そして、代わりに、彼らは村の集団工業の発展基金として四〇万香港ドルを雁田に寄付すると申し出た。また、その資金で砕石機を調達して、石龍坑と双籮坑に機械化された二採石場を開設するため、彼らは雁田の幹部たちに協力した。いくつかの要因から、集団工業を採石場から始めることは理にかなっていた。雁田は多くの山々に囲まれており、しかも砕石は複雑な技術を必要としなかった。求められる設備は、特段に高価でもなかった。そして何よりも、石材に関しては地元のみならず他の地域にも大きな市場があった。採石場は、操業初年の終わりまでに一〇万元あまりの純収入をもたらした。

村の幹部たちは、採石場を発展させながら、村の集団が関与してきた旧事業の一部の改善や、いくつかの新規事業の創出にも着手した。彼らは、村の力強い集団企業の発展を通じて村の富を拡大するため、改革政策という新たな好機をとらえたかった。一一期三中全会からわずか二年ほど後の一九八一年までに、彼らは既存事業の統合や新設により、そうした集団企業を一〇社も設立していた。新たな企業は、すべて鄧氏によって率いられた。従業員数が一二〇人と最も多かったのは、鄧志華が工場責任者の「華南製衣廠」であった。そして、従業員数が六〇人の二採石場〈石龍坑と双籠坑〉は、鄧晩徳が取り仕切った。「化肥〈化学肥料〉廠」〈工場責任者／鄧建華〉は農業へのサービス提供に乗り出し、「木茨〈キャッサバ〉粉廠」〈五工場〉はそれぞれ別の生産隊のもとに創設された。さらに、「恒豊玻璃〈ガラス〉廠」、「長発紙品廠」、「汚水処理廠」、「国基注塑〈プラスチック射出成形〉機製造廠」も始動した〈Deng ed. 2003, 216〉。

こうした村の集団工業の積極的な拡張が推進されるなか、発展への別の道筋を切り開くことになる新たなチャンスが現れた。これは、地元の資源をもとに、しかも当地の市場に貢献する村の集団工業の発展を軸にしたモデルから、加工業に支えられた輸出志向型成長を基本とするモデルへの転換の始まりであった。そうしたことの担い手は、「三来一補」――提供された原材料の加工［来料加工］、提供されたサンプル通りの加工［来様加工］、提供された部品の組み立て［来件装配］、そして補償貿易――企業〈註1〉や、三資企業――独資企業、合弁企業、合作企業――と称された。これらは外資によって支援され、海外市場に貢献した。

一九八〇年、一人の企業家——広東省恵陽県に生まれたが香港へ移住していた呂氏——が、みずからの故郷で事業を始めることを計画していた。残念なことに、恵陽では期待通りにはいかないことを悟り、彼はその構想を断念した。香港に戻る前、彼は、東莞市風崗鎮の武装部〈人民武装力の活動を指導する機関〉で働いていた元戦友の一人を訪ねた。その友人は、風崗鎮から六キロメートル離れた田畑が広がる雁田村へ彼を連れ出した。その企業家は、雁田に深く心を動かされ、村の大会堂（幅一〇メートル、奥行き六〇メートル）を作業場として活用する毛織物工場の開設を企図した。かくして、雁田で初めての「三来一補」企業——「雁田正信毛紡〈毛織物〉廠」——が、香港の投資家によって設立された（Hu 2007, 189）。

雁田で最初のこの外資系企業が輝かしい実績をあげられるように、村の幹部たちは、元村党支部書記の鄧就権を工場長として赴かせ、さらには教育水準が高く、誠実で、勤勉な一〇〇人あまりの厳選された村の青年を工員として送り込むことにした。輸送上の課題に対処するため、雁田は、毛織物工場の出入口への道路整備を一カ月以内に終えようと、全村の強壮な労働力を交代制の作業にあてた。雁田正信毛紡廠は、その操業一年目、まずまずの利益を手にした。そして、村の集団は、この企業から二五万元の純収入を得た。

雁田正信毛紡廠の成功は、雁田村民に、みずからの輸出志向型加工業を振興するため、外資の潜在力をさらに引き出して利用する気持ちを起こさせた。それは、また、香港で企業家となった鄧氏の心をつかんで離さない事例ともなった。一九八一年、香港へ移り住んでいた雁田出身者による初めての企業——「雁田華芸塑膠五金〈プラスチック・金属製品〉廠」——が創設された。一九八二年、投資した鄧ＹＲは、一九五〇年代に雁田から〝逃港〟、すなわち香港へ逃れていた。

そうした企業の二番手となった「雁田五金〈金属製品〉廠」は鄧YLによって開設された。数年のうちに、香港へ渡った鄧氏のその他多くの族人も後に続いた。一九八五年末までに、雁田は、香港企業家が経営する輸出志向型加工企業を一〇社ほど有していた。しかも、そのほとんどは、鄧氏によって営まれていた。

一九八六年、さらに多くの香港企業家――特に雁田もしくは雁田の鄧氏と密接な関係がある人々――を惹きつけるため、村党支部書記・鄧耀輝は、香港訪問に際して、村の幹部たちで構成する代表団の先頭に立った。彼は、香港の鄧氏あるいは雁田から香港へ移り住んでいた同郷者の企業家全体の九五％を訪ね、彼らには国家の政策が認める範囲内でこの上ないサービスと最も有利な条件の提供を約束した。こうした訪問とその後数年間のやりとりによって、鄧氏または雁田出身の三〇人を上回る香港企業家が工場を創設した（表3.1にその一部を整理）。

香港の雁田人は、血縁、地縁を通じて、四〇人を超える非雁田香港・海外華僑企業家がこの村への投資に乗り出すように取りはからった。これは、雁田とつながりがなかった他の多くの国際的な企業家にも、後からついていくことを促した。一九八六年から一九九一年までの六年間に、海外投資家は雁田で一四六社の「三来一補」企業を立ち上げた――平均して毎月二社の創設という注目すべき急増であった――。

この時期、海外との人脈づくりへの確かな基礎が築かれた。香港の鄧氏は雁田に一段と目を向け、雁田の鄧氏と香港の鄧氏との絆はより一層強まった。全般にみられる急速な経済成長はもとより、道路交通、水・電気供給、サービス提供のシステムがかなり改善され、海外投資家の収益は申し分なかった。その結果、一九九二年から一九九五年には、雁田に投資するなお一層多くの

表 3.1　原籍が雁田の香港投資家によって創設された輸出志向型企業（一部）

工場名	投資家名	創設年	投資家の雁田との関係
雁田華芸塑膠五金〈プラスチック・金属製品〉廠	鄧ＹＲ	1981	北坊村民小組出身者 1950 年代に"逃港"
雁田五金〈金属製品〉廠	鄧ＹＬ	1982	東二村民小組出身者 1960 年代に"逃港"
雁田東達綜合塑膠五金廠	鄧ＧＲ	1986	東一村民小組出身者 1960 年代に"逃港"
雁田富威玩具廠	鄧ＹＮ	1986	東一村民小組出身者 1960 年代に"逃港"
雁田権記五金廠	陳ＪＱ	1987	長表村民小組出身者 1950 年代に"逃港"
雁田利宝五金廠	陳ＺＱ	1987	長表村民小組出身者 1950 年代に"逃港"
雁田新力塑膠工模〈プラスチック金型〉廠	鄧ＺＰ	1988	東二村民小組出身者 1950 年代に"逃港"
雁田大成玩具廠	鄧ＺＱ	1988	東二村民小組出身者 1960 年代に"逃港"
雁田合勤紙箱廠	鄧ＭＬ	1988	北坊村民小組出身者 1950 年代に"逃港"
雁田祥発五金廠	鄧Ｑ	1989	東一村民小組出身者
雁田新芸家私〈家具〉廠	鄧ＧＨ	1990	東二村民小組出身者 1970 年代に"逃港"
雁田佳達製衣廠	鄧ＲＪ	1990	北坊村民小組出身者 1960 年代に"逃港"
雁田玻璃〈ガラス〉製品廠	鄧ＪＢ	1994	東二村民小組出身者
雁田表帯〈腕時計バンド〉廠	鄧ＪＳ	1995	東二村民小組出身者

出典：雁田村民からの聞き取り、鄧耀輝（Deng ed. 2003, 357）をもとに作成。

外資がみられた——平均して毎月四・四社の創設というペースで、合計二一一社の工場が立ち上げられた——(詳細については、Deng ed. 2003, 222参照)。こうした激増の後、一九九六年からはむしろ緩やかな増加となり、一九九八年までの三年間には、平均して毎年八社ほど、合計二四社の工場が設立された。これら二四社のうち、一七社の工場長には鄧氏が就いていた。

一九九八年末には、外資系企業数は四三〇社とピークに達したが(註2)、その後、東莞へ移転する企業もあり、その数は減少し始めた——一九九九年末には三二六社、二〇〇一年には三〇〇社になった——。二〇〇三年以降は、新たに沿海部での出稼ぎ労働者不足、人民元の切り上げなどの問題が生じ、外資系企業数は、二〇〇七年には二三〇社、二〇一一年末にはさらに一八〇社にまで低下した。二〇〇八年一月一日より施行された新たな「労働契約法」も関わっているが、世界的な経済の落ち込みは明らかに影響を与えていた(第九章参照)(註3)。

外国からの投資家によって資金を供給されていた「三来一補」企業は、明らかに、雁田に大きなチャンスを与え、短期間のうちに村民の収入は急速に上昇し、多くの出稼ぎ労働者に雇用機会を提供した。それでは、何がそうした投資家を雁田へと引き寄せたのか。もちろん、珠江小デルタ経済開発区の設立は極めて重要ではあったが、一九八〇年から一九九八年に雁田に開設された外資系企業四〇〇社近くの詳細な分析は、深い意味を持つさらなる二点を提起していた。第一に、鄧耀輝(Deng ed. 2003, 361)より提供されたデータをもとに算出すると、外資系企業三九一社のうち、九二・三%(三六一社)は香港系であった。残りの非香港系企業三〇社のうち、一九社は台湾系であった。外資系企業全体の四・九%にすぎなかったが、台湾系企業は、非香港系企業の六三・三%を占めた。日系企業は一〇社であった(全体の二・六%、非香港系企業の三三・三%)。そして、一社だけ米国系企業であった（全体の〇・三％、非香港系企業の三・三％）。

第二に、外資系企業三九一社のうち、ほぼ半数は、雁田と密接な関係を有する三グループの人々——香港の鄧氏、一九五〇年代、六〇年代、七〇年代に雁田から逃れていた人々、そして企業家・鄧氏の事業パートナーであった投資家——によって創設された。親族のつながりが、最も際立っていた。

雁田村籍の人々の六〇％あまりを占める鄧氏が、この村で果たしてきた重要な役割はすでに述べた。鄧氏は香港を経て雁田へ移り住んだが、一部の族人は家業を営むために香港に留まり、チャンスを探った。新中国成立前、そして成立後かなり長きにわたり、遅れた経済と苦しい生活は、多くの村民を近接する香港という〝夢の国〟へと駆り立てた——一九五〇年代には四〇〇人あまり、六〇年代には六〇〇人あまり、七〇年代には三〇〇人あまりが移り住んだ——。香港にはその地に留まっていた、あるいは新中国成立後に逃れていた鄧氏や、地縁を有する人々が、三、〇〇〇人近くいた。そうした人々のほとんどは、新界、上水、九龍、龍躍頭、大埔、沙田、荃湾に暮らし、その多くは工場の経営や投資事業を展開していた。さらには、主として東南アジア、ヨーロッパ、アメリカであるが、世界一〇カ国以上に三〇〇人を超える元村民（華僑）もいる。伝統という人の心を惹きつける力は、多くの華僑に、みずからの故郷や親族が住まう地方へ投資させる。なじみのない人との取引は信頼もできず、そうしたことが促される。このことをよく分かった上で、雁田村の幹部たちは、当該コミュニティを活用するために奮闘した。香港の鄧氏を訪問することに加えて、村の幹部たちは、鄧氏族譜の編纂にとりわけ力を入れた——一九九八年春に開始、二〇〇三年一二月完成——。伝えられるところによれば、彼らは、鳳凰山に近い雁湖公園内に、優雅で荘厳な鄧氏記念館を建設するため、一、三〇〇万元もの資金を注ぎ込んだ――二〇〇二年六月二七日起工、二〇〇四年八月竣工――。それは、清代の庭園と似ている。また、雁田は、世界中の鄧氏族人を探し出す試み［世界鄧氏宗親尋根連誼会］、香港で開催された鄧氏の理事会［香港鄧氏宗親理事会］、鄧氏後裔のための連絡事業［鄧氏後裔懇親会］、香港・東莞（雁田を含む）に移り住んだ五兄弟の流れをくむ、鄧氏五大支派の代表者会議［鄧氏五大房代表会議］など、さまざまな親族活動への支援や参加を進めていた。これらすべての取り組みは、雁田の鄧氏と香港や他の国々の鄧氏との関係強化に直接役立ち、結果的に、海外の鄧氏に雁田への投資を促した。

外資系企業

外資系企業には、雁田村・鄧氏との関係の他にも注目すべき特徴がある（註4）。第一に、企業形態については、二〇〇八年、総数二〇二社のうち一五三社（七五・七%）が、「三来一補」企業〈名義上は当地企業〉に分類された。そして、そうした委託加工企業以外に、独資企業が三〇社（一四・九%）、雁田と外国投資家との合弁あるいは合作企業が一九社（九・四%）数えられた。一九九一年以前に設立されたすべての外資系企業は、「三来一補」企業であった。一九九二年から一九九五年には、他の形態の企業が急増したにもかかわらず、「三来一補」企業も絶頂を極め、他のあらゆる形態の企業をしのいだ。この時期、「三来一補」企業は、依然として企業総数の七〇%を超えたが、一九九六年よりその新設数は減速し始めた（一九九六～一九九七年、東莞市の外資系企業二六社の詳細については、Yeung 2001）。特に二〇〇一年からは、そうした企業の開設は年間一～三社にとどまり、企業総数に占めるその比率は大幅に低下した。

一九九二年より、雁田は、「霊鳥を呼び寄せる巣づくり」から「霊鳥とともに巣づくり」へ、そう表現された戦略的な転換のもと、合弁企業の発展を積極的に推進し始めた(註5)。このように、雁田の集団経済が外資系企業とともに共同発展をめざすなか、一九九三年から一九九五年には合弁企業が急速に増加した。外国投資家にとって政府の認可を得ることが比較的容易であったため、この転換は、彼らにも適合していた。雁田村にとっては、この種の協力とビジネス・モデルが長期的な経済発展を支え得るのかを見極められる有用な実験であった。しかし、その後、合弁企業は設立されなかった。そのおもな理由は、情報の対称性が満たされていないことであった。村民は、資材の供給に関する価格情報と国際市場での製品の価格設定について、ほぼどうすることもできないと感じていた。こうしたことは、外国のパートナー側からほとんど手に入らなかった。合弁方式では、法的なものを含め、村民はより大きな責任を負わなければならなくなるため、それは問題であった。結果的に、雁田の幹部たちは、村の集団に確定した利益を保証した方式のほうを選んだ。

外国投資家としては、企業経営に村民を関わらせることにあまり気乗りがしなかった。彼らはみずから采配を振り続けたく、合弁企業の場合、出資比率は通常七〇％で、最も高いものは九〇％に達した。村の集団による出資は、たいてい三〇％に満たなかった。加えて、多くの外国投資家は、特に国際市場において、雁田を出資者として記載することに乗り気でなかった。村にとっては、独資企業からの収入とまったく差がなく、合弁企業の経営や作業工程により深く関わるインセンティブはなかった。その結果、村の集団は逆請負［反向承包］方式を採用した。両者で合意後、外国投資家は完全に自主的な事業運営を認められるのと引き換えに、村に対して定額の支払いを行った（Wang, Zhang, and Yao 1996, 128）。一九九三年より独資企業が動き出し、数年にわたって緩やかに伸びた後、二〇〇一年から弾みがついた。二〇〇二年より、その新設企業数は「三来一補」企業のそれとならび、二〇〇四年からは上回った。「三来一補」企業がさかんであった時期は一九八七年から一九九五年まで、ことにその絶頂期は一九九〇年から一九九五年であった。

第二に、外資系企業によって多種多様な製品が生産されているが、エレクトロニクス製品・部品（小型家電製品、電気材料など）が中心である。二〇〇八年、エレクトロニクス製品を製造している外資系企業は四一社あり、企業総数の二〇・三％を占めていた。次いで、プラスチック製品（プラスチック金型、カバー、ハンガー、ビデオテープ、ボックスなどを含むが、玩具は除く）は三九社で一九・三％、金属製品（金属部品を含む）は二八社で一三・九％、時計・アクセサリーは二〇社で九・九％。玩具（プラスチック、金属、布、ウール製玩具）は一四社で六・九％であった。その他には、衣料品・靴・帽子（ハンドバッグを含む）、宝飾品（銀製品、半貴石製品を含む）、紙製品（箱、袋、封筒）、インク・ペンキ（各種塗料を含む）、眼鏡（ゴーグル、ルーペを含む）、小型モーター、ゴルフ・クラブ、台所用品、木製家具、金属製ラック、磁性粒子、セーリング用品、革製ベルト、ガラス製品などもつくられていた。

さかのぼって一九九四年の外資系企業三一六社と、二〇〇八年の外資系企業二〇二社の生産構造を比較すれば、高度化が見て取れる。一九八〇年代初頭には玩具や繊維にて供給されたパーツの組み立て［来件装配］、一九八〇年代後半には単純な加工、そして一九九〇年代にはエレクトロニクスや、一揃いの製品に傾注してきた。エレクトロニクス、プラスチック、金属製品という三本の柱への転換がわずかながら生じていた――それら主要三製品を生産する企業数が占める比率は、二〇〇七年の五三・五％に比して、一九九四年は四六・二％であった――。一九九四年時点の主要五製品（金属、エレクトロニクス、プラスチック製品、玩具、繊維・衣料品）は、依然として中核をなしている。ただし、プラスチック製品を生産する企業数の増加、衣料品・靴・帽子の企業数の減少など、順位には若干の変化がみられる。

第三に、雇用については、二〇〇八年、これら二〇二社の従業員は合わせて四一、四〇九人で、一社あたり平均二〇五人であった。しかし、その規模は企業によって大きく異なる。シナノケンシ・グループの「東莞信濃馬達〈モーター〉有限公司」（一九九四年創設）は、従業員が最多で三、三〇〇人であった。このほかに、従業員が多い外資系企業としては、一一、〇〇〇人を抱える「連雅製衣（東莞）有限公司」（二〇〇五年の始めに雁田にて設立された独資企業）、一、七〇〇人の「東莞風崗雁田今井工芸廠」（一九八四年一〇月竣工、フェイク・ツリー、フェイク・フルーツ、シルク・フラワーを製造する「三来一補」企業）、一、五〇〇人の「東莞風崗雁田宏徳電子廠」（一九九五年竣工、小型モーター、コイルを製造する「三来一補」企業）があげられる。従業員が最少の外資系企業はわずか二人であったが、五、六人というところも見受けられた。企業形態という点では、「三来一補」企業の従業員は平均一七二人、独資企業は二六〇人、そして合弁・合作企業は三七六人であった。

最後に、年間収入については、二〇〇七年、外資系企業一九五社は四五億元近い総収入を得た――七社の収入データは入手できず――。一社あたり平均およそ二、三〇〇万元である。これより、平均労働生産性は一一万元あまりと推算される。

外来労働力

外資に加えて、安価な外来労働力の絶え間ない流入も、雁田村の急速な工業発展に貢献してきた。二〇〇八年七月、私たちの調査は、外資系企業二〇二社の従業員四一、四〇九人の九五％が村外からやってきたことを見出した。「東莞市公安局鳳崗分局」下の「雁田派出所」の幹部たちは、芳しくない経済環境にもかかわらず、控えめに見積もって、まだ五万人ほどの外来労働者が雁田に来ていると推定していた。これは、「外来人口服務中心〈サービス・センター〉」下の「雁田服務站〈サービス・ステーション〉」にて、「暫定居住許可証」や「賃借証」の申請を処理した人数を表しているだけであった。実際、一時的な仕事で親戚や友人に雁田を紹介された流動者のなかには、そうした申請手続きをしない者もいた。さらには往々にして、一人の証明書類が、その者の家族にも勝手に及ぶものとされていた。「三来一補」という輸出志向型企業がグローバル経済の低迷によって大きな打撃を受けたときでさえ、出稼ぎ労働者と流動人口は、このように相変わらず膨大な数であった。

確かに、それまでの数年と比較すると、明らかな減少が見て取れる。雁田派出所の幹部たちによれば、出稼ぎ労働者が最も流入した時期は、一九九九年と二〇〇〇年であった。その当時、雁田の流動人口は約一五万人に達した（註6）。この二年間以外の年については、その流動人口は六万人前後であった。村外からの労働者は、従事する仕事という観点から三分類される。第一の職種は工場労働者であり、これには外資系企業で働く四万人強のほぼ全員が含まれる。一九九〇年代初頭、この職種の外来労働者は、外来労働者総数の八〇％以上を占めていた――一九九三年には八六・九％、一九九四年には八五・二％――。二〇〇八年、この割合は、依然として八二％であった。

第二の職種は、行政管理や社会事業にあたる専門職人員である。この分類のなかには、派出所、郵便・電信局、銀行など、雁田に置かれた国家機構の出先機関で働いている人や、村民委員会にて秘書業務を担う専任職員、村営学校の教員――一部の教員は退職後に招聘――など、村の集団に雇われている人がいる。雁田に落ち着くことを決めた者もいるが、臨時の仕事に就いただけという者もいる。

第三の職種は、個人経営者、すなわち「個体戸」〈個人経営の小規模な事業体、自営業者〉である。この職種は、さらに個人経営の農民および商工業者に細分化される。前者の区分には、野菜づくりに特化した農民が含まれる。そのピーク時には、四〇〇人近くに達したが、二〇〇八年には二〇〇人を下回るまで減少した。個人経営の商業者は、後者の区分で多数を占めている。概算で、雁田にはおよそ二、六〇〇軒の各種商店があり、サービス部門に携わっている自営業者はほぼ六、〇〇〇人である。大部分の商店は、衣料品店、飲食店、日用雑貨店であり、ほかに理髪店、食品店、土産店などもみられる。一九九〇年代、第二と第三の職種の人々は、外来労働者総数の約一五％を占めていた。企業数が減少する二〇〇〇年以降、この割合は上昇し、二〇〇八年には一八％に達した。

明らかに、出稼ぎ労働者は労働力の主軸であり、外資とともに、加工業発展の原動力となってきた。工業開発の初期には、たとえば、雁田が村の集団工業の発展に取り組んでいた一九七〇年代末、そして輸出志向型加工業が動き始めた一九八〇年代初頭、外来労働力は存在しなかった。当時、雁田村民にとって外資系企業に職を得て勤めるとは、心が躍り、誉れと考えられ、村の集団の幹部たちは特別な心配りをしていた。このような状況は、一九八〇年から一九八二年にかけて、「三来一補」企業が香港投資家によって立ち上げられて間もないころ、特にそうであった。村外からの労働者が強く必要と求められることもなかったが、それと同時に、立ち後れた国内労働市場は、地域を跨ぐ労働力流動を支持していなかった。

より多くの外資が雁田に投じられるにつれ、建設される工場数も増え、労働力需要が高まった。当地の労働人口では、そうした高まる需要にとても応じきれなかった。ただ、中国の労働市場は発展し、開放されつつあった。そこで、雁田への外来労働力の流入が促された。筆者の一人である胡必亮は、一九九〇年代初頭に行われた調査に加わったが、一九八九年、外来労働者がすでに六、三五五人に達し、そのうち四、八九二人（七七%）は他省から来ていたことを明らかにした(註7)。一九九一年には八、〇〇〇人になり、そのうち他省からは六、五〇〇人（八一・三%）であった。そして、一九九二年には八、五〇〇人に、他省からは六、五〇〇人（七六・五%）と推移した。一九九三年、外来労働者は三一、二三〇人と大幅に増加した。そのうち二七、一三〇人は外資系の工場で雇われていた。この数は、一九九四年には三四、四四八人、そのうち外資系企業で働く者は二九、三四〇人までさらに高まった（Wang, Zhang, and Yao 1996, 186）。

雁田派出所の幹部たちは、広東省内を別にすれば、外来労働力を最も多く供給しているのは、四川省、湖南省、広西チワン族自治区、湖北省であるとみていた。これは、私たちが一九九〇年代半ばに雁田で実施したサンプル調査の結果とおおよそ合致した。村外からの労働者一六三人への聞き取り調査では、広東省出身は二五・八%を占め、後に広西チワン族自治区（一九・六%）(註8)、四川省、湖南省（それぞれ一六%）、湖北省（八%）が続いた。残りの一四・七%は、その他さまざまな省の出身であった。外来労働者は、概して比較的高い教育を受けている。本調査では、一六三人中九五%が中学校以上の教育を受け、そのうち四六・六%は高校教育を修了していたことが明らかにされた。わずか四・九%が、小学校教育だけもしくは非識字であった（Wang, Zhang, and Yao 1996, 195）。

この調査では、かなりの数の出稼ぎ労働者が、みずからの収入および企業から提供された福利——無料の従業員宿舎といくらかの食事手当——に満足していたことも分かった。社会開発が二元構造であるため、最大の懸念は、社会事業へのアクセスにおける地元の村民と出稼ぎ労働者との大きな格差であった。たとえば、外来労働者の子どもたちは、当地の子どもたちとは別の学校へ通わなければならなかった。外来労働者は、村の集団から配当を受けることができなかった。そして彼らは、地元の村民と比べると、医療保険、年金保険など、社会保障制度へのアクセスにおいて、不利な立場に置かれている（第六章、第七章参照）。なお、当地村民と外来者はほとんど交流もなく分かれている。つまるところ、出稼ぎ労働者は、低い社会的地位にひどく苦しめられている。それは、一六三人中一八・四%のみが仕事のために雁田に居を定めて暮らしていきたいと述べ、残りの八一・六%は、雁田に長居をするつもりが明らかにない（五八・三%）、あるいは問いに対して明確には答えなかったという調査結果を説き明かしてくれるかもしれない（Wang, Zhang, and Yao 1996, 214）。レスリー・チャン（Chang 2009, 31）は、東莞における流動者と村民との関係について、一段と厳しい見方をしており、それを互いに軽蔑し合う間柄と記している。

雁田における国有部門

国有部門は、中華人民共和国の建国以来、中国農村部に絶えず関わってきた。ここでは、輸出志向型加工業の発展を受けて、雁田での郵便や銀行といった国有部門の出先機関設立にも着目する。国家の関与は、雁田村の集団、自営業者、外国投資家、出稼ぎ労働者、国有企業から構成される多元的な村の経済の重要な一角をなす。

一九五〇年代初頭、国家機関は、計画経済が差し迫って必要とすることに重きを置くため、農村市場――ことに食糧市場――を統制し始めた。一九五四年七月一三日、中国共産党中央委員会は「市場管理の強化と私営商業の改造に関する指示」を出した(註9)。私営卸売業者は、しだいに国営商業企業に置き換えられた。また、驚くことではないが、私営小売商の小売総額に占める割合は、一九五二年には四七・二%であったが、一九五四年末には二五・六%まで低下した。農村部においては、食糧の買付・販売に関して、国営の諸機関がより大きな役割を果たすようになった。一九五三年一一月には、食糧と搾油用作物の「統一買付・統一販売」制度が導入された。こうした動きは、そもそも急激な都市化の進展にともなう都市での食糧不足によって促された。そのねらいは、妥当な費用で安定供給を確保することであった。その後、数年にわたり、他の農産物についても同様な政策がとられた。私営の食糧卸売業者は市場を追われ、買上げは国営の諸機関によって独占された。このような政策アプローチは、本格化していた工業化や集団化の計画を支えた。

独占的な食糧の買付・分配政策が実施された一九五四年から一九八〇年代初頭まで、雁田食糧管理所は、食糧貯蔵庫を持たず、食糧、食用油を雁田の非農業人口――教員、医師、商業組織の従業員、東深水供給事業管理局の職員など――にのみ供給していた(註10)(Deng ed. 2003, 238)。村民が雁田食糧管理所を通じて国家へ食糧を納められるようにする食糧貯蔵庫を雁田が建設したのは、一九八〇年代初頭になってからであった。この方式は、中央政府が食糧の契約買付を最終的に廃止して食糧市場を開放した二〇〇四年まで続いた。実際には、一九九二年までに村民は請負地を村の集団に返しており、この頃には雁田はもはや食糧を生産していなかった。要するに、彼らは供出義務のある食糧を国家に売り渡していなかった。食糧の供出義務は、委託した出稼ぎ農民によってか、現金での納付を通じて果たされた。雁田での食糧(水稲)生産量は、一九八一年に二、五五一・五トンでピークに達したが、一九八八年には一、二四八・〇トンまで減少した。生産量が低下するなか、国家が買い付けた水稲の割合は、一九八一年には全体の四六・九%であったが、七七・八%になった。このほかに、国家の買付けがそのように高比率であった唯一の時期は一九六九年であり、水稲生産量二、一五五・九トンのうちの七四%であった。一九八八年より、雁田村に関しては、国家による食糧買付量が九七〇・六トンに固定された――とはいえ、国家によるその買付量を村が満たすことができないなら、市場価格にもとづいて現金での納付でその務めを果たしてもよい――。

食糧管理所に加え、計画経済のもと、雁田には国営薬店と国営食品店も置かれた。国営薬店は、一九五六年公私合営化の際に、元私営薬店二軒を合併するかたちで設立された。今なお村内で営まれ、漢方薬、西洋医薬、そしてみずから栽培した生薬を提供している。国営食品店は、豚の買付・分配や、鳥肉、卵の割当買付けを統制していた。村民は、国家に一定量の豚肉、鶏肉、鴨肉、ガチョウ肉を売り渡さなければならなかった。商品食糧を口にした人々は、配給券でその店から豚肉、鳥肉、卵を購入していた。現在、この国営食品店は、おもに豚の食肉処理と検査に携わっている。

一九九〇年代初頭より雁田にて事業展開をはかり始めた国有部門は、計画経済時代のそうした旧来のものとは異なり、輸出志向型加工業のニーズや労働者に関わるビジネスにすべて結びつけられている。そうした国有部門にとって、拡張とは、より大きな市場機会、市場占有率を意味した。国有郵便・電信〈郵電〉部門は、雁田市場を切り開いた先駆けであった。一九九〇年、「三来一補」企業は一五〇社に達し、一万人近くの出稼ぎ労働者を雇用したので、郵電の業務量が大幅に増加した。その頃には、雁田公益商店街の「代理郵便局」［郵政代弁所］——風崗鎮郵電所によって創設された郵便局——の職員（魯連就）は、もはや遣り取りされる郵便量に対処できなくなっていた。一九九一年一月、東莞市郵電局、風崗鎮郵電分局は、雁田村の幹部たちと、「雁田郵電支局」——管轄区域としては、雁田、官井頭、油甘埔の三村（管理区）——の開設について話し合った。その面積は四〇平方キロメートル、管内人口は一二万人であった。郵電部門は、雁田に新築する五階建て施設（五、一〇四平方メートル）に三〇〇万元を投じ、一九九二年一月に開業した。おもな業務は、国内・国際郵便、外国為替、小包郵便、新聞・雑誌の販売、ＥＭＳ〈国際速達郵便〉、電子商取引、国内・国際電気通信、郵電関連品の販売などであった。その開業の年、総収入は一、一〇〇万元で、一九九七年には八、〇〇〇万元にまで増加した（Deng ed. 2003, 246）。一九九八年、郵便と電気通信の分離を含め、さまざまな理由により、雁田郵電支局は廃止された。もっとも、風崗鎮郵政分局はサービスを提供するため、雁田村内に二郵政所を設立した。

金融は、近代の経済成長を促し、金融支援が不十分であれば成長が抑えられる。一九八〇～九〇年代、雁田の急速な経済成長は、より良い金融サービスへの需要を生み、しかもそうしたサービスにとってより一層重要な市場を創り出した。一九九〇年代初頭には、主要な国有銀行がこのような可能性を見出していた。「中国農業銀行」は、一九九三年四月、雁田村中心部に初めて出張所を設立し、個人、集団、国有企業にさまざまなサービスを提供し始めた。一九九三年から二〇〇一年にかけて、「中国農業銀行雁田出張所」は、累計で五億元近くの預金を取り込み、二億元の各種貸付けを行った（Deng ed. 2003, 254）。二〇一〇年末までに、この出張所（現支店）の預金額は一〇億元に達していた。中国農業銀行に続いて、一九九六年三月、「中国建設銀行」がその出張所を開設し、二〇一〇年末までに、六億元の預金を集めた。「中国工商銀行」は、一九九八年一月、「中国工商銀行東莞市支店鳳崗雁田出張所」を創設した。二〇一〇年末までに、その預金額は三億三、〇〇〇万元に達していた。一九九八年一一月、「中国銀行」も雁田に進出をはかり、豊田新村に「中国銀行鳳崗雁鳴出張所」（現支店）を開業した。二〇一〇年には、七億八、〇〇〇万元の預金を集めていた。

雁田村は、農村コミュニティから世界的な生産チェーンの中核へとかたちを変えた。こうした変化の一環として、所有形態の多元化によってさまざまな経済組織が発展してきた。これは、村民に思いがけない富をもたらしただけでなく、コミュニティに組み入れられざるを得なくなってきた膨大な出稼ぎ労働者を引き込んだ。村の集団、そして家庭が新たに得られたその資産をいかに管理してきたのかが、続く二つの章の論点である。

註1 こうした事業形態は、早くも一九七八年にまず東莞で始まり、衣料品、金属製品、プラスチック製品など、主として労働集約型産業を成した。外国からの投資家は、当地企業に設備と運転資金をもたらし、生産・マーケティングについて全般的な管理を行った。雁田村の集団は、外国投資家に工場施設や他の資産を提供し、それに応じて代価を請求した。これらの企業は、たいていは雁田村の集団企業に分類され、それぞれの法定代表人は村民の間で選出されていた。もっとも、雁田はそれらに関わる管理を差し控えていた。外国投資家は、収益の分配など、しばしば重要な決断を下した。「三来一補」を主たる特徴とするこれらの企業は、すべての生産資材を海外から入手し、製品は外国市場でだけ販売することができた。こうした企業の製品は、中国国内の他の「三来一補」企業や合弁企業へも供給可能であったが、税関の承認が前提条件であった（Wang, Zhang, and Yao 1996, 128, 139）。

註2 鄧耀輝（Deng 2003, 229）によれば、一九九八年末、外資系企業の総数は三九一社であった。

註3 「中華人民共和国労働合同〈契約〉法」。監督にあたっては、中国人力資源・社会保障部が責任を負っている。何よりも、本法は、勤続が一〇年に達した被雇用者を事由のない解雇から保護し、雇用者には、被雇用者の社会保険料を納付し、また時間外に関する規定を含め、被雇用者の賃金基準を設定するように求めた。

註4 この情報は、二〇〇八年に、雁田で事業を展開していた当時の外資系企業二〇二社について行った実地調査にもとづく。

註5 これは、雁田村の集団と外国投資家が共同で設立した企業のことをさす。一般的には、合弁企業の当事者は、意思決定・経営権を共有し、それぞれの出資比率にしたがって企業利益を分かち合っている。事業展開に関する重大な決定は、一方だけではなく、両者によって共同でなされなければならない。胡必亮、王暁毅、張軍、姚梅は、一九九五年の調査において、雁田にはすでに三〇社の――一九社は香港との、七社は台湾との、四社は日本との――合弁企業が立ち上げられていたことを確認した。これらの合弁企業は、いずれも投資規模が大きく、設備は先進的で、製品は技術集約型であった（Wang, Zhang, and Yao 1996, 125）。けれども、二〇一〇年には外資系企業二〇二社のうち、合弁企業は九社となり、多くの合弁企業が、所有構造を転換するなり、他の地域へ移転するなり、閉鎖されるなりしたことを物語っている。

註6 これには、人民解放軍不動産管理部門の管轄下にある雁田の一工業区内の人口・労働力一万人、ならびに、「広東省粤海集団」によって管理されている水庫工業区内の人口・労働力二、〇〇〇人が含まれていた。

註7 中国政府は人の移動に関わる制限を緩和し始め、一九八九年春には第一次の大規模な「民工潮」がみられた。

註8 王暁毅、張軍、姚梅の研究は、雁田において、広西チワン族自治区出身の人々が出稼ぎ労働の先駆けであったことを明らかにしている。彼らは著述のなかで、雁田で兵役につき、それを解かれた後に当地の女性と結婚した軍人について詳述している。この人は、雁田にて外資系企業による膨大な労働力需要、ならびに、地元の労働力不足に気づいた。彼は、広西チワン族自治区の同郷者に雁田で働くように紹介し始めた。これは、おそらく一九八五年前後のことであった（Wang, Zhang, and Yao 1996, 194）。

註9 中国共産党中央委員会「関于加強市場管理和改造私営商業的指示」。

註10 食糧の割当量は、その成人が従事している労働の強度によって決められ、月に一三・五～一六キログラムであった――運搬工ならびに鍛冶工は、月に二三・五キログラムを得ていた――。また、一人あたり月に〇・二キログラムの落花生油が配給された。

第四章　新しいワイン、新しいボトル
――村の集団の新たなかたち

雁田のガバナンス、特に公共財・サービスの供給に関して、力強い集団経済とは、重要な礎であった。集団が名ばかりという大多数の他所と比べて、なぜ雁田村の集団は経済をより効果的に発展させることができたのか。雁田村に外資が流入して、村の集団と外資系企業との関係はいかに進展したのか。集団のおもな収入源は何か。また、いかに分配されるのか。本章では、こうした問いに関わる基本的な分析を行う。

集団組織としての村

雁田の社会構造と外資の流入は、村に集団が主導する経済構造をよみがえらせた二大要素であった。集団という呼称が、事実上、私的な活動を正当化するために利用された数多くの他の事例とは異なり、雁田における集団は、村民の暮らしに多大な影響を与える極めて重要な存在であった。すでに述べたように、何よりも、長きにわたり鄧氏の強さが雁田の社会構造にみられる際立った特徴であった。明らかに、その経済力は他族を上回っていた。鄧氏の族人はしっかりと結ばれ、いずれの他族よりも急速に成長した。基礎的な統計によると、中華人民共和国の成立前夜、雁田の総人口は四、二七四人で、そのうちおよそ三、四〇〇人——総人口の八〇％近く——は鄧氏であった（Wang, Zhang, and Yao 1996, 164）。二〇〇六年六月、私たちは詳細な戸籍簿を得た。それによると、二〇〇六年四月、雁田村の総人口は三、〇一六人で、鄧氏は一、八四二人（総人口の六一・一％）であった。鄧氏は、石蚧（七九・七％）、東二（七一・〇％）、南坊（七二・七％）、西坊（七三・八％）においては、各村民小組人口の七〇％以上を占めていた。布心と水貝は、それぞれ一七・〇％、二四・三％とその割合が最も低い二自然村（村民小組）であった。新中国成立前と比較すると、鄧氏の比率は、このように下がっているが、鄧氏は依然として絶対多数を占めていた。

数よりも重要なのは、鄧氏の政治的な優位性である。雁田村民のなかで、中国共産党に初めて加わったグループ五人のうち四人は鄧氏——鄧春桂、鄧晩徳、鄧連歓、鄧瑞洪——であった。彼らは一九五一年一月に入党し、同年、雁田には党支部が結成された。その設立からこれまでに、鄧氏六人——鄧春桂、鄧旭鄰、鄧就権、鄧晩徳、鄧耀輝、鄧沢栄——が党支部・総支部書記を務めてきた。このうち鄧耀輝の在任期間は、一九八一年から三〇年間と雁田において最長であった。雁田党支部の設立以来、鄧氏でなかったのは、副書記になった陳広勝だけである。村の行政管理については、村長（村民委員会主任）もほとんどが鄧氏であった。一九五一年から今日まで、鄧氏八人——鄧晩九、鄧春桂、鄧旭鄰、鄧晩徳、鄧就権、鄧耀輝、鄧沢栄、鄧満昌——がこの役職に就いた。同じく、鄧氏ではないただ一人の陳広勝も、村長を一期（一九八五～一九八八年）だけ務めている。鄧氏が有していた新中国成立前の政治的な優位性は、中国共産党の時代にもこのように引き継がれた。鄧氏による村の意思決定というそうした統治は、村において集団の優位性を高めた。

一九九五年、私たちは雁田幹部・要員電話番号表を得た。村の主要幹部・要員四三人のうち、わずか六人だけが鄧氏ではなかった。すなわち、鄧氏は、村のそうした要職の八六％を占めていたことになる。(Wang, Zhang, and Yao 1996, 164)。二〇〇九年二月、私たちは新しい電話番号表と見比べてみた。村の幹部・要員六五人のうち、四三人(六六・二％)は鄧氏であり、比率は低下したとはいえ、相変わらず鄧氏が優勢であることを示していた。何よりも、鄧氏は、村の最も重要な三組織――雁田村党総支部、村民委員会、株式経済連合社――の要職を占めていた。二〇一一年、党総支部の成員七人のうち六人、村民委員会の成員五人のうち四人、株式経済連合社の成員七人のうち六人は鄧氏であった。こうした数字は、鄧氏が雁田村の政治・経済的実権を掌握していたことを明示している。村務のいかなる議論も、鄧氏の利害と深く絡み合う。多くの整備された公共施設は、「鎮田学校」、「鎮田路」、「雁田鄧氏記念館」など、鄧氏にちなんだ名称を付けられる。そうした人目を引く呼称は、地元コミュニティ内での鄧氏の権威を強化した。

特に伝統的な二制度――「堂口《タンコウ》」(親族の荘園)と「族田《ツーティイエン》」(親族の共有地)――が、親族の勢力を強固なものにするのに役立っていた。ただし、それらは親族内の格差もあらわにする。堂口は、裕福な親族によって造営された広大な屋敷、すなわち富を得た親族が住まう荘園を表す広東での俗称である。堂口の中心には、豊かな親族が暮らす庭園で囲まれたいくつもの豪華な住宅が建てられた。その敷地内には、子どもたちが学ぶ「文館」、武術を磨く「武館」、生活のニーズを支える「油坊」や「糖坊」などの加工場も設けられ、さらに一部には倉庫などの付属施設も備わっていた。こうした屋敷は、昼夜見張りが配された監視塔［崗楼］付きの壁で囲まれていた（Deng ed. 2003, 116）。概して、一堂口に一〇戸あまりが居住し、すべて同じ祖先の後裔であった。かくして、このような荘園には数十人もの人々がともに暮らしていた（Wang, Zhang, and Yao 1996, 170）。文献によれば、一九世紀半ば、雁田の比較的大きな堂口には、鄧氏の権勢を表す多数の重要な建物が整えられていた。堂口は彼らの威光を高め、しかも鄧氏の族人を結束させた。注目すべきは、雁田鄧氏三大支派のうち、長子の支派はより多くの、しかもより大きな堂口を有していた――「献記」、「謙吉」、「宏厚堂」は、すべて長子の支派によって造営された――。同一の大親族集団でも、支派間には経済・政治力に格差が存在したことがうかがえ、そうした開きのいくらかは今日まで根強く残っている。一般的に、堂口の出現と発展は親族の結束を強めた。これは、同じ支派内の家庭に特にその傾向がみられた。

「族田」は、親族によって共有されていた土地をさす。こうした共有地は、小作農――一部は族人――に賃貸しされた。そして、その収入は、祖先祭祀や親族が抱える重要な問題への対処など、親族の大切な諸活動の資金を賄うのに用いられた。時に、親族の共有地から収穫された食糧の一部は、族内の高齢者や新生児に分け与えられた。したがって、親族の共有地は、族内の団結を保ち、その利益を守る上で肯定的な役割を果たした。村の高齢者によれば、新中国成立前、鄧氏はそうした共有地をおもに雁田村の周辺に三、〇〇〇畝近く有していた（Wang, Zhang, and Yao 1996, 168）。明らかに、族田という仕組みは、改革の時代に見て取れる〝新型〟の集団の先駆けとして、集団性なる概念の形成に貢献した。

集団主義は、ある程度、地理的な環境によって形づくられた。雁田人は、比較的早くから今の場所に移り住み、この土地の言葉（広東語）を話して、当地の人になっていた。周辺地域に暮らす人々は、ほとんどが広東語を話さない客家《ハッカ》であった。その上、雁田とそうした周辺の客家コミュニティとの間には、収入や社会・政治的な地位に格差が存在した――風崗鎮の全一二行政村のうち、雁田村と天堂囲村の二村だけが、当地の人によって束ねられていた――。このことは、しばしば、両コミュニティ間に摩擦や紛争をまねいた。たとえば、一九四四年、雁田村民は、人数において優勢な客家の親族集団からみずからの利益を守るため、香港の族人、親戚を通じて小銃五〇挺と機関銃二挺を買い入れた（Wang, Zhang, and Yao 1996, 167）。厳しい生活環境と外圧は、（単に鄧氏のみならず）すべての雁田村民内に、団結・協力精神の涵養を促した。かくして、鄧氏を中核に強く結合した共同体が、雁田史の早い時期に形成された。鄧氏の揺るぎない地位が鍵で、その主導的な立場は村の他親族集団に広く認められていた。必然的に、親族の力量を強化することは、村の力量を全体として強化することに結びついた。

中華人民共和国の建国後、香港の鄧氏は、雁田での集団経済の発展を支援した。一九五七年、村はそうした助力を得て、村民の照明と精米機への電力供給問題を解決するため、初めて発電機を購入した。一九五八年から一九六二年には、村の運搬用車両を三台購入するにあたり、香港の鄧氏は雁田を二度助けた。第二章で述べたように、農家経営請負制の導入後まもなく外資が急速に流入したため、村の集団は土地を回収した。土地は集団所有であり、工場の建設や建物の賃貸に関して、村の集団がおのずと雁田を代表して外国投資家との交渉にあたった。賃貸用工場建物は、結局、村の集団によって建設・提供され、その収入は村の集団のものとなる。さらに、外資の大量流入は、道路建設、水・電力供給などの基幹インフラストラクチュア整備事業の遅れを許さなかった。特に開発の初期段階において、政府が必要な公共支出を実施できないなら、村の集団で賄わなければならなかった。外資が流入し始めたとき、この地の村民は、すべての「三来一補」企業で従業員として勤めた。一九八〇年代半ばから同年代末にかけて、外資系企業で働くことは雁田の当地村民にとって大変光栄なことと考えられ、村の集団は労使関係を調整した。外資の絶え間ない流入は、公共財・サービスに対する需要を高め、村の集団が担ってきた調整的な役割を増大させた。結果的に、集団組織は、急速に成長する村の経済をさらに押し上げる重要な要素となった。

村の集団と外資

経済的に、雁田村の集団と外資系企業は非常に密接な関係にある。外資系企業は、中国の法規定、村との間で達した合意にしたがって各種税費を納める。村の集団は、引き換えに、用地問題の解決、好適な工場建物の提供、企業の個別課題に対応する調整役として管理専門人員の配置、インフラストラクチュアの改善、政府、社会、メディア、地元住民、流動者との協調関係の促進など、外資系企業向けの必要なあらゆるサービスを提供するため、最善を尽くす義務を負う。

外資系企業は、法規定にて求められている諸税を納め（註1）、雁田村の集団には土地・工場建物賃貸料に加え、そのように供与された便宜に対して、〝総合サービス〟費も支払わなければならない。第一に、外資系企業は、土地の使用にあたり村の集団に賃貸料を払う。私たちの一九九五年調査では、大半の企業が土地を賃借りしていることが明らかになった――それらは、サンプル調査した企業三〇社のうち七六・七％を占め、土地使用権を取得していたのは一六・七％に留まった（Wang, Zhang, and Yao 1996, 149）――。当時、賃貸期間は一〇年から五〇年で、三〇社のうち過半数は五〇年の契約を結んでいた。土地使用権を取得した外資系企業に関しては、その一般的な使用期間が五〇年で、ごくわずかに三〇年という事例もみられた。さらに、雁田の当時三〇〇社を超える外資系企業においては、四〇％が土地使用権を取得していたことも見出した。ただし、それら四〇％の企業による投資は、すべての外資系企業による総投資の六〇％を占めた。このことは、土地使用権を取得した企業がどちらかといえば経済的に強いという傾向を表していた（Wang, Zhang, and Yao 1996, 150）。現在は状況が多少変化し、大部分の外資系企業はもはや土地を賃借りするのではなく、むしろ使用期間五〇年で土地使用権を取得し、村の集団には土地管理費――事実上の土地使用費――を毎年納めている。その費用は、位置や地形により毎月一平方メートルあたり〇・八～二・〇元である。一九九〇年代初頭、土地賃貸料収入と土地管理費収入は、合わせて毎年一〇〇万元前後であったが、その後、土地管理費収入は、一九九九年には四五〇万元、二〇〇六年には一、八三〇万元へと着実に増加した。二〇〇七年には一、三一〇万元に減少したものの、二〇〇八年には二、二八〇万元を超えた（二〇〇九年二月、実地調査のデータ）。

第二に、外資系企業は工場建物賃貸料を支払っているが（註2）、これはその建築年数や立地によって異なる。一般的な契約は五年で賃貸料は変動しない。ただし、その後は五年ごとに二五％の増加が見込まれている。たとえば、二〇〇七年、工場建物の平均的な賃貸料は毎月一平方メートルあたり一〇元であった（註3）。そして、外資系企業は、賃貸料を村の集団に計三、九七〇万元、また村民小組には計二〇〇万元あまり支払っていた。二〇〇八年、村の集団に支払われた賃貸料は、一五・五%増加して計四、五八七万元になった。なお、この総額は、二、一八九万元に伸びた二〇〇三年までは、一、七〇〇万元前後で安定していた。そして、二〇〇九年には二、九〇〇万元となった（二〇〇九年二月、実地調査のデータ）。

第三に、外資系企業は、東莞市、風崗鎮、雁田村に〝外貨留保〟も納めている――これは〝為替決済〟収入と呼ばれることもある――。「三来一補」企業は、雁田での加工・製造のために国外から原材料を輸入し、あわせて海外から外貨送金も受けている。いわゆるこの〝外貨留保〟とは、手数料を差し引いた後、振り込まれた外貨の二五%（二〇〇二年からは二二%）が当該鎮・村のために残されることを意味する。なお、村はより大きな割合（一七%）を手にしている。絶頂期の一九九四年から二〇〇四年には、外資系企業はそのようにして雁田村に毎年五、〇〇〇万元近くの高額を納めていた――たとえば、二〇〇〇年は四、九〇三万元であった――。ただし、二〇〇七年には二、八五九万元に、さらに二〇〇八年には二、四七三万元にまで減少した。

最後に、外資系企業は、〝総合サービス〟費を村の集団に支払う――これは〝管理費〟収入とも称される――が、これは輸出額の〇・八%とされる。外資系企業は、二〇〇七年に一、一八五万元を払ったが、二〇〇八年にはグローバル経済の低迷から三七七万元まで落ち込んだ。

これらは、事業運営のために外資系企業が納めた四大費用である。一九九九年、それらの総額は七、七六一万元であったが、二〇〇七年には九、三二六万元に達した。世界的な金融危機の悪影響にもかかわらず、二〇〇八年、その総額はさらに四・三%増加して九、七二四万元になった（二〇〇九年二月、実地調査のデータ）。そうした総額を外資系企業数で単純に除すると、一九九九年には一社あたり平均二三万八、〇〇〇元、二〇〇七年には四〇万五、〇〇〇元、二〇〇八年には四八万一、〇〇〇元を村の集団に支払ったことが分かる。引き換えに、村の集団は、外資系企業が雁田にて手応えのある事業を持続的に展開し得る広範なサービスを提供した。

効果的なサービスを提供するため、村はいくつもの手立てを講じた。まずは、選り抜きの村民をそれぞれに適した企業に配した。これは、外資が初めて村に投資した一九八〇年代初頭、特に効果的であった。当時、村の幹部たちは、新規の外資系企業ごとに誰が最もふさわしいのかについて検討を重ねた。一九八〇年、最初の香港企業が雁田に投資した際、村は元村党支部書記の鄧就権を工場長に据え(註4)、さらにはこの企業で働くのに最も適任な村の青年を数多く選び出した。外資系企業数が絶えず増加し、雁田における労働力の供給に限界が見え始めるなか、一九八〇年代後半以降は、外資系企業各社には主要事務を支援する通常三人の管理人員(工場長、会計、通関担当者)が送り込まれるだけとなった(註5)。外資系企業数が四〇〇社に増加したとき、村は少なくとも一、二〇〇人ものそうした高級管理人員を差し向けなければならないところだが、これは達成困難な目標であった。公共部門で働く人々(教員、医師、銀行員など)や自営の人々(商店・飲食店主など)の数を差し引くと、労働力の供給は一、五〇〇～一、六〇〇人にすぎなかった。唯一の実行可能な選択肢は、各社に地元から配する管理人員数を削減することであった。このことから見て取れるように、雁田の当地村民は、およそみな企業管理人員になった。

明らかに、会計、通関担当者として働くには高い専門性を求められるが、工場長の方はより弾力的に応じられた。村の集団は、差し向けたすべての工場長が、当該企業への常駐の〝大使〟となり、両者の架け橋となれるように願っていた(註6)。それゆえ、村は、赴かせる工場長の資質や資格を非常に重視した。通例、少なくとも高校卒業が必須とされたが、今や送り込まれるほぼ全員が大学・高等専門学校卒業者である。外資系企業向けの人員が検討される際、雁田出身の卒業生は優先されるため、ますます多くのそうした若者が帰郷を切望している。

こうした〝ソフト〟面での手立てに加え、雁田は必要不可欠な〝ハード〟面にも重点的に投資した。村の集団は、インフラストラクチュアの条件や状況を改善するため、主として次の三施策に全力を注いだ。同じ地理的領域からの投資家、類似品の生産への集中を基本的な方針に、雁田は、結果的に一〇専門工業区を計画・建設した(註7)。こうした工業区の整備は、諸費用の削減や環境保護に役立った。次いで、村の集団は村道建設を進め、周辺の幹線道路と工業区を接続した(註8)。最後に、村は通信施設、浄水場、配電所、給油所なども整備し、外資系企業が十分な供給を得られるようにした。

なお、ソフト面に関しては、有能な人材の提供に加えて、村は、外資系企業に上質かつ時宜を得たサービスの提供に多くの時間と労力をかけた。その重要な機関となる「対外加工装配〈組立〉弁公室〈事務室〉」は、一九八八年、村によって創設された。一九八八年から一九九四年までは、村長で村党支部書記の鄧耀輝が、対外加工組立事務室主任を兼任した。そして、村の事務局主任の鄧旭枢は、その副主任を務めた。一九九四年から二〇〇三年には、広範な企業管理の経験を有する陳広勝が主任を務めた。二〇〇四年から二〇〇八年は鄧恵新が主任に、その後は李恵帮が引き継いだ。すべての事務室人員は非常に有能と目され、むろん村の幹部とはしっかりとつながっていた。対外加工組立事務室は、次のような三項目の職能を有している(註9)。(一)外資系企業がみずからの投資をめぐる各方面の個別問題に対処するのを支えるため、外資系企業と地方政府の関連部門、村の集団とのさまざまな関係の調整。(二)雁田におけるすべての外資系企業について、行政管理、業務管理の展開。(三)村の集団を代表して、外資系企業の工場長、会計、通関担当者など、重要な人員の任命・解雇。対外加工組立事務室は、その開設後、外資系企業に、協議、契約書調印、工商登記、通関申告、香港直通手続きなど、あらゆるサービスを提供する〝窓口〟としての機能を果たした。ほとんどの外国投資事業について、この事務室は、手続きの段取りすべてを一就業日で整えられる。設備の輸入が必要なときでさえ、通常、正式に話が持ち込まれ、協議、そして工場への設備の搬入まで、所定の手続きを何もかも終えるのに最短で一週間足らず、せいぜい二週間であった。

こうした対外加工組立事務室に加えて、村の集団は、社会秩序の維持、整然とした生産の持続を図るため、雁田での公安派出所設置に地方政府の同意を得ようと力を尽くした。さらに一九八〇年代半ば、村の集団は、企業の従業員や地元住民のために映画館を建設し、後には出稼ぎ労働者子女向けの学校を新設した。医療においては、村の集団と関係企業が、おもに外資系企業の経営管理者向けに株式制の病院を共同で出資・建設した(第六章、第七章参照)。

村の集団の「企業発展公司」とその投資

村の株式経済連合社は、集団の利益を守り、収入と支出を管理する主要な組織体である。一九九二年から一九九五年にかけて、雁田村に進出する外資系企業は、平均毎月四・四社と急増した。そして、一九九六年から一九九八年には、平均毎月八社に高まった。しかし、一九九九年からはさまざまな要素が組み合わさって、減少に転じた。国際的には、アジア金融危機(一九九七

～二〇〇一年)、IT・不動産バブルの崩壊、二〇〇三年前半にはSARS(重症急性呼吸器症候群)の発生といった悪影響があった。国内的にも、いくつもの要素があった。第一に、内需刺激策により、内陸部の少なからぬ地方にてインフラストラクチュアが大幅に改善された。これは、より廉価な原材料、より安価な労働力と相まって、雁田の外資系企業を含め、かなりの企業が生産拠点を広東省から内陸部の省へと移転させるもととなった。第二に、このことは、外資系企業をつなぎ留めるため、広東省沿海部のなかで熾烈な競争を引き起こした。その結果、土地使用権の取得や工場建物の賃貸について、雁田より低く価格設定するところも現れた。第三に、人民元高と社会保障給付の増大は、経営コストを押し上げ、一部工場の閉鎖にまでつながった。こうした変化のすべてが、雁田に影響を及ぼした。さらに、村の株式経済連合社で副理事長を務めた陳広勝は、広東省の政策は、企業再編を強調し過ぎ、一部の企業家に心理的な圧力をかけてしまったのではないかと感じていた。結果的に、雁田の外資系企業数は二〇〇三年から急減し、二〇〇八年半ばには二〇二社だけになった――絶頂期の一九九八年と比較すると五三％減少――。各社が村の集団に支払っていた諸費も落ち込み、ただちに村の集団の収入に響いた。そうした好ましくない状況のなか、村の集団の成長を維持し、そのバランス・シートを改善するため、みずから発展を図る重大な決定がなされた。

「企業発展公司」は、実際には早くも一九八九年に設立されていた。これは、各種の経済的な契約を独自に結ぶことができる投資機関であった。おもな職能は三点で、〈一〉雁田に投資する外資系企業との接触〈二〉村の集団を代表して、合弁、合作、独資企業との各種の経済的な契約の締結、〈三〉村の集団を代表して、さまざまな投資の展開であった。最初の主要な投資事業は、一九九一年、「東莞市新世紀科教拓展〈科学教育開拓〉有限公司」で、この企業発展公司の持ち株比率は一七％〈投資額は三、〇〇〇万元〉であったが成功しなかった。

さらに、一九九二年、企業発展公司は、香港の投資家とともに半貴石装飾品を製造する「東莞東山珠宝首飾有限公司」を創設した。村の集団は、企業発展公司の名義で一五〇万元を出資し、持ち株比率は二五％であった。その後、企業発展公司は、「東莞秉順製漆〈ラッカー〉有限公司」、「東莞市国基注塑〈プラスチック射出成形〉機械製造有限公司」、「東莞永聡磁性混合肥〈肥料〉有限公司」など、合弁企業を設立するため、外国投資家と手を組んだ。しかし、あいにくこうした投資のすべてが、後で問題に突き当たった。これらの合弁企業は、ほとんどが「三来一補」に関わり、原材料の輸入・完成品の輸出［両頭在外］ということだが、事実上、外国投資家に牛耳られていた。その結果、村の集団が合弁企業の全容を把握することは非常に難しく、真の経営参加も未解決な課題であった。一九九五年末までに、こうした合弁企業は請負制企業に、そして最終的には独資企業〈外国側による全額出資企業〉にすべて再編された。これは、利益配当から村の集団への総合サービス費の納付へ、外国投資家と村の集団との利益の分配パターンを変えた。

一九九〇年代初頭、企業発展公司は合弁企業の設立に加え、不動産部門の動向もうかがった。村の集団は、一九九二年頃に企業発展公司の名義で、九六〇万元の価格がついた村中心部の一区画を整備する「豊田新村」不動産プロジェクトに、「東莞雁田工業区発展有限公司」を通じて出資した。当初、村の集団の持ち株比率は三〇％に止まったが、一九九七年と一九九八年に一部の株主が手を引き、結果的に村の集団の比率は五五％にまで上昇した。本プロジェクトは、二〇〇七年に完成した。一九九二年から二〇〇七年に、このプロジェクトは、村の集団に概算で一億元前後の純利益をもたらした。その大部分は二〇〇〇年以降に生じている。二〇〇五年と二〇〇七年、純利益はそれぞれ二、二〇〇万元と三、三〇〇万元であった。

豊田新村プロジェクトへの投資は、村の集団に不動産で手にできる利益を実証した。その結果、上海での別の不動産プロジェクト――「大同華園」――に全力を傾けた。それから三年にわたって、企業発展公司は一億元あまりを投じ、四、〇〇〇万元の純利益をあげた。二〇〇〇年、企業発展公司は、共同で設立した「広州市正信投資実業有限公司」を通じて、広州市の不動産プロジェクトに四、八〇〇万元を投資した――村の集団が有する株式の比率は一五%であった――。本プロジェクトは、二年で二、二九五万元の純利益をもたらした。二〇〇四年、さらに別の不動産事業では四三一万元を手にした。また、村の集団は、東莞市の「中銀花園」プロジェクトからは三、〇〇〇万元から五、〇〇〇万元を見込んでいた。

二〇〇八年、世界金融危機により不動産利益が一時的に落ち込むが、この部門は、主たる収入を生み出す潜在力を依然として有していると考えられた。企業発展公司は、二〇〇六年、豊田新村プロジェクトでの旧知のパートナーとともに、「翠湖豪苑」を開発していた――村の集団が有する株式の比率は五五%であった――。この住宅開発の第一期は三日間で完売したが、第二期はまさに世界金融危機の衝撃が実感された二〇〇八年半ばに販売が始まった。結果的に、二〇〇九年の初めまで、売れた住宅はほとんどなかった。ただし市場は好転し、同年四月には半数ほどが値引きすることなくさばけた。村は、少なくとも一億五、〇〇〇万元の純利益をなおも期待していた。二〇〇八年末から二〇〇九年初には、企業発展公司は「東莞市佳兆業房地産〈不動産〉開発有限公司」を設立するため、別の不動産開発業者と手を組んだ――株式の比率を二〇%とするため、村の集団は三〇〇万元を投じた――。このプロジェクトは、古い工場と周辺の住宅を取り壊し、商業施設・分譲用住戸などの建設を進める旧市街地再開発であった。

高まる不動産熱は、温泉保養地開発への投資にもつながった。二〇〇〇年、村の集団は広東省陽江市陽東県合山鎮の「陽江温泉度假〈休暇〉村」の建設に二億七、一〇〇万元を投じたものの、この事業を売却した際、儲けにはならなかった。企業発展公司は、「東莞宝連娯楽有限公司」を通じて、村内のホテル二店――「豊田酒店」(三つ星クラス)、「怡安大酒店」(四つ星クラス)――にも投資していた。豊田酒店は特に利益を生んではいなかったが、請負制のもとで経営される怡安大酒店は、二〇〇二年までは毎年九〇万元、二〇〇三年からは毎年七五万元の固定収入をもたらしていた。

企業発展公司は、株式市場において、自発的・受動的な投資家にもなった。もっとも、結果は雑多であった。一九九一年と一九九二年、雁田村は、東莞市新世紀科教拓展有限公司によって村内に創立された私立学校――「新世紀英才学校」――の株式を一七％取得するために三、〇〇〇万元を投じた。その主要株主は、同校を株式市場に上場するつもりで、二〇〇〇年には上場企業の「錦龍股份」〔広東錦龍発展股份有限公司〕の株式の三〇％あまりを取得した。そのため、雁田村の集団による同校への投資は、すべて錦龍股份株に切り換えられた。二〇〇〇年から二〇〇三年にかけて、その相場は下落し、村は錦龍股份株の速やかな売却を決めた。そして、八〇〇万元だけ回収した。これは失敗に終わった投資であったが、当地における教育の発展をまさに促した(詳細については第六章参照)。

そうした失敗は、雁田の熱気に水を差すどころか、むしろ村に株式市場に対する自信を深めさせた。二〇〇一年、企業発展公司は「民生銀行」株を購入するため、二二五万元を投じ、比較的良い利回りを得ていた。二〇〇七年、村の集団は急遽売約し、五年間で総計一、九〇二万元を儲けた。一方、二〇〇三年の「広東発展銀行」への四三〇万元の投資は、結局失敗に終わった。この投資については、二〇〇九年までに、何も利益をもたらさなかっただけでなく、元本さえも大きく失った。企業家と地元の村民の求めに応じて、二〇〇二年、個人投資家らとともに「東莞広済医院」を建設するため、企業発展公司は九〇〇万元を投じた――村の集団が有する株式の比率は三〇%であった――。二〇〇八年末までに、この病院は資金をみずから手当てするようになり、一億二、〇〇〇万元の総資産を蓄えた。これは、経済的、社会的効率のいずれにおいても、健全な投資であった(註10)。

かくして、経済発展の基盤を形成する企業やプロジェクトへの投資にあたって、村の集団の戦略は企業発展公司を使いこなすことであった。そのおもな仕組みは株式制企業の利用で、通常、企業発展公司は少数株主として参加した。外資との合弁企業の立ち上げにあっては全般的に首尾よく行かず、そうした十数社のほとんどは結局失敗に終わった。比較的成功した一例は、東莞秉順製漆有限公司であった。一九九六年、村の集団は、この公司の株式を二五%取得するために五〇三万元を投じた。合弁期間は一二年で、二〇〇八年に契約が満了し、その利益は総計三、〇〇〇万元近くに達した。もっとも、本投資は経済的な恵みをもたらしたが、さらに長期的な雁田の発展には役立たなかった。村の集団は、企業管理にほとんど関わることなく、外資から定額の請負費［承包費］など――毎年二〇〇万元あまり――を受け取っているにすぎなかった。したがって、一二年で契約を終結した後、村の集団はこの公司から手を引いた。

さまざまな投資を振り返ると、企業発展公司・村の集団は、利益の大半を不動産部門から得ていたことが明らかである。二〇一一年、建設中の二プロジェクト、すなわち雁田村の翠湖豪苑と東莞市の中銀花園において、村の集団は筆頭株主であった。過熱する不動産市場を抑えたい中央政府の取り組みにもかかわらず、依然として不動産業が今後の発展への推進力であるかのようにみえる。二〇一一年、東莞市・鳳崗鎮は、価格的なこともあり、相変わらず深圳市の不動産開発業者と住民にとって魅力的であった。深圳市中心部への所要時間はわずか九〇分である。なお、深圳市当局は、不動産投機とインフレーションを抑えたい中央政府による対策の一環として購入制限を課していた。深圳市に戸籍登録されている住民は、三軒目の住宅購入を政策的に禁じられている（*Shenzhen Standard*, 2011/01/05）。いずれにせよ、東莞市の相場は不安定で、二〇一一年は長らく低迷した後一〇月に上向いただけであった（www.nddaily.com, 2011/10/14）。

未だ功を奏していないが、こうしたことは、雁田におけるサービス業の振興という方向につながっている。当初は受動的で、後に自発的になった株式市場への投資は、納得のいく経済的効果をもたらさず、集団経済の長期的な発展の道になりそうにもない。物流業は、比較的重要かつ有望な部門であるが、外需の変動に左右されそうで、将来の発展が読み切れない。

この二〇年間、企業発展公司は、村の集団のために利益をまさに生み出してきた。特に二〇〇〇年から二〇〇七年にかけて、企業発展公司は、そのさまざまな投資から総計二億五、六〇〇万元——年平均三、二〇〇万元——の利益をあげた。この八年間に、そのうち一億七、五〇〇万元近く——年平均二、一八五万元——が、村民に配当として支払われた。これは総利益の六八・三％を占め、残りの三一・七％は企業発展公司の拡張のために当てられた（二〇〇九年二月、実地調査時のデータ)。

村の集団の財政状況と年末配当

広東省は、中国経済のリーダーである。そして、雁田の経済発展は東莞市において最高水準にある。二〇〇七年、雁田は東莞市の経済建設部門で第三位に入り、東莞市の全行政村のなかで、その可処分収入は第五位、村民委員会ならびに村民小組レベルの純資産は第一位であった。全国的には最上位ではないが、確かにかなり高い位置につけている。村の集団が有する強さの根底、それから、外資との提携と村の集団それ自体の企業発展公司からのおもな収入を概観してきたが、集団がその収入をいかに分配しているのかには、まだふれていない。各家庭の収入は、行政村と村民小組(自然村)の両レベルからもたらされている。

村の集団の収入と支出

多数の外資系企業による土地管理費、工場建物賃貸料、〝総合サービス〟費、外貨留保の納付で、雁田の財政状況はかなり好転した。さらに、村の集団は、企業発展公司というみずからが進める投資を通じて収入を得た。これらは、安定した収入源となった。以下に、村の集団の財政状況や利益配当を分析するため、私たちは二〇〇七年および二〇〇八年のデータを用いる。これは、村の財政運営を明らかにし、住民の収入・生活水準(第五章も参照)や、第六章、第七章で考察する公共財・サービス提供のための資金源を理解するのに役立つ。

二〇〇八年、村民に公表された財務報告書によれば、雁田村の集団の総収入は一億九、九〇四万元で、前年比五・五％増であった。総支出は六、八五三万元で、前年比七・一％増であった。そこで、二〇〇八年の純利益は一億三、〇五一万元で、世界経済危機の影響を受けたにもかかわらず、前年比四・六％増であった。

まず〝外来収入〟は、おもに四方面から得ている。第一に外資系企業によって納められる先に述べた四種類の費用、第二に商工業施設について、外来個人経営者より支払われる店舗賃貸料、第三に野菜・米づくりを担う外来農業経営者より払われる農業請負費［農業承包費］、そして第四にその他の外来請負経営者より、個々の事業に応じて納められる諸費がある。なお、これらを総称して、外来収入という(註11)。二〇〇八年、その総額は一億六一八万元で、前年比二・二％増であった。これは、村の集団の総収入（一億九、九〇四万元）の五三・三％を占めた。こうした諸費という外来収入に加えて、村の集団は主として企業発展公司から得る〝自営収入〟を有している。二〇〇八年、これは九、二八六万元（村の集団の総収入の四六・七％）であった。

外来収入のなかで、二〇〇八年、外資系企業からの四種類の費用は、外来収入総額の九一・六％（九、七二五万元）に達した。工場建物賃貸料は、その半分近く（四七・二％＝四、五八七万元）を占め、外貨留保はおよそ四分の一（二五・四％＝二、四七三万元）、そして土地管理費もほぼ四分の一（二三・五％＝二、二八七万元）と貢献したが、総合サービス費はわずか三・九％（三七七万元）にすぎなかった。外来個人経営者は、店舗賃貸料を五三四万元納めていた（外来収入総額の五％）。外来農業経営者が支払った農業請負費は、一七〇万元（一・六％）に止まった。その他の外来請負経営者が払った諸費は、一八九万元（一・八％）であった。

二〇〇七年と比較すると、工場建物賃貸料と土地管理費は際立って増加したが（それぞれ五・八％と九・三％）、外貨留保と総合サービス費は大幅に減少した（それぞれ五・三％と九・八％）。前者の増加は、外資系企業にとって生産コストの増大に直接つながったことを、後者の減少は、加工用原材料の輸入と製品の輸出が落ち込んだことを示している。これは、この地域で事業展開する外資系企業の負担増と経済効率の低下を表している。

自営収入については、二〇〇八年、おもに三方面から得ていた。第一は、村の集団が提供している公益事業に関わる料金であった。これには、電気料収入三、〇五五万元（電力管理所より二、七五〇万元、工場より三〇五万元）、水道料収入六九一万元（浄水場を通じて村の集団へ）、市場施設使用・管理費収入五五〇万元（市場事務室より村の集団へ）、そして不動産管理費、雁湖公園入場料、対外加工組立事務室サービス費収入が含まれていた。これは、自営収入総額の五〇・一％（四、六五三万元）を占めた。第二は、投資収入で、自営収入総額の四〇・六％（三、七六七万元）であった。この収入は、おもに企業発展公司によって生み出され、村の集団には三、二〇〇万元が納められた――投資総収入の八五％を占めている――。その他の投資収入は、工業区、不動産部門よりもたらされた。第三は、村の集団の預金、貸付金の利息、為替差益より生まれた収入で、二〇〇八年、自営収入総額の九・三％（八六七万元）であった。

支出については、水道、電気など公益事業関連の出費が過半で、計四、〇五六万元（総支出六、八五三万元の五九・二％）であった――こうした公益事業の展開にあっても五九七万元の純収入が得られ、多額ではないが、何はともあれ村の集団は赤字にはならなかった――。その出費の大部分は電気料で、配電所には二、七三二万元、「南方電網」には四七二万元が支払われた。それから、減価償却費は四四〇万元、「粤海公司」への水道料などは三六九万元であった。

村の集団資産の賃貸に関しても費用が生じた。その最も大きなところは減価償却費で、計一、四九七万元（賃貸に関する費用全体一、八二四万元の八二・一％）であった。それから、工場建物の維持管理費や、一部の工場については外貨留保の返還も必要となった。そうした費用は、総支出の二六・六％を占めた。これら以外の出費としては、村の集団の投資活動に関わる管理費（総支出の一〇・七％＝七三七万元）、不動産税、企業所得税、土地使用税といった諸税（一・七％＝一一七万元）、不良債権や固定資産の処理などにともなう、その他支出（一・八％＝一二一万元）があった。

年末配当

さて、二〇〇七年と二〇〇八年、一億元を上回る純収入（純利益）はいかに分配されたのかの問いが、まだ残されている。二〇〇三年一一月に採択された「風崗鎮雁田股份〈株式〉経済連合社章程〈定款〉」は、この分配についての三原則を明記している。第一に、国家、集団、個人の利益は、釣り合いが適切に保たれるべきである。第二に、村の集団は、公共積立金、公益金として、毎年純利益の最低四〇％を取り置いてもよい。これらは、おもに村の集団の生産拡大、集団の公益事業に用いられること。第三に、残りの部分は、集団株と個人株の配当に用いられること――集団株は株式総数の三八％、個人株は六二％を占めている――。実際、国家の利益については、生産、輸出、消費の諸過程で税を通じて考慮されている。したがって、年末配当の主眼は、村の集団と個々の村民の利益を調和させることである。

先に述べたように、二〇〇八年、村の集団の総収入は一億九、九〇四万元、総支出は六、八五三万元で、純利益は一億三、〇五一万元であった。これが、年末に分配される。最初の作業は、公共積立金と公益金の部分を確定することであった。その総額は、三委員会――村党総支部委員会、村民委員会、村の株式経済連合社――の協議と、株式経済連合社株主代表大会の討議を経て決定された(註12)。合議の結果、公共積立金と公益金には五三%(六、九一七万元)が取り置かれ、集団株と個人株については六、一三四万元が残された。この六、一三四万元のうち、集団株は二、三三二万元(三八%)を占め、村コミュニティの発展に役立つと考えられる重要な建設プロジェクト、公共財・サービスの提供に活用された。なお、この収支は、たいてい支出が収入を大きく上回った。たとえば、二〇〇八年、おもな支出は、各種建設プロジェクト(道路・橋梁整備)に三、〇〇〇万元あまり、環境保全・医療衛生に七〇〇万元あまり、公安に六〇〇万元あまり、高齢者ケアに二〇〇万元あまり、そして教育に一五〇万元あまりであった。収入については、集団株への年末配当と――これは最大の収入源であるが――、雑収入を合わせると二、七四二万元になった。雑収入には、鎮から村への汚水処理場運営費二五〇万元あまり、ならびに鎮からの割当金および奨励金の六〇万元あまりが含まれる。二〇〇八年は、支出が六、五五一万元で、三、八〇九万元もの大幅な赤字になった。

最後に、村民(個人株)の配当に当てられる三、八〇三万元(六二%)の分配が確定されなければならなかった。株主は村全体で二、九八八人(七六一戸)であった。したがって、個々の株主への配当は計算上一二、七二七元となり、実際には一二、七三〇元となった。これは、一戸あたり平均五万元弱で、二〇〇七年とほぼ同額であった。

村民小組経済

集団経済には行政村レベルに加え、もうひとつ、村民小組レベルがある――雁田村には、東一、東二、南坊、西坊、北坊、布心、水貝、石蚧、長表の九村民小組がある――。村民はもはや農業に携わっていないため、行政上、村民小組がみずから取り組むことはほとんどなくなった。村域内の道路、水・電力供給などのインフラストラクチュア、学校教育、病院、計画出産、環境保護、公安、社会保障などの社会サービスは、行政村レベルでことごとく手はずが整えられ、管理されていた。農業の委託契約でさえ、村によって処理されていた。わずかに残された重要な活動には、計画出産、環境保護、賃貸住宅をめぐる各種会議の招集、村の各部門への協力などがある。もっとも、各村民小組は、経済組織として株式経済合作社を有し、一般的に理事長一人、理事二人を置いた――通例、理事長は村民小組組長、理事二人は副組長を兼任――。この村民小組の株式経済合作社には、通常、財務人員二人（会計一人と出納係一人）と監事会成員三人も配された。その財務独立性を確保するため、会計と出納係については、他の村民小組から選出されなければならなかった。

農業に携わる村民がほとんどいないなか、株式経済合作社が果たすべき務めとは、外資の導入、各種不動産の十全な管理、賃貸料の増収への取り組みとなっている。村の集団も、すべての村民小組に、より多くの外資を引き寄せるため、おのおのに固有な強みの効果的な活用を奨励した。この行政村では、村民小組より紹介された外資には無償で土地を提供するが、村レベルの集団のために、村民小組が得た収入の八％を納めさせると規定していた。

村の九村民小組は、いずれも外資の誘致に成功した。西坊が最多で、布心も相当数を引き込んだ。

東二と石蚧は、比較的大規模な外資系企業を招き寄せた。たとえば、石蚧にある日系企業一社は、四、〇〇〇人近くの工場労働者を雇用していた。九村民小組のすべてが、雁田村外から個人経営の商工業者を迎え入れ、彼らに店舗を賃貸していた。南坊はそうした店舗数が最多であった。概して、外資系企業・外来者が経営する店舗数が多いほど、村民が手にする賃貸料、年末配当も多かった。

株式経済合作社がかなりの経済的利益をあげたなら、その理事長ならびに理事には、基本給（一般的には月給二、〇〇〇元）に加えて、株式経済合作社純収入の五～一〇％にあたる賞与が支給された。村民小組の株主も配当を受けられるが、年末配当はみな一様ではなかった。私たちが二〇〇八年七月に実施した調査によれば、二〇〇七年、九村民小組のなかで、石蚧の純収入が計四〇〇万元あまりと最多であり、この村民小組の株主には最も高額な配当がなされた。各村民小組の組長によると、一人あたりの配当は、石蚧では九、〇〇〇元、布心では五、五〇〇元、長表では三、〇〇〇元、水貝と西坊では二、〇〇〇元、北坊と南坊では一、〇〇〇元で、東一と東二については無配であった。たとえば、純収入が最多であった村民小組の石蚧では、二〇〇七年、村の集団と村民小組の集団の両レベルから個人株主への配当を合算すると、一人あたり二一、一六〇元であった。給与や家屋の賃貸料収入は、これには含まれていなかった。

村民小組レベルでの経済活動、利益分配をより良く理解するため、私たちは、二〇〇六年に雁田を実地調査した際の収集データにもとづき、二〇〇五年、九村民小組を詳細に分析した（表4.1）[註13]。

表4.1の統計データより、次のような要点が読み取れる。第一に、ここで中核となる組織は、行政村経済、家庭経済（第五章にて考察）とは別に分けて経済活動を見渡す、村民小組の株式経済

合作社である。第二に、すべての村民小組の株式経済合作社は、独自の収入を創出していたが、それにはかなりの幅があった。たとえば、二〇〇五年、最も多くを稼ぎ出した石岭の純収入は、二八五万元であった。最低の東一は、一〇〇万元に達しなかった。その違いは、一人あたりの収入からみると歴然で、石岭は東一の一八倍であった（表4.2）。

第三に、九村民小組のうち四村民小組だけが、村民小組レベルで投資収入を得ていた。総収入に占めるその割合をみると、水貝（四二・七％）以外の三村民小組はいずれも非常に低く、西坊では〇・五％、石岭では一・五％、北坊では四・三％であった。水・電力供給は収入を生み出したが、高コストゆえに、基本的には純収入の創出につながらなかった。総純収入に占めるその割合は、村民小組の成員、工場、その他外来者に水・電力を供給していた布心（三一・七％）と西坊（二六・〇％）以外は非常に低く、北坊では一二・三％、長表では八・九％、南坊では一・三％、水貝では〇・五％、石岭では〇・二％、東二ではマイナス〇・六％であった（表4.1）。

独自の投資経営、水・電力供給で稼ぎ出せない村民小組は、外資系企業からの工場建物賃貸料、外来商業者からの店舗賃貸料、外来農民・労働者からの農地あるいはその他生産手段の請負費で収入を得る傾向があった。水貝を除き、賃貸料と請負費は、いずれの村民小組にとっても重要な純収入源であった。「賃貸料・請負費収入」の対総収入比については、水貝では二六・一％にすぎないが、東一においては九九・〇％を占めた（表4.1）。

第四に、利益分配に関しては、翌年、村民小組の経済発展を一段と推進するため、過半の村民小組では、純収入のうち最も多くを公共積立金に振り分けていた。村民小組の間には、大きな違いがみられた。東二は、公共積立金に九五・一％を当て、福利分配はなされなかった。西坊、

表 4.1　雁田村 村民小組の収入・支出・利益分配状況

(単位：万元)

	東一	東二	南坊	西坊	北坊	布心	水貝	石鲋	長表
■総収入	128.66	286.37	323.04	652.20	277.81	860.55	179.76	670.97	555.26
賃貸料・請負費収入	127.33	263.35	231.83	278.07	115.84	264.05	46.94	388.57	218.68
対総収入比 (%)	99.0	92.0	71.8	42.6	41.7	30.7	26.1	57.9	39.4
工場建物・店舗賃貸料収入	114.13	246.23	209.84	216.93	107.73	80.02	19.14	296.27	169.08
対総収入比 (%)	88.7	86.0	65.0	33.3	38.8	9.3	10.6	44.2	30.5
工場建物賃貸料収入	67.53	180.12	127.43	189.94	71.97	69.74	12.24	289.25	169.08
対総収入比 (%)	52.5	62.9	39.4	29.1	25.9	8.1	6.8	43.1	30.5
水道料・電気料収入	0	15.04	29.16	367.29	131.88	595.75	0.67	241.13	335.02
対総収入比 (%)	0	5.3	9.0	56.3	47.5	69.2	0.4	35.9	60.3
電気料収入	0	12.91	24.15	367.15	131.88	594.62	0	241.13	334.76
対総収入比 (%)	0	4.5	7.5	56.3	47.5	69.1	0	35.9	60.3

■総支出	29.21	66.68	128.28	437.40	176.99	624.25	54.90	386.08	410.19
賃貸に関する費用支出（減価償却費など）	24.36	22.75	63.92	99.14	36.76	79.34	34.10	106.57	64.21
電気料支出	0	13.66	21.67	311.11	119.52	519.85	0	240.68	322.04
水道料支出	0	2.74	5.00	0.34	0	0.93	0	0	0
管理費支出（接待、人員報酬など）	4.02	15.00	33.10	22.28	19.76	23.53	15.63	35.67	20.33
営業税	0.83	12.53	2.12	1.23	0.95	0.60	0.17	2.18	1.09
その他支出	0.002	0	2.47 [*1]	3.30	0	0	5.00	0.98	2.52
■総純収入（分配可能な純利益）	99.45	219.69	194.76	214.80	100.82	236.30	124.86	284.89	145.07
賃貸料・請負費純収入Ⅰ [*2]	102.97	240.60	167.91	178.93	79.08	184.71	12.84	282.00	154.47
対総純収入比（%）	103.5	109.5	86.2	83.3	78.4	78.2	10.3	98.99	106.5
賃貸料・請負費純収入Ⅱ [*3]	98.12	213.07	130.22	152.12	58.37	160.58	-7.96	243.17	130.53
対総純収入比（%）	98.7	97.0	66.9	70.8	57.9	68.0	-6.4	85.4	90.0

続く

続き　　　　（単位：万元）

	東一	東二	南坊	西坊	北坊	布心	水貝	石蚧	長表
水道料・電気料純収入	0	-1.36	2.49	55.84	12.36	74.97	0.67	0.45	12.98
対総純収入比（%）	0	-0.6	1.3	26.0	12.3	31.7	0.5	0.2	8.9
公共積立金	59.83	208.87	128.89	89.65	27.26	99.72	59.81	139.61	63.08
対総純収入比（%）	60.2	95.1	66.2	41.7	27.0	42.2	47.9	49.0	43.5
公益金	2.00	0.82	10.06	7.95	6.48	7.55	5.78	10.68	16.02
対総純収入比（%）	2.0	0.4	5.2	3.7	6.4	3.2	4.6	3.7	11.0
福利分配（人口均等割）	28.62	0	34.50	91.5	52.24	105.00	44.20	112.00	50.00
対総純収入比（%）	28.8	0	17.7	42.6	51.8	44.4	35.4	39.3	34.5
村民小組幹部たちの報酬	9.00	10.00	16.00	18.00	8.00	20.00	12.00	19.00	14.00
対総純収入比（%）	9.0	4.6	8.2	8.4	7.9	8.5	9.6	6.7	9.7

*1　これは通常の減価償却費であり、賃貸に関わるものではない。
*2　賃貸料・請負費純収入Ⅰは、「賃貸料・請負費収入」より「賃貸に関する費用支出（減価償却費など）」を減じたもの。
*3　賃貸料・請負費純収入Ⅱは、「賃貸料・請負費収入」より「水道料・電気料支出」以外のすべての支出を減じたもの。
出典：2006年6月、雁田村での実地調査をもとに作成。

表 4.2　雁田村 村民小組の収入・一人あたりの収入、それらの格差

	東一	東二	南坊	西坊	北坊	布心	水貝	石岎	長表
人口（2005 年）	497	645	345	301	481	218	222	143	206
総収入（万元）	128.66	286.37	323.04	652.20	277.81	860.55	179.76	670.97	555.26
一人あたりの収入（元）	2,589	4,440	9,363	21,668	5,776	39,475	8,097	46,921	26,954
一人あたりの収入指数 *1	1.0	1.7	3.6	8.4	2.2	15.2	3.1	18.1	10.4
純収入（万元）	99.45	219.69	194.76	214.80	100.82	236.30	124.86	284.89	145.07
一人あたりの純収入（元）	2,001	3,406	5,645	7,136	2,096	10,839	5,624	19,922	7,042
一人あたりの純収入指数 *2	1.0	1.7	2.8	3.6	1.05	5.4	2.8	9.96	3.5

*1　一人あたりの収入指数：一人あたりの収入が最下位の東一村民小組を 1 として、他の村民小組については、一人あたりの収入を、東一村民小組のそれで除した数値。

*2　一人あたりの純収入指数：一人あたりの純収入が最下位の東一村民小組を同じく 1 として、他の村民小組については、一人あたりの純収入を、東一村民小組のそれで除した数値。

出典：2006 年 6 月、雁田村での実地調査をもとに作成。

布心、長表、水貝、石蚧、東一、南坊の七村民小組は、公共積立金に四一・七%から六六・二%を確保していた。北坊は最も少なく、二七・〇%であった。公益金への分配については、最高が長表で一一・〇%、最低は東二でわずか〇・四%であった。これは、金額でそれぞれをとらえると、一六万二〇〇元と八、二〇〇元という違いになった。村民小組幹部たちの報酬は、すべての村民小組において一〇%未満であり、最高は長表の九・七%、次いで水貝九・六%、東一九・〇%で、最低は東二の四・六%であった(表4.1)。なお、東一と東二以外の村民小組では、高齢者に補助金を支給していた。また、南坊のみ、村民小組内の軍人・殉職者の家族に補助を行っていた。

第五に、二〇〇五年、九村民小組のいずれにおいても、村民へ直接配当はなされなかったが、人口均等割での福利分配が企図された。これに最も多くを振り分けたのは北坊で、その純収入の五一・八%に達した。次いで、布心は四四・四%、西坊は四二・六%であり、これらの他に三村民小組が三〇%以上を当てていた。先述の通り、東二においてのみ、その村民小組内の村民への福利分配はなされなかった(表4.1)。

村の経済基盤は、行政村と自然村の両レベルで営まれる集団組織の力量に直結している。そうした集団力は、鄧氏の権勢だけでなく、一九四九年以前の村民と村外者との関係にも由来する連帯の絆にもとづいている。富は、主として外資の到来によって生み出され、村民自身の企業発展公司からの収入によって積み増された。村レベルの株式経済連合社と村民小組レベルの株式経済合作社は、収入の分配、支出の割当てを決定している。村民による集団への参加は、そうした組織に対する信頼のレベルを高めてきているようにみえる。このような集団経済に加え、さらには次章にて考察する好況な家庭・個人経済もある。

註1　なお、中国政府は、一九九四年の税制改革前、三年間の所得税免除、さらに三年間後は一定期間ある程度の減税維持など、外資を惹きつけるためにかなりの優遇政策をとった。私たちが行った一九九〇年代の調査によれば、こうした優遇政策は、雁田のサンプル調査対象企業三〇社で、合計四九〇万元あまりの納付を減免していた。一社あたり平均一六万元あまりで、新たに設立された企業に好ましいインセンティブを与えた（Wang, Zhang, and Yao 1996, 148）。

註2　かつては、しばらくの間、雁田村の集団は外資と合弁企業を設立した際、工場建物の提供によっていくらかの株式を取得した。そうした場合、当該会社は、毎年末に株式構成に応じて村の集団に配当を支払わなければならなかった。その投資利益率は非常に高く、当時、通常二五％前後であった。

註3　外資系企業は、当地に初めて進出した一九八〇年代、毎月一平方メートルあたり平均一三元という、より高い工場建物賃貸料を村の集団に支払っていた。

註4　これは、古参の党指導者への名誉職の提供であったとも言える。実際にその通りかもしれないが、彼は、生じ得るどのような問題、不和も収拾するのに必要な人脈や威信を、おそらく保っていたということでもある。

註5　雁田に投資しようとするすべての外資系企業と、そうした合意に達した。たいてい、これは二つの目的に役立ったであろう。第一に、村の集団は企業のニーズに関する情報をただちに得ることができ、企業には必要な支援がなされる。第二に、村は企業の財務状況を把握でき、各種税費の納付忌避を抑えられる。村の集団は、企業のあらゆる活動を必ずや熟知していたであろう。

註6　同様なやり方は、そうした人々が「中国側工場長」［中方廠長］との肩書きを持つ『陳村』においても指摘されていた。アニタ・チャン他は、たとえ主要な職務が、村当局と工場との連絡係としての役目といわれても、そうした「工場長」の給与は、「見せかけの謝礼」と記している（Chan, Madsen, and Unger 2009, 337-338）。

註7　それらは、怡安工業区、第一工業区、第二工業区、第三工業区、第四工業区、西南工業区、北埔工業区、水貝工業区、石蚧工業区、長表工業区である。

註8　鎮・上級政府には、村道建設の責務はない。

註9　対外加工組立事務室のもとには、事務局、照合係、為替決済係、通関申告係、統計業務係、調停係、運輸係、消防管理係が設けられている。

註10　他の投資事業には、雁田村域内の税関に近い駐車場と保税倉庫があった。二〇一〇年現在、村の集団は、その駐車場から三、〇〇〇万元の収入を得ていたが、保税倉庫については、輸出入の減少により、収入は当てにならなくなった。

註11　より良い描出のため、経営収入、財産収入、移転収入といった一般的な分類ではなく、外来収入と自営収入という二区分の収入分類を用いた。

註12　第二回株式経済連合社の株主代表は一〇〇人で、二〇〇八年四月、全株主によって選出された。そして、第三回株式経済連合社の株主代表一〇〇人についても、二〇一一年三月、同様に選ばれた。

註13　二〇〇六年の実地調査では、私たちは、そうした村民小組レベルでの経済に重点を置き、二〇〇八年には、おもに家庭の経営活動に焦点を合わせた。また、二〇〇九年には、村の政治的ガバナンスにより注目した。したがって、村民小組に関する資料は、すべて二〇〇五年以前のものである。

第五章　トラクターから自動車へ

――家庭の経済管理

第四章では、個々の雁田村民にとって、行政村の集団ならびに村民小組の集団がいかに重要であるかを明らかにした。前者は、さまざまな公共財・サービスの提供や年末配当を行っていた。後者は、経済発展・実績に応じて、当該小組の村民に一定の福利を提供していた。もっとも、現在の雁田村の集団は、人民公社時代の村の集団とはかなり異なる。個々の村民は、村・村民小組の集団によって提供される公共サービスや福利を享受しているが、みずからの経済活動を展開する独立性を手放してはいない。それどころか、行政村、村民小組、各戸という三レベルのすべてにおいて、経済的、政治的、社会的発展の共存・相補関係がみられる。社会、政治的な諸課題については、次章以降にて取り上げるとして、この章では家庭レベルの経済管理に着目する。

一九九五年三～四月、胡必亮は、家庭の経済管理を詳細にとらえる体系的な調査に関わった(註1)。そして、二〇〇八年七月、それを再び調査した(註2)。本章は、農村の家庭経済の分析に役立つそれら二時点の調査データにもとづく。一九九五年については、各々の村民小組から五戸――比較的暮らし向きが良い二戸、中程度の収入を手にしている二戸、そして経済的に恵まれない一戸――、かくして九村民小組から四五戸が選出された（註3）。二〇〇八年に関しては、私たちはそれぞれの村民小組から四〜六戸のサンプルを抽出したが、九村民小組のうち東一と長表を除く、七村民小組での調査であった（註4）。なお、一九九五年の調査においては一九九四年のデータを、そして二〇〇八年の調査では二〇〇七年のデータを扱っている。

農村家庭の収入源と構造

そうした二度の農村家庭調査によって、二時点の共通点ならびに相違点がとらえられた。最も明らかな共通点は、村民にとって農業は主要な収入源ではなかったことである。ただ、驚くことではないが、共通点よりも相違点の方が多かった。

一九九五年の調査より、有効な調査対象四四戸のうち三戸は、村の集団にみずからの農地を一九八五年にはすでに返していたことが分かった。そうした農地は計五八畝で、そのうち五二畝は水田、四畝は畑、二畝は自留地であった。この三戸の成員は、合わせて六人の働き手を含め、二〇人であった。一戸は村の集団から補償金として二、四〇〇元を受け取っていたが、他の二戸はそうしたことをはっきりと記憶していなかった。一九八七年、さらに一戸の農地一九畝（水田一四畝、畑五畝）が村の集団によって回収された。当該戸の成員は、二人の働き手を含めて五人であった。そして、村の集団から補償金として二、〇〇〇元を得た。残りの四〇戸の農地は、村の集団によって、一九八八年から一九九二年にかけて徐々に取り戻された（註5）。ほとんどの調査対象戸は、村の集団からいくらかの補償金を受け取ったことを思い起こしていたが、具体的な内容となるとまちまちであった（Wang, Zhang, and Yao 1996, 71-73）。実質的に、村の集団は、雁田すべての農地を集団として利用するため、五年のうちに回収した。そして、村民は補償金に満足していたようである。一部の地域とは違って、このプロセスは村の集団との対立を引き起こさなかった。衝突の恐れは、外資系企業で高まる雇用機会によって解消された。一九八二年、村の農地は各戸に配分し直されたが、早くも一九八三年には、当地の四戸がみずからの農地をさらに親族や友人に下請けさせ、そうした相手に農業税、あるいは合わせて一畝あたり二二〇〜四〇〇元程度の小作料の支払いを求めることを企てていた（Wang, Zhang, and Yao 1996, 70）。

当然のことながら、収入は非農業部門よりもたらされていた。村民が企業での常勤の仕事のみならず、家庭経済の一部として副業にも従事する状況を表すのに、私たちの同僚は「新兼業化」という術語を持ち出した。この副業には、農業経営と工業・サービス業経営の両方が含まれた。新兼業化は、村民が農業を主軸に各種の非農業経済活動にも携わった伝統的な「兼業化」とは異なっていた。四四戸のなかには、企業や村の行政部門で要職に就いていた戸主に加え、その成員も他の副業を営んでいた。なお、七戸は果樹園を営み、三戸は養豚に取り組み、一六戸はみずからの家屋を使わせて住宅賃貸料を得ていた（Wang, Zhang, and Yao 1996, 81）。

大きく分類すると、総収入の三八・五％（二二八万元）は、家庭経営収入（牧畜・水産養殖、果実・野菜栽培、建築、採石・加工、商業・運輸、維持修繕といった六項目の経営収入）であった。給与収入（外資系企業、村民委員会、村の教育・医療衛生部門での就業収入）は、総収入の二八・六％（一六九万元）となり、財産収入は、総収入の三二・九％（一九五万元）を占めた。

利息、株式配当、村・村民小組の集団からの配当収入に関わる情報は入手できなかった。ただ、当時、そうした収入はわずかであった。いずれにしても、一九九四年、家庭の収入構造については、おもな特徴として二点が目に留った。第一に、農地は村の集団によって取り戻されていたものの、さまざまな家庭経営収入が依然として最も重要であった（総収入の三八・五％）。第二に、財産収入（住宅賃貸料収入）は総収入のほぼ三二％を占め、外資系企業での就業収入（総収入の二一・九％）と同じく切要であった――抽出調査された四四戸のうち一六戸は、みずからの家屋を外来の人々に賃貸ししていた――。

二〇〇七年を前にして、家庭収入に影響する地域経済にいくつかの重要な変化が生じた。雁田では外資系企業数が膨らみ、さらに多数の外来商業経営者が事業を立ち上げ、ますます多くの出稼ぎ労働者が外資系企業の職を得ようとした。こうした動向は、いずれも賃貸料収入にさらなる好機をもたらした。集団経済は強化され、集団からの配当は、家庭収入においてひときわ大きな割合を占めた。そして、インフラストラクチュアの整備は、家族の働き手が非農業活動に従事するより多くの機会を与えた。その結果、二〇〇八年の調査では、家庭経営収入はかなり減少した。また、村・村民小組の集団からの配当収入は――一九九五年の調査では取るに足らぬものであったが――、財産収入においてのみならず、家庭総収入においても、相当な割合を占めるようになった（表5.1）。

一九九四年と二〇〇七年のデータについて、給与収入の割合は、ほぼ同じであった（それぞれ二八・六％と三一・九％）（註6）。移転収入の割合に関しては、無視できるほどに小さい。家庭経営収入は、三八・五％から一〇・八％へ二七・七ポイントと劇的な減退をみた。財産収入は、三二・九％から五五・一％へ二二・二ポイント上昇した。村・村民小組の集団から家庭への配当は、一九九四

表 5.1　調査対象 39 戸の収入源（2007 年）

収入源	戸数	収入(万元)	各分類での割合(%)	総収入に占める割合(%)
I. 家庭経営収入	7 *1	108.2	100.0	10.8
1.1 林業経営収入	2	15.0	13.9	1.5
1.2 工業・建設業経営収入	2	75.0	69.3	7.5
1.3 サービス業経営収入	4	18.2	16.8	1.8
II. 給与収入	36 *2	318.7	100.0	31.9
2.1 地元企業での就業収入	25	123.5	38.8	12.4
2.2 地元でのその他の労務収入	16	45.2	14.2	4.5
2.3 村外での就業収入	4	21.0	6.6	2.1
2.4 地元行政機関での就業収入（おもに村の行政機関）	16	129.0	40.4	12.9
III. 財産収入	39 *3	549.7	100.0	55.1
3.1 住宅賃貸料収入	36	318.9	58.0	31.9
3.2 村・村民小組の集団からの配当収入	39	228.2	41.5	22.9
3.3 利息収入	11 *4	2.6	0.5	0.3
IV. 移転収入 *5	12	21.6	100.0	2.2
総計	39	998.2	—	100.0

*1　1 戸は 2 業種の家庭経営に従事していたため、戸数が 8 ではなく 7 になっている。
*2　1 家庭には複数の働き手が存在することが多く、36 はこの区分の内訳をすべて合わせた数とはなっていない。
*3　各戸の財産収入はたいてい多元的にもたらされ、39 はこの区分の収入源別戸数の総和とはなっていない。
*4　すべての家庭に利息収入があったと考えられる。しかし、ほとんどの調査対象者は、そうした事情を話したがらなかった。これは、その家庭の預金を明かすことになるためで、概して快く受けとめて、とはいかなかった。
*5　移転収入には、(1) 非常住者が帰郷・送金時の収入、(2) 親族や友人からの寄付金、(3) 救済金、(4) 災害救援金、(5) 保険年金、(6) 退職年金、(7) 弔慰金、(8) 食糧生産者への補助金、(9) 優良品種の購入、農業機械・資材の調達に対する補助金、(10) その他の補助金が含まれる。雁田村民の一部は、おもに村民小組によって支給される高齢者への補助金など、無償給付で最低限の収入を得ていた。
出典：2008 年 7 月、雁田村での実地調査において筆者らが収集、算出したデータ。

年の微小な数値から二〇〇七年には約二三％へと急増した。これらは、いずれも家庭収入源・構造の重大な変化を表している。このように、住宅賃貸料収入、集団からの配当収入が、家庭経営収入、就業収入よりも、総収入の増加につながった。

二〇〇七年、家庭総収入の五〇％強は、住宅賃貸料収入と村・村民小組の集団からの配当収入によってもたらされ（三一・九％＋二二・九％＝五四・八％）、三一・九％は家族の働き手の給与収入から、そしてわずか一〇・八％が家庭経営収入からであった——残りの二・五％は、その他の収入から——。一般に、家屋は、外資系企業に雇用されている出稼ぎ労働者や雁田で働く商業経営者に賃貸しされる。村・村民小組の集団からの配当収入は、主として外資系企業から集団へ納められる諸費（工場建物賃貸料、土地使用費、外貨留保、総合サービス費）より創出された。また、活気にあふれる外資から、雁田村民はより多くの雇用機会を得ていた。結果的に、二〇〇七年、雁田村の家庭収入は、外資に非常に大きく依存し、村民収入の増加は、おもに外資系企業の成長に支えられていた。みずから創出した収入は、総収入のわずか一〇％ほどを占めるだけであった。

家庭間の収入格差

家庭レベルにおいては、働き手の有する能力はさまざまで、各家庭が備える物的、人的、社会的資本も異なり、家庭経営収入が主となる収入構造では、格差が比較的に大きいと考えられる。ただ、雁田では家庭経営収入の総収入に占める割合が小さく、状況がかなり異なった。大きな違いがあるが、集団からの配当は、相対的に貧しい家庭にとってはまさに痛み止めとなっている。

一九九四年、家庭の年間収入はわずか一万元から九〇万元にまで広がり、一戸あたり平均年間収入は一三万五、〇〇〇元であった。大部分の家庭（三七戸、すなわち有効な調査対象四四戸の八四・一％）は年間収入が二〇万元未満で、一二戸については五万元未満であった。年間収入が三〇万元を超える四戸に関しては、それを住宅賃貸料、工場での就業収入よりも、主として家庭経営（工業・建設業経営）収入から得ていた。一九九四年に最も経済的に豊かな家庭（九〇万元）は、住宅賃貸料収入の四〇万元もさることながら、建設業経営から――おもに雁田村内の請負工事にて――五〇万元を手にしていた。一方、年間収入が最も低い三戸については、それは基本的には工場での就業収入で、住宅賃貸料収入はなく、家庭経営収入はないか、ごくわずかであった。少なくとも二種の収入源を有する家庭――たとえば、住宅賃貸料と工場での就業収入、あるいは家庭経営収入と工場での就業収入――は、一年間におよそ一〇万元を得ることができていた。

二〇〇七年、一戸あたり平均年間収入は二五万六、〇〇〇元で、一九九四年より八九・六％増であった。最も豊かな家庭の年間収入は七九万五、〇〇〇元、最も恵まれない家庭は八万三、〇〇〇元で、一九九四年と比較すると格差がかなり縮小されたと見て取れる。こうした変化に結びついた主たる要因には、集団からの配当収入が占める割合の急上昇と家庭経営収入の比重の低下があった。最上位の年間収入は一九九四年を下回り、しかも全体としては収入が大幅に伸び、二〇〇七年に二〇万元未満の家庭は調査対象三九戸の四三・六％にまで下がった。

集団からの配当収入、家庭の利息収入、移転収入に関しては、収入が最上位にある家庭と最下位の家庭の収入構造は類似していた。最も恵まれない四戸については、家庭経営収入がなかった。一方、最も豊かな四戸のうちの二戸はみずからの事業に従事していた。一戸は水産業ならびに工業経営に携わり、合わせて六五万元の家庭経営収入を得ていた。もう一戸も、個人の工業経営から一〇万元を手にしていた。しかし、先述の通り、二〇〇七年の調査データにて、家庭経営収入が総収入に占める割合は一〇%あまりに止まり、こうした家庭は雁田ではまれであった。最も豊かな四戸のうち、一戸は三八万七、〇〇〇元の給与収入を得ていたが、その戸主は村民委員会の主要な幹部で、当人の年間収入（賞与を含む）は三〇万六、〇〇〇元であった。これも、むろん特異な例であった。このような例外を除けば、住宅賃貸料収入の違いが、家庭収入にみられる格差のおもな原因と言える。最も豊かな四戸は、平均一六万二、〇〇〇元の賃貸料収入を得ていたが、最も恵まれない四戸のうち、一戸はそうした収入がなく、三戸の賃貸料収入は平均二万七、〇〇〇元であった。最も豊かな家庭の住宅賃貸料収入は、最も恵まれない家庭の六倍で、これは年間総収入で六・五倍の格差とおおよそ合致する。これは、住宅賃貸料収入よりも家庭経営収入が格差の主要な原因であった一九九四年から、大きな変化が生じたことを示していた。

サンプル家庭の支出構造

雁田村にて、おもな家庭支出とは、〈一〉生産支出、〈二〉生活消費支出、〈三〉その他支出――財産支出、移転支出など――であった。一九九五年の家庭調査では生産支出とその他支出が取り上げられず、比較可能なデータは生活消費支出だけである。

私たちは、一九九四年の生活消費支出一一項目――主食、副食品（肉、卵、乳製品、野菜、煙草、酒など）、外食、被服、燃料、医療・医薬品、日用品、書籍・雑誌、学費、交通、水道・電気、

電話――を振り返った。二〇〇七年の調査データには、新しい項目が組み込まれていた。それらは、ガソリン（一九九四年には大半の人々が自家用車を未所有）、サービス（これは無視できるほどごくわずか）、そして家庭用品（一九九四年の日用品にほぼ相当）などである。したがって、生活消費支出に関する二時点のデータは、おおむね比較できる。

一九九四年、一戸あたり平均生活消費支出は、四三、〇〇〇元であった（Wang, Zhang, and Yao 1996, 101）。これが、二〇〇七年には平均八万元近くまで達し、一九九四年の一・八倍になっていた。ガソリンとサービス消費を除くと、二〇〇七年の一戸あたり平均生活消費支出は七三、〇〇〇元で、一九九四年の一・七倍となる――それら二項目は、以下の比較考察でもより一層すり合せたかたちで進めるため、取り除いている――。

一九九四年と二〇〇七年の生活消費構造の比較からは、大きな変化が見て取れる。第一に、食費（主食、副食品、外食）の比重は、五一・七％から四〇・五％へと大幅に低下していた。第二に、被服費も、一〇・六％から七・七％へ縮小していた。それに応じて、こうした項目以外の生活消費支出の割合は一四・一ポイント上昇した。最も伸びた項目は、文化教育・娯楽費（一九九四年の書籍・雑誌、学費）で、一〇・四％から一五・七％へと五・三ポイント増、それから水道・電気料が三・八ポイント増、医療・医薬品費が三・四ポイント増であった。これは、明るい状況の展開とあまり明るくはない局面の進行を映し出している。文化教育・娯楽への支出増は、村民の暮らしの質的な向上を反映していると言えるが、同時に、水道・電気、燃料、医療・医薬品、交通・通信（一九九四年の交通、電話）に関わる支出増にみられるように、生活費は上昇しつつあった。

一九九四年と二〇〇七年のデータの比較から、いくつかの興味深い傾向が浮かび上がる。第一に、家庭総収入と生活消費支出には、正の相関関係がみられる。たとえば、一九九四年の調査データにおいて、最も豊かな家庭は、その総収入九〇万元のうち、二〇万三、〇〇〇元を生活消費支出に当てていた。次いで高収入であった四戸は、いずれも生活消費支出が四万元を上回っていたという。一方、最も恵まれない五戸の生活消費支出については、四戸が二万元未満で、一戸のみ三万一、〇〇〇元であった。

第二に、生活消費支出の家庭総収入に占める割合も、収入水準によって左右された。一九九四年、二〇〇七年ともに、驚くことではないが、低収入家庭では生活消費支出の家庭総収入に占める割合が非常に高く、一九九四年に最も恵まれない五戸については平均七八・七%であった――収入が最も少なかった家庭では一三〇%にもなった――。最も豊かな五戸においては、その割合は一六・三%にすぎなかった。二〇〇七年、この比率は、それぞれ五六・四%、二三・八%になり、最も恵まれない家庭では著しく低下したが、最も豊かな家庭では上昇した。

むろん、低収入家庭において、生活消費支出の家庭総収入に占める割合が際立って高いおもな原因は、低収入家庭がその収入の大部分をみずからの基本的な生活ニーズを満たすために使わなければならないからである。本章では、家庭純収入ではなく家庭総収入に占める生活消費支出の割合を論じているが、家庭総収入に占めるその割合が五〇%を上回るなら、家庭純収入のすべてがおそらく生活消費支出に当てられたと考えられる。このことは、恵まれない家庭の収入を高め、生活消費支出の比率を下げることが、依然として困難な課題であることを示唆していた。雁田のような豊かな村でさえ、相対的に貧しい家庭を支援するため、さらに廉価な公共財・サービスの提供を求める声も上がろう。こうした問題については、この後の章において詳細に論じる。

家庭は、生活消費機能に加えて、消費支出をともなう各種社会・生産機能も有していた。このような項目に関して、一九九四年の調査資料には系統的なデータがなかった。ただ、その後の個別聞き取り調査からいくらかの情報を得ることができた。二〇〇七年との初歩的な比較考察に際し、その他の消費支出形態については、その知見を用いるようにした。

二〇〇七年、三九戸のうち八戸（二〇・五％）のみ、ある程度の生産経営活動に従事していた。一戸は林業・果樹園を営んではいたが、この家族はライチ、竜眼など、すべての産物をみずからの友人に分け与え、何の収入も得ていなかった。そこで、私たちは、家庭経営収入にあっては七戸についてのみ考えた。一戸あたり平均収入は一五万五、〇〇〇元であったが、最上位は六五万元に達し、最下位のわずか三万～五万元までばらつきが見られた。各戸のおもな家庭経営収入に着目して分類すると、林業・果樹園経営は三戸、工業・建設業経営は二戸、サービス業経営は三戸であった。

八戸の家庭経営状況をこのように整理すると、注視すべき二点が浮かび上がる。第一に、そうした事業に従事した家庭にとって、家庭経営費用支出が家庭総収入に占める割合は平均二〇％でさほど高くなく、生活消費支出の家庭総収入に占める割合（二九・八％）よりも低く、また最も豊かな五戸についてみた先述の家庭総収入に占める生活消費支出の割合（二三・八％）よりも下回った。第二に、投資利益率は、これら八戸にとって一応満足できる程度であった――平均費用利益率は、林業・果樹園経営では三三四％、サービス業経営では一〇三％、そして工業・建設業経営では五六％――。これは、雁田でのそれら事業への投資に大きな可能性があることを示している。このことは、そうした投資に魅力的な見返りがあるなかで、なぜ家庭経営活動に従事する戸数が一九九四〜二〇〇七年の一三年間に減少してきたのかという興味深い問題を提起する。もしかすると、住宅賃貸料、集団からの配当といった、より手軽でリスクの少ない収入源が好まれるのかもしれない。こうした保証された収入への依存は、おそらく、雁田村民に企業家精神が欠ける一因となっている。このあたりの問題は、さらに研究する価値がある。

村民にとって重大な支出とは、家庭生活消費支出や家庭経営費用支出ではなく、むしろ住宅建設や新車購入の支出であり、家庭財産支出に分類される。二〇〇七年、三九戸のうち一六戸(四一%)は、そうした支出をしていた。最多は一二〇万元、最少は三万元で、一戸あたり平均五四万一、〇〇〇元であった。このやや低い平均値は、三戸の支出が三万元から五万元に止まったことによる。

私たちは、寄付金、送金、救援金、親戚・友人への義捐金、交際費を含む、移転支出にも目を向けた。二〇〇七年、三九戸のうち二二戸にはそうした支出がみられた。最多は三万六、五〇〇元、最少は一、〇〇〇元で、一戸あたり平均七、七七三元であった。一九九四年にあっては、交際費が移転支出の大半を占めていた。四四戸のうち三〇戸にそうした支出があり、一戸あたり平均四、七三三元で、おもに婚礼に関わるものであった。最多は三万元で、二〇〇七年とたいして違わない。もっとも、人間関係の構築は支出を要するが、収入も生み出した。一九九四年、こうした営みに関する収入と支出との差は五万八、〇〇〇元であった(Wang, Zhang, and Yao 1996, 113-114)。二〇〇七年については、ほとんどの人が、数百元といった交際費はもはや支出項目として数え上げていないことが分かった。移転支出は、私たちが弾き出したものよりおそらく高いと考えて差し支えない。

家庭資産

財産支出は、家庭資産の形成に直接つながる。ある資産は少しずつ築かれ、ある資産は代々伝えられ、また、ある資産は近年にいたって手に入れられている。私たちの一九九五年家庭調査では、次の三点が明らかになった。第一に、おもな家庭資産は、家屋、生産手段、耐久消費財の三種であった。第二に、一九九四年、四四戸の総資産は一、六七一万元で、一戸あたり平均三八万元、一人あたり平均七万五、〇〇〇元であった。第三に、各戸が保有する家庭資産には大きな違いがみられ、家庭資産が最多の家庭は最少である家庭の一六二倍を有していた（Wang, Zhang, and Yao 1996, 93-100）。

一九九四年と同様、二〇〇七年、最も価値のある家庭資産は家屋であった。そして、耐久消費財が続いた。最も顕著な相違は、農業用自動車、トラクター、耕耘機、種まき機、田植機、排水・灌漑用機械といった農業生産に関わる固定資産などが、もはやみられないことであった。このような変化を受け、私たちの二〇〇七年家庭資産調査は、家屋と耐久消費財の保有状況に限られた。三九戸のうち一戸は不明で、ここでは三八戸中となるが、三七戸は戸建ての自宅を建設し、あと一戸の戸主である一人の若者は、地元の住宅市場にて分譲集合住宅をみずからが住まうために買い求めていた。三八戸は戸建て住宅七二棟、分譲集合住宅七住戸、計七九物件を有していた。むろん、多くの家屋は、外来者に賃貸しするために購入された。

三八戸のうち三六戸は、部分的もしくは完全に自分たちの家屋を、雁田に流入してきた労働者や商業者に賃貸していた。延べ面積で計算すると、平均して、村民は所有する家屋の三分の二あまりを賃貸にあて、みずからは残りの部分に住んでいた。家屋を二物件以上有していたのは二二戸（五七・九％）、三物件以上は八戸（二一・一％）であった。最多は、戸建て住宅三棟、分譲集合住宅六住戸の計九物件が一戸で、次いで五物件が一戸であった。なお、戸建て住宅一棟だけの場合には、通常、家族は一階に住まい、二階以上を賃貸としていた。

一九九四年、家屋は家庭総資産の五一・一％を占め、それに耐久消費財（二七・六％）、生産手段（二一・三％）が続いた（Wang, Zhang, and Yao 1996, 93）。しかし、二〇〇七年、サンプル家庭から生産手段に関する話は出なかった。家庭経営事業に従事する世帯でさえ、生産手段を持たず、有していたとしても簡易な農具だけであり、それゆえ家庭資産の分析には加えられなかった。実に、家庭資産は、家屋と耐久消費財から構成されるということになった。

一九九四年、耐久消費財には一七品目が盛り込まれたが、二〇〇七年には七品目（自動車、コンピュータ、携帯電話、カラーテレビ、冷蔵庫、エアコン、洗濯機）だけになった。一九九四年と二〇〇七年を比較すると、耐久消費財の保有はかなり高い水準にまで達し、二〇〇七年には中国農村部の平均をはるかに超え、中国都市部の平均をも上回ったことが分かる。また、この一三年間、耐久消費財の普及は急テンポであった――コンピュータについては一戸あたり九〇倍に、携帯電話は七・六倍に、エアコンは二・一倍、自動車は一・八倍になった――（表5.2）。

一九九四年、保有する家庭資産には大きなばらつきがみられ、金銭に換算すると最多の家庭は二八三万元になったが、最少の家庭はわずか一万七、〇〇〇元であった（Wang, Zhang, and Yao 1996, 100）。雁田の経済発展にともない、大半の家庭は、テレビ、洗濯機、冷蔵庫などの品目を

表 5.2　家庭の耐久消費財について、1994 年と 2007 年との比較

おもな耐久消費財	1994 年		2007 年		1994 ～ 2007 年	2007 年	2007 年
	雁田 サンプル家庭 44 戸		雁田 サンプル家庭 38 戸		雁田 平均台数の	中国都市部 1 戸あたり	中国農村部 1 戸あたり
	総数（台）	平均（台）	総数（台）	平均（台）	増加（倍）	平均（台）	平均（台）
自動車	27	0.6	43	1.1	1.8	0.06	―
コンピュータ	1	0.02	70	1.8	90.0	0.54	0.04
携帯電話	23	0.5	143	3.8	7.6	1.65	0.78
カラーテレビ	84	1.9	117	3.1	1.6	1.38	0.94
冷蔵庫	59	1.3	71	1.9	1.5	0.95	0.26
エアコン	82	1.9	148	3.9	2.1	0.95	0.09
洗濯機	43	1.0	54	1.4	1.4	0.97	0.46

出典：1994 年の調査データについては、王暁毅・張軍・姚梅（Wang, Zhang, and Yao 1996, 97）をもとにした。2007 年の調査データは、雁田にて筆者らが収集。耐久消費財の中国都市部ならびに農村部における 1 戸あたりの平均台数は、国家統計局（National Bureau of Statistics 2008, 323, 347）にもとづく。

もはや家庭資産としては勘定に入れず、今や、それよりも家屋や自家用車の価値を高めるのに役立つことを考えている。二〇〇七年、これらは、家庭間の収入格差を詳しく調べるために利用された。家屋の時価に関しては、最低であった家庭は五〇万元にすぎなかったが、最高は一、〇〇〇万元にも達した。ただし、三八戸のうち半数の一九戸は、一〇一万元から三〇〇万元の間であった。さらに、この三八戸は計四三台の自動車を保有していた。とはいえ、一〇戸（サンプル家庭総数の二六・三％）はまったく有していなかった。自動車を一台保有する家庭は一六戸（四二・一％）、二台保有は九戸（二三・七％）、そして三台保有が三戸（七・九％）であった。

二時点での調査により、村の経済構造の著しい変化が明かされている。過去三〇年にわたる経済成長のなか、特に雁田への外資の大量流入のもとで、村・村民小組レベルの集団経済は絶えず強化され、家庭収入に占める配当の割合はしだいに高まっていった。同時に、外国投資家、出稼ぎ労働者、外来商業者数の増加は、当地雁田村民の賃貸料収入の増加に結びつき、財産収入は家庭収入の五〇％あまりを占めた。一方、家庭経営活動は、家庭収入にとってさほど重要ではなくなった。集団からの配当は、家族の成員数にしたがって均等に分配され、大半の家庭はさらにそれぞれの賃貸用家屋からも収入を得ていた。全般的には共同富裕という趨勢にあるが、家庭資産の保有量により、賃貸料収入が違い、依然として家庭間にはかなりの収入格差がみられた。もっとも、二〇〇七年までに、雁田村籍の人々については、大幅に収入格差が縮小していったことも事実である。

註1　この実地調査のおもな参加者は、胡必亮、王暁毅、張軍、姚梅、唐聖雄、李傑であった。調査成果は、一九九六年三月に出版された（Wang, Zhang, and Yao 1996）。

註2　この実地調査のおもな参加者は、胡必亮、張斌、劉潔、胡笛、王潔、陳方、李金平であった。

註3　四四戸から有効回答が得られた。これは、当時の雁田戸籍総戸数（六八二戸）の六・五％を占めた。抽出人口は二二四人で、雁田村民総数（二、七八六人）の八・〇％に相当し、抽出家庭の成員数は平均五・一人であった。二〇〇八年のサンプル調査では三九戸が抽出され、これは雁田戸籍総戸数七六一戸の五・一％を占めた。抽出人口は一八四人で、雁田村民総数（二、九八八人）の六・二％に相当し、抽出家庭の成員数は平均四・七人であった。

註4　遺憾ながら、一九九五年調査時の原資料を捜し出せず、二時点の調査で抽出された家庭について、同一であるかを確かめられない。

註5　四〇戸のうち、一九九二年には最多の一〇戸が、一九八八年と一九九〇年には各七戸が、一九九一年には六戸が、一九八九年には二戸が、みずからの農地を返していた。その他の八戸は農地を戻した正確な時期を思い出せなかったが、一九八八～一九九二年に違いないという。

註6　ただし、二〇〇七年と一九九四年のデータは、すべてが比較可能というわけではないことに留意しなければならない。二〇〇七年の家庭収入の下には、移転収入や集団からの配当収入など、より多くの項目がみられるが、それらは一九九四年のデータには含まれていない。一九九四年、そうした収入はごくわずかで、それらの欠落は家庭収入状況の評価には影響を及ぼさない。しかし、そのような項目が二〇〇七年に見過ごされていたなら、分析をゆがめたであろう。二〇〇七年、株式投資収入といった無視し得る項目については除外した。

第Ⅱ部 公益事業の整備

経済改革は、雁田における公共財・サービスの供給にも劇的な影響を及ぼしてきた。第Ⅱ部では、教育、医療衛生、そしてガバナンスに目を向ける。この前置きにおいては、インフラストラクチュア整備についても手短にふれておく。教育と医療衛生の提供主体については、政府、「単位」〈所属組織〉、中国農村部にあっては集団から、地方政府、家庭・親族集団、「新型の集団」、市場原理にもとづく組織へと変化してきた（Saich 2008）。農村部では、集団組織の事実上の解体により、多くの人々にとって、社会的支援は弱体化、消滅した。このことは、仕事を求めて雁田へ流れ込んだ出稼ぎ労働者にとって、特にそうであった。かつてのモデルが退廃するなか、新たなかたちの不平等が現れた。しかも、改革は、政府にさまざまな要望のある今までに類のない新しい住民を創出してきた。

そこで、中央の指導者は、ローカル・レベルにおける試みを、中国都市部にあって特権的な人々のための包括的な体系へとまとめ始めた。これは、単位から地方政府へ、社会福祉に関わる権限の委譲をともなった。もっとも、こうした初期の改革は、中国農村部の大半の人々や非正規部門の労働者を、相変わらずそれぞれの仕組みに留めていた。胡錦濤総書記と温家宝首相は、二〇〇三〜二〇〇四年に政権を引き継いだとき、社会開発に関わる問題のいくつかは成長だけでは解決されないであろうと考えた。この認識は、的を絞った支援がなされるように、社会的弱者の特定にもとづく、一層まとまりのある政策の枠組みづくりにつながった。政策は、短期的な社会保障対策から、より統合された包括的システムの形成へと変わり始めた。中国農村部の人々への制度に政府がさらに大きな保証を与え、しかも郷里を離れている増大する流動者を福祉体系へ組み込むことが、政策的に模索された。かくして、二〇〇二年から農村年金を含め、試行が重ねられた。二〇〇三年からは、「新型農村合作〈互助・共済〉医療制度」の試行という重要な取り組みもみられる。二〇〇六年には、農業税がついに廃止された。二〇〇七年、農村部の子どもへの義務教育の無償化が進み、農村住民は授業料・雑費の支払いを求められなくなった。また、同年、指導部は中国農村部においても最低生活保障制度の設立を発表した。出稼ぎ労働者については、理論上、一九九九年には年金制度に組み込まれていたが、彼らの置かれた境遇の改善のため、二〇〇二～二〇〇三年にはいくつもの方策が導入された。試験的な三システムが立ち上げられ、そのひとつは広東省にて進められた。広東省に導入されたモデルにおいて、おもな課題は、共同基金への納付額ではなく、個人が納めたそうした保険料が取り上げられるかもしれないことである。流動者が同省を離れることになり、保険を打ち切られたなら問題であろう。通算可能な制度ではないため、その効果が薄くなっている(註1)。二〇〇二年六月には、出稼ぎ労働者が労働災害保険に加入できるようにすべきであると表明された。二〇〇二年一一月、出稼ぎの人々は、労働者階級の一部であるという重要な地位を認められた。二〇〇三年一月、国務院は、流動者が仕事に応募する際、都市住民と同等に扱われることを支持した。そして、教育部門は、農民工子女学校を承認し、教育への平等なアクセスを提供しなければならなかった。二〇〇六年、国務院は、農村からの人口移動といった問題に連携して対処するため、さまざまな部門が関わる合同の委員会を立ち上げた。二〇一〇年六月、国務院は、中央政府が現行の戸籍制度に代えて全国的な居住許可制度を段階的に導入していくことになろうと発表した。この居住許可は、流動者が都市住民と同じ社会保障給付を享受できるようにし、ゆくゆくは都市での居住申請が許されるであろう。こうした改革は、一〇都市で進められていた(註2)。

これらの政策が雁田においていかに展開されてきたのか。それが、第六章ならびに第七章の主題である。果たして、社会政策はより包摂的になり、現地の市民たる資格が福祉の提供にあたっての根拠となってきたのか。教育サービスに関しては、村内のさまざまなコミュニティの要求を満たす、多様な学校教育機関のネットワーク化が見受けられる。結果的に、教育を得ようとしたすべての子どもは、それを受けることができた。しかし、施された教育の質は大きく異なった。アクセスをめぐるこのような不平等は、医療衛生とガバナンスについて、より一層はっきりと見られた。教育と同じく、改革は村内のさまざまなグループのニーズに応える多様な仕組みを生み出してきた。雁田村籍の人々は、新型農村合作医療制度、または「職工〈労働者〉基本医療保険」を通じて、それなりの保険に加入していた。一方、外来者は雇用主に頼るか、各種認可・無認可機関でのサービスに対する支払いを求められてきた。

アクセスをめぐる不平等は、ガバナンスで最も顕著にみられる。村籍を有していない者には、みずからの考えを述べる正式なルートがない。改革は、村内に村民委員会と株式経済連合社というふたつの主要組織を創出した。これらは雁田村党総支部の活動を補完しているが、党組織が依然として優位であり続けていることは明らかである。いずれにしても、村内すべての公式・非公式組織は、鄧氏によって取り仕切られている。このことは、党が鄧姓の幹部を通じてどの程度その権力を行使しているのか、また鄧氏なる非公式な勢力は党総支部を通じてどの程度まで権限を与えられているのかといった興味深い問題を投げかける。実相は、これらのなかに存在する。外来者を政治プロセスに加えるいかなる展開も、雁田村籍の村民による経済管理を損なうことにはならないように、株式経済連合社は、当地村民に村の資産の〝公司化〟が図れるようにしてきた。

公益事業へのアクセスや政治権力に関して、進展がみられるとはいうものの、流入してきた人々が相変わらず他所者であることは明らかである。現実に彼らが生活も仕事もしている場において整備されたサービスへのアクセス改善、より効果的な統合といった中央政府の戦略にもかかわらず、そうした状況である。雁田の研究は、教育を受ける機会が改善されたとはいえ、アクセスや費用の問題が残存することを明かしている。医療衛生については、なおさらそうである。一九八〇年代、九〇年代、政策は、職業と戸籍［戸口］上の身分との切り離しに取り組み、胡錦濤・温家宝のもとでは、社会サービス、福利待遇と戸籍上の身分との分離を図ってきた。出稼ぎ労働者は、〝保険〟として郷里に土地を有しているため、国家によって提供される社会福祉を必要としていないという考え方は、支持されなくなっていた。多くの流動者は、家族とともに、今や都市部、雁田などの〝都市化した農村〟に永続的に居座る人々となり、戸籍所在地に戻っても、もはや土地を持っていないかもしれない。二〇〇二〜二〇〇三年まで、比較的早い時期の戸籍改革においては、おもに投資家や十分な教育を受けた者に恩恵をもたらした――付言するなら、江沢民《チアンツォーミン》総書記・朱鎔基《チュロンチー》首相の政策らしい、よりエリート主義的な傾向を反映していた――が、胡錦濤・温家宝の指導部は、政策の重点を出稼ぎ労働者への研修や社会福祉の適用拡大に転換した。雁田においては、投資をしていた者や当地の発展に重大な貢献をしてきたと考えられた者への優遇策を含め、江沢民・朱鎔基が進めた政策の明確な影響がみられる。

二〇〇八年一一月までに、東莞市は、中国の地方政府で初めてとなる流動人口に対応する部門を設けていた。この部門のねらいは、社会保障、就業、子どもの学校教育、医療保険分野での流動者支援である。東莞市党書記は、その意図を、「新莞人」（新東莞人）が「他の住民と同等の扱いを受けられる」ように取りはからうことと述べていた（*China Daily*, 2008/10/15, 4）。流入してきた人々には、氏名、登録番号、住所、勤務先、医療保険などの基本情報を記載した新型の〝サービス・カード〟が発行されることになった。他にも、新たな取り組みが主要都市にて試みられてきた。たとえば、北京では、医療衛生ならびに労働災害に関して都市住民と同様な保険適用がなされるように、二〇〇四年、出稼ぎ労働者のための保険料納付を雇用者に求める規定が導入された（*China Daily*, 2004/08/23）。

公民として声を上げられないことは、出稼ぎ労働者にとって発展への最大の障害となっている。事実上、彼らはみずからの政策的選好をかなえるための組織化ができず、重大なことを進めるにはインフォーマルな手立て、あるいは当局の善意に頼らざるを得ない。村籍住民がおよそ三、〇〇〇人、そして外来者が少なくとも七〇、〇〇〇人という雁田において、そうしたことは、はっきりと見て取れる。三〇〇人の流入者だけは戸籍を与えられた。村籍の当地住民は、村の富や政治的な権力を握っている。彼らは、企業から受け取る諸費が蓄えられた集団の基金から配当を受け、教育・医療衛生への補助金の恩恵をともに享受している。流動する人々の選挙権を保障しようとの法改正がなされたが、外来者は選挙に加われず、何よりもまず政治的権利を有していない。基本的に、彼らへの給付や一般的な福祉は、そうした人々の社会福祉へのアクセスの拡大を求めている上級政府の立法措置、あるいは鄧氏が指揮する地元住民の寛大さによって決まる。〝政治的に市民たる資格〟をめぐっては、基層レベルでも、道のりがまだ相当あるようにみえる。

村の集団は、基礎的なインフラストラクチュア——特に水・電気供給の確保、十分な道路網の整備——にかなりの投資をしていた。水の供給改善は、拡大する工業用、生活用に求められた。一九五〇年代半ば、丘陵部にいくつものため池がつくられ、大躍進期には大規模な雁田貯水池が建設された。これは、かつての集団化時代の典型的な産物であり、政府による極めて限られた投資のなか、人民公社による動員、ならびに個々の村民の尽力が当てにされた。最後に、主要な二用水路が建設された。丘陵部のため池と用水路の建設については、政府からの投資を必要としなかったが、貯水池にはわずかばかりの財政支援を受けた。なお、香港の人々への水供給をねらいとする「東深水供給事業」は、中央政府によって資金手当てがなされた。この事業は、まず周恩来《チョウエンライ》首相によって承認され、一九六五年三月一日に香港への水供給が正式に開始された。村は、一九八〇年代、水需要が高まるなか、給水塔を二ヵ所に設け、続いて石蚧の杉山に広大な浄水場を建設した。

一九五七年、雁田籍の香港同胞より、それまで電力供給がなかった雁田にディーゼル・エンジンが贈られ、初めて発電がなされた。一九六〇年代、村の集団は三ヵ所に水力発電所を建設した——まもなく、一ヵ所は廃止された——。工業発展にともなって電力需要が高まり、村の集団は株式制の発電所（「雁田発電廠」）を建設した。村の集団は株式を五〇％強、村民は一〇％、そして香港の個人投資家が四〇％弱を保有している。村民が必要とする電力の約七〇％は雁田発電廠から供給され、その他は「南方電網」より購入している。また、工業用電力の二五％は、雁田発電廠から送られている。二〇〇五年、初期投資は村の集団によってなされたが、南方電網の管理下に置かれる、大きな変電所が開設された。最終的には、さまざまな投資家が、みずからの工場での使用あるいは販売のために、工業区に発電所を建設した。今後、雁田の電力供給のあり方は、市場原理によって左右されることになろう。

中国の大半の村と比較すると、雁田は広範な道路網を有している。ほとんどの道路は、村の集団によって資金手当てされ、地方政府から支援を得たものはごくわずかである。個人投資家は道路整備に関わっていないが、外資は、道路建設・拡張事業に関して、忌憚のない意見を出している。近年、村の集団は、鎮政府からごく限られた支援しか得られないなか、一億九、八〇〇万元を村域内の道路整備に投じてきた。

註1　他の二モデルは、浙江省と上海市においてである。浙江モデルは、都市部の基本養老保険制度をまねたが、より低い保険料、加入基準とされている。いずれにせよ、納付金がわずかに下回っており、このことは、将来的には給付を進めるにあたって困難な状況をもたらすかもしれない。上海モデルは、特に流動者を対象とする総合的な制度で、保険料は比較的低い。その給付は少ない方であり、共同基金の一元化はより難しいであろう（China Development Research Foundation 2012, 60-61 を参照）。

註2　それらのうち、四都市は広東省の深圳、広州、珠海、東莞であり、本研究に関係している。このほかは、上海市、浙江省の慈渓、嘉興、山西省の太原、遼寧省の大連、吉林省の長春である（*South China Morning Post*, 2010/06/02 を参照）。

第六章　公的な提供から多元的なネットワークへ

――教育サービス

外資の流入、多くの外来者により、村の教育サービスにはすさまじい圧力がかかり、この農村コミュニティ内の多様なニーズに応える、いろいろな学校のネットワーク化が図られた。さまざまな形式の学校が開設されると、雁田ではほとんどの子どもが家庭環境に関わりなく学校教育を受けることができたが、その質や注ぎ込まれる資金はかなり異なっていた。極めて重要なことであるが、二〇〇八年以降、政府予算には、かねてよりのこの上なく甚だしい不平等を克服しようと、出稼ぎ労働者子女の就学に関わる諸費が計上されている。けれども、教員や学校施設の質に関して、差異が依然として残された。

経済改革の初期から、雁田は、基礎教育を単に政府の施策に委ねるのではなく、その多元的な教育機構において、おおかたの農村部よりも際立つ存在であった。雁田は、政府によって開設された公立学校、行政村によって運営されている集団学校、村の集団と個人投資家の共同出資による株式制学校、そして個人の全面的な出資による私立学校を有していた。このような構成は、雁田のなかのさまざまなニーズから生じた。雁田で事業を営む国内外の投資家は、たとえ学費が公立学校より高額であったとしても、自分の子どもを良い学校へ通わせたいと考えた。雁田村籍の村民も、みずからの子どもを良い学校に、特に村の集団によって営まれている、学費がそれほどかからない集団学校へ行かせたかった。大半の出稼ぎ労働者には、自身の子どもを、卓抜した精鋭の私立学校（〝貴族学校〟）へやる余裕も、村の集団が創設した、主として当地村民の子どもが学んでいる学校へのアクセスもなかった。二〇〇八年に新政策が導入される前、出稼ぎ労働者の子どもは、村の集団が設置した特別な学校（〝農民工子女学校〟）にならば通学することができた。

雁田における教育の歴史的発展

正式な教育機構など、始めはなかったものの、明代（一三六八～一六四四年）には、私塾と呼ばれる私設の教育形式が現れた(註1)。雁田においてこの私塾を最も早くに開いたのは、羅氏であった。鄧氏は、雁田にいたるや、羅氏のやり方を採り入れ、みずからの私塾を設けた。当初は、各戸が塾師〈私塾の先生〉を招いて子どもに教育を施した。その後、一親族の数家族が自分たちの子どもを集め、一緒に授業を受けられるようにした。さらに、これは、親族のすべての子どもを集めた授業へと発展した。ついには、いくつもの親族、ひいては村全体が学校を支援する資金などを出し合った。そして、教室は個人の家から公共施設へと移された。このようにして、正式な学校［学堂］が創設された。

清代（一六四四～一九一二年）の大方の時期、雁田では、親族によって営まれる私塾が主たる教育形式であったようだ。私塾は、東坊、南坊、西坊、北坊、布心、水貝、長表といった自然村で展開されていた。通常、一行政村には一〇あまりの私塾がみられ、それぞれが二〇人ほどの塾生を募集したことから、二〇〇人あまりに教育がなされていた。清代末、雁田には正式な学校、「祥盛学堂」が新たに設立された——当時、科挙を廃止して、学校を開設する全国的な運動が始まっていた——。この学校は、雁田で学齢期にあるほとんどの子どもを集めていた。教育年限について統一された規定はなかったものの、その大部分は祥盛学堂——四年制「初級小学」と二年制「高級小学」——で六、七年学んだ（Deng ed. 2003, 133）。ただし、初等小学から高級小学へ進む際には、試験に合格しなければならなかった。

経費に関しては、家族で私塾を開くなら、その費用はすべて各戸の自己負担とされたが、親族が私塾を営むとなれば、その費用は保護者（家長）と親族との共同負担とされた。家長が経費のほとんどを支払い、親族は共有地の賃貸しで得た収入から適当な補助金を提供した。家長は、塾師に報酬として、一定量の食糧もしくは現金（銀）を手渡した。清代末に学堂が創設されたとき、その運営費の大半は国庫負担であった。当時、こうした学校は、国家から平均毎年八〇〇両近くの銀を得ていた——一両は約五〇グラムに相当——。そして、不足分は村民が補填した。小学生には、主として文系教育がなされ、理工系の学習時間は基本的には設けられなかった。低学年は、『三字経』、『百家姓』、『千字文』、『増広賢文』などの伝統的な書物を学習した。高学年は、「四書」——『大学』、『中庸』、『論語』、『孟子』——を熟読した（註2）。

一九三二年、鄧紹庭など見識が高い四人の呼びかけに応じて、雁田に、当地の鄧氏始祖・鄧鎮田にちなんで名付けられた「鎮田学校」が創設された。この学校は、村の最も人口密度が高い区域にあり、二階建ての教室棟二棟、教職員の寄宿舎を兼ねた事務棟一棟、計三棟が配置された。

当時、教職員は七人、学童は、近隣の他村、さらには他鎮からも集まり、二〇〇人を上回った（Deng ed. 2003, 133）。鎮田学校の開設にあたり、資金源は、おもに石灰工場の収入で設立された「太公基金」からの支援、華僑からの寄付、そして学童の家長からの賛助の三方面であった。

鎮田学校は、抗日戦争（一九三七〜一九四五年）の間、活動停止を余儀なくされたが、戦後、一九四七年には再開した。一九四九年、新中国の成立後、鎮田学校は「雁田小学校」に改称された。一九三二年から一九四九年までの一七年間に、雁田ならびに近隣農村からの学童一、〇〇〇人あまりが鎮田学校を巣立ち、多くは広東省、ことに雁田の社会・経済発展において中心的人物になっていった。

一九五二年、国家は、元来は私立学校であったこの学校を接収し、公立学校にした。一九八五年以降、雁田に進出する外資系企業が増加し始めると、多くの企業家たちからは、自身の子どもが通えるような学校を近くで探したいとの声が高まった。そして、一人の企業家が、村の集団と私営企業が共同で出資する株式制〝貴族学校〟の建設に協力すると、雁田村の幹部に申し出た。その一方で、村内で増え続ける出稼ぎ労働者も、子どもの就学に関する問題を抱えていた。そこで、村の集団は、雁田小学校を基礎に、〝農民工子女学校〟の開設のために教育資源を寄せ集めた。その後、村の集団は、雁田村籍の子ども向けに別の学校を創設した。かくして、雁田に教育機関のネットワークが構築されていった。

雁田の公立学校

公立学校とは、その経費が国庫負担で、教員は国家より配属され、給与を支払われる学校をさす。一九四九年から一九八〇年代末までの四〇年間、基本的に、中国には私立学校がなかった。

一九四九年一〇月、中国共産党によって広東省が解放されたとき、鎮田学校は雁田小学校に改称された（註3）。一九五〇年、雁田小学校には一三人の教職員が配され、二八〇人の児童が集っていた（Deng ed. 2003, 286）。小学校は、校長、教務主任、教員代表からなる校務委員会によって管理された。もっとも、あらゆる管理業務は、地方政府（県、区、郷レベルを含む）教育主管部門の指針にしたがって進めなければならず、校務委員会が自主的な行動をとることはなかった。

一九五二年、鄧氏によって開かれたこの私立学校は、政府によって接収され、正式に公立学校とされた。そして、翌年には六年制の小学校として再編された。農村では比較的大きな小学校となり、その経費はおもに国家財政によって賄われ、郷政府ならびに村の集団からも適当な補助がなされた。学費はかなり低く、各児童は授業料・雑費（教材費を含む）として毎学期二元を納めるように求められるだけであった。学校の規模が比較的大きく、管理が良くなされていたため、政府に接収された後も近隣農村から多くの児童が雁田小学校へ通学していた。

一九六六年に発動された「文化大革命」は、学校の管理方法に根本的な変化をもたらした。校務委員会の職務は、学校に設置されていた「文化大革命指導小組」によって奪い取られた。当地の貧しい農民（貧・下・中農の代表）は、「貧下中農毛沢東思想宣伝隊」を結成した。この宣伝隊は学校に常駐し、学校の政治思想、教学活動を主管した。このような体制のもと、校長、教務主任、教員は、学校管理から手を引かざるを得ず、まったく意見を述べられなかった。また、教育管理体制から始まった変化は、教材や授業方法へと広がった。教材は、もはや中国教育部の画一的な管理によるのではなく、地方の教育主管部門、さらには各学校によっても開発された。教育内容は、基礎的な知識や原理の伝授から、農・工・医・軍の実践的な学習へと重点が移された。児童は、おもにサトウキビ、落花生、水稲の栽培や養豚、養魚に関する知識・技術を習得するため、教室から屋外に出た。なお、学校の農場においては、生産活動に直接携わった。

一九七〇年、「就学年限を短縮、教育に革命を起こせ」との毛沢東の指示にしたがい、雁田小学校は六年制から五年制へと短縮された。そして、村内で二年制の中学校教育を始めた。こうした学制は、一九八三年まで続いた（Deng ed. 2003, 287）。一九七六年、毛沢東が死去した後、彼の未亡人と彼女の取り巻き（四人組）が逮捕された（註4）。そして、一九七七年から、学校教育は徐々に正常化された。「文化大革命指導小組」は廃止され、「貧下中農毛沢東思想宣伝隊」は学校から立ち去った。校長は再び学校管理において中心的な役割を与えられ、子どもたちは基礎的な知識や原理を学ぶために教室へ戻った。

集団経済の発展にともない、一九八八年、村の集団は雁田小学校の整備に一七〇万元——教職員宿舎棟の建設に一二〇万元、教室棟（四階建て二五教室）に五〇万元——を投じることができた。一九九三年、村の集団は、小規模な教室棟の建設に七〇万元、最新の教育機器の購入、体育施設の改修、図書の拡充に四五万元を、さらに注ぎ込んだ（Deng ed. 2003, 287）。小学校は、長表、石蚧など、遠く離れた自然村からの通学問題を解消するため、四台のスクール・バスを配備した。

なお、これらのバスは、風崗鎮の学校で勉強していた雁田村の子どもたちも送迎した。

二〇〇三年九月一日、当地村民の子女向けに、村の集団が資金を投じた鎮田学校が正式に開設された。雁田村籍の子どもたちは雁田小学校から鎮田学校へ移され、雁田小学校は「雁田学校」と改称して、農民工子女教育にあてられた。

雁田村の集団が運営する学校

集団によって営まれる学校は、農業集団化が展開された一九五〇年代までさかのぼることができる。たとえそれが雁田村内に位置していても、運営主体は雁田大隊ではなく、この雁田大隊を管理していた塘厦人民公社であった。このような学校は、「社弁学校」（人民公社が運営する学校）と呼ばれた――たいていは中学校であった――〈人民公社は一九八〇年代初頭に廃止〉。一九八〇年代後半、集団によって営まれる学校が再び現れた。もっとも、今度は雁田村の経済が急速に発展する状況下であり、この行政村はまさに村の集団が運営する学校を創設した。ただし、国家レベルの政策転換を受けて、二〇〇六年九月、運営主体は政府に戻された。

一九五八年、集団によって運営される学校という初の試みが動き出した。当時、政府は公立学校と集団学校の「両足で歩く」路線を提唱していた。その政策のねらいは、整備を進めている公立学校（政府によって運営される学校）の着実な進展とともに、集団が営む学校の促進であった――これは、個人や民間団体が経営する私立学校の推進ではない――。同時に、人民公社運動の高まりのなか、農業の経営管理・研究に関わる人材が大いに求められるようになった。そこで、塘厦人民公社は、雁田大隊に集団によって運営される農業中学校――「紅旗中学校」――を創設した。この中学校は、風崗地区の各生産大隊から生徒を集めた。その初年度には、五〇人あまりの生徒が入学し、雁田の「南記堂口」を教室にした。教育課程は全日制で、国語、数学、地理、歴史のほかに、農業科学技術に関する科目が設けられていた。教室での学習、生産労働、科学研究（実践）が総合的なカリキュラムに組み込まれ、生徒は基礎的な理論・知識を学ぶとともに、農業生産・研究にも加わった。ただ、この中学校は、雁田に開設されてから一年後の一九五九年、県教育局によって進められた農業中学校再編のなかで、塘厦の紅旗中学校と合併させられた。

人民公社の時期、集団によって営まれる二番目の中学校が一九六五年に設立された。これも、公立学校教育ならびに集団学校教育の「両足で歩く」路線と、「二つの教育制度と二つの労働制度」という基本方針を掲げる政府の呼びかけに応じたものであった(註5)。風崗人民公社は、雁田大隊に「雁田農業中学校」を創設した――風崗に人民公社が設けられると、雁田は風崗人民公社のもとに組み入れられた――。この中学校は、初年度、三〇人を超える全日制の生徒を、風崗人民公社が管轄する各生産大隊から集めた。当地に駐留していた軍の兵舎を借りて教室とし、国語、数学、物理、化学などの基礎課程と、農業に関わる知識・実践課程を設けた。生徒は、基礎的な知識を半日学び、もう半日は農業生産や実践的な研究に従事した。二年後の一九六七年秋、第一期生が卒業した。その後、四〇人あまりの新入生が集められた。しかし、その生徒たちは文化大革命の大規模な政治闘争に深入りしていき、この中学校は活動停止を余儀なくされた。そして、再開されることは一度もなかった。

一九八〇年代、雁田村の経済力が高まるなか、一九八八年には村党支部書記の鄧耀輝が、村の集団による中学校の建設を提案した。これは、当地村民の子女がより近くで勉強できるようにすることと、何よりも雁田の長期的な発展に資する人材を確保するためであった。一九八九年、村の他幹部と村民の支持を得て、村の集団は、「雁田中学校」の建設に六〇〇万元あまりを投じた。これは、東莞市の農村部において、政府の資金に依らない初の中学校となり、多くの人々は〝民営雁田中学校〟と呼んでいた。正確には、それは私立学校ではなく、村の集団によって設立されたものであった。雁田中学校の名誉理事長には、村党支部書記・鄧耀輝、理事長には、西北師範大学入学・卒業後、広州師範学院にて多年にわたる教育業績を有する鄧志鵬が就いた。この中学校は、二〇人あまりの教職員を集めた――大部分は、広東省各地から採用された優秀な教育従事者――。村の集団は、校舎の建設資金を提供した。四階建ての教室棟二棟、六階建ての教職員宿舎棟一棟、四階建ての付属棟一棟が配され、延べ面積は一万平方メートルを超える。なお、図書室、閲覧室、物理実験室、化学実験室、言語実習室なども完備されていた。若干の例外はあるが、雁田中学校は、この村の生徒に加えて、「東深水供給事業管理局」に勤務する職員の子女のみ募集していた。初年度、七〇人あまりの生徒のために二クラスが営まれた。二年後、各科目で生徒は優秀な成績を収め、幾人もの生徒、そして雁田中学校自体が、地元の東莞市が設ける数々の賞に輝いた。

こうした名声が広まると、広州市を本拠地とする「茂華置業〈不動産〉有限公司」取締役会長・楊志茂は、村党支部書記・鄧耀輝との会談にて、雁田中学校を基礎に、より洗練された私立学校の設立を提案した。彼の構想は、海外から〝先進的〟な教育理念・方法の導入、二一世紀のニーズに応じた人材の育成、そして中国の教育改革における新たな方向性の模索であった。それゆえ、一九九三年、その学校名は「新世紀英才学校」とされた。このことは、同校を、商業化、市場化というまったく異なる発展の道筋に乗せた。

「新世紀英才学校」は株式制学校であり、高額な学費で、全国各地から生徒を募集した。これは、雁田村民にとって子どもの就学に大変多額の費用がかかることになり、朗報ではなかった。村の集団は、いくらか補助したが、それでも高くつく話であった。しかも、雁田村民の子どもと他地域からの子どもが同じ教室に混在している状況では、学校が地元の生徒向けに特別な教育サービスを提供しようにもむずかしくなった。そうした問題を受けて、村の幹部たちは、当地の生徒だけが通う新しい集団学校に資金を投じる決定を下した。二〇〇一年七月一五日に起工、二〇〇三年九月一日に開設されたこの新しい集団学校は、「鎮田学校」の名称を再び掲げた。

鎮田学校は――北坊と東坊の二村民小組が接する場所に設置された――、幼稚園、小学部、中学部を有する一貫教育校である(註6)。教室棟(四〇あまりの教室、二〇あまりの職員室、二〇を超える各種実験室、図書室、活動室)一棟、寮生のための宿舎棟一棟、教職員宿舎棟(四八住戸)一棟が設けられ、校内にはゴム系床材のトラックや各種体育器具を備えた運動場もある。建設費は三、五〇〇万元で(註7)、すべて村の集団の資金によって賄われた。筆者らは、村の集団が同校の主要な幹部の任命もしていたことを知った。鎮田学校は、その創設にあたり、教学計画の策定や教科書の利用については国家の規定にしたがった。しかし、これは村の集団が資金を注ぎ込んで開いた集団学校であり、まさに当地村民の子女のために営まれた。それにもかかわらず、雁田村民は、同校をなおも〝公立村営学校〟と呼んでいた(註8)。

二〇〇六年六月、私たちが鎮田学校を視察した際、鄧以諾教務主任が情報を提供してくれた。この学校の小学部は六学年、中学部は三学年、各学年には二クラスが設けられ計一八クラスで、在校生総数は六六〇人であった。雁田の当地子女に加え、外来者の子女も入学させていたが、おもに雁田の発展に重大な貢献をした人の子どもたちであった。たとえば、雁田で事業を始めた投資家、外資系企業の中・上級経営管理者、雁田で分譲集合住宅を購入した人、また軍務に就いていた人の子どもたちなどがみられた。授業料・雑費は、当人の身元によって変動する。地元の子女［普通生］は、毎学期二四〇元を納めた(註9)。一方、外来者の子女——一時滞在生［借読生］——は、普通生の三・五倍を超える八四五元を支払っていた。二〇〇六年、鎮田学校は、総計八〇人の教職員——教員五七人、教学支援職員二三人——を雇用していた。こうした教職員は、国家財政によらず、村の集団によって直接任用され、報酬が支払われていた(註10)。また、村の集団は、同校における管理業務の組織づくりや、その円滑な進展にも責任を負った。このように、鎮田学校は基本的に村の集団によって営まれた。

二〇〇六年より、中国は、農村部における初等教育の費用すべてを国家が負担することで、その無償化を図る大規模な運動を展開した。そうした望ましい政策が整ったなか、なぜ村の集団はみずからの予算から学校に資金手当てするのか。二〇〇八年七月、鄧景忠新教務主任は私たちに語ってくれた。開設からちょうど三年、村の集団は、鎮田学校を村が運営する学校から国家が運営する学校へ切り換え、また管理責任を村の集団から鎮政府へ移すように、東莞市の関係部門へ申請していた。目下のところ、農村の公立学校で中学校を営むところはなく、この転換は実施されたなら、鎮田学校の中学部が廃止されなければならないことを意味した。結果的に、二〇〇六年八月、村の集団は鎮田学校を農村の公立小学校として残し、その中学部については廃止と決めた。

資金的には、かなりの節約となった。村の集団は、その学校運営を支援するため、毎年三〇〇万元あまりを提供していたと、村の幹部たちは私たちに話していた。鄧景忠によれば、二〇〇八年、全校児童数は九四四人に増加し(註11)、それぞれの児童には毎学期一人あたり一、二〇〇元の費用を要した。授業料・雑費収入はわずかで、各種設備などの費用を加えると、実際には三〇〇万元を超える費用の多くが村の集団によって賄われなければならないところ、同校の管理が地方政府によって肩代わりされることは、村にとって大幅な節減となった。もっとも、農村教育に関わるすべての費用を政府補助金だけでやりくりできないことは明らかである。雁田は幸いにも経済的に豊かなコミュニティであり、村の集団は資金不足を補うのに必要な三〇～四〇万元を投じる余裕が依然としてあった。より貧しいコミュニティは、そのように恵まれてはいない。クリスティーン・ウォン(Wong 2007, 14, 17)は、授業料・雑費の徴収を取りやめ、初等教育に要する経費を交付金で賄う方式へ切り替えることは、実のところ、地方政府に収入不足をもたらしかねないと記している。中央政府からの補助金は、地方政府が教育に関わるさまざまな費用徴収から得ていた収入のごく一部を埋め合わせるにすぎない。当初の補助金は、小学生には一四〇元、中学生には一八〇元であった。しかし、新プログラムが始まる前、その経費ははるかに高く、彼女が調査した学校のうち一校では、一人あたり一、〇〇〇元であった。

二〇〇八年、在校する児童九四四人のうち、一二三人は雁田村籍であった。二二三人は〝住居購入家庭児〟(父母は地元住民ではないが、雁田にて分譲用住居を購入)、〝工場経営家庭児〟(父母が工場を経営)、もしくは、〝貢献家庭児〟(父母が、雁田の発展に著しい貢献)に分類された。その他の五九八人は、出稼ぎ労働者の子どもで、しばしば新世代の「新莞人」(新東莞人)と呼ばれた。

二〇〇八年、鎮田学校は、地元の児童と、〝住居購入家庭児〟、〝工場経営家庭児〟、〝貢献家庭児〟からは、健康診断のために毎学期一人あたり六元を受け取るだけで、その他の費用は免除していた。一方、「新莞人」は、授業料・雑費（教材費を含む）として毎学期九三六元を納めていた。

入学にあたっては、雁田の地元児童は、無試験で自動的に認められた。「新莞人」の子どもたちについては、状況が異なり、厳格な面接を経なければならない。面接で不合格になれば、出稼ぎ労働者子女向けの「雁田学校」への通学という選択肢のみになる――元公立の雁田小学校は、〝農民工子女学校〟に転換され、「雁田学校」と改称。小学生に加えて、中学生も募集――。このように、地元の児童、〝住居購入家庭児〟、〝工場経営家庭児〟、〝貢献家庭児〟と、一般的な出稼ぎ労働者子女との間には、入学基準、授業料・雑費などに明らかな違いがみられる。

二〇〇八年、鎮田学校の教員六五人のうち、広東省出身は十数人に止まり、その他は一〇省・市――大半は湖北省、湖南省――から来ていた。教員はすべて、正規の師範学院にて専門教育を受けていた。教員の半数は「優秀教師」に選ばれたことがあり、二〇％は「特級教師」として表彰されていた。こうした教員たちは、他所の教員よりも高い報酬を得ていた。たとえば、小・中学校教員の平均年収は、東莞市で六万元、風崗鎮では七万元であったが、鎮田学校の教員は八万元近くを手にすることができた。

鎮田学校の幹部ならびに教員は、座談会において、いくつかの課題を指摘していた。第一に、学校の自主権が限られていた。概して、教員は、学校によってではなく、おもに村民委員会によって任命された。その結果、教員の一部は力量に欠けるとみられていた。第二に、学校では基礎的な学理の指導は重視されていた。しかし、体育や芸術などの分野にて、児童の興味・関心への対応は十分になされていなかった。施設の整備も遅れ、児童はバスケットボール、絵画、中国将棋、ピアノなどを学べる場がなかった。そこで、家長は、そうした活動のため、週末には子どもを深圳市まで車で送り迎えしなければならなかった。第三に、外来家庭の児童に対しては、待遇に差異があるだけでなく、多くの点で差別さえみられた。第四に、学校の幹部たちのなかには、各級政府機関への報告書の準備、説明といった形式的な作業にあまりにも多くの時間を取られたと愚痴をこぼす者もいた。学校の幹部と教員は、村の集団が学校に一段と大きな自主権を認め、学校の幹部が学校管理と教学活動に一層専念できるように、余計な手続きがなくて済むことを願っていた。

二〇〇六年九月、東莞市と鳳崗鎮政府は、雁田村民委員会からの申し出を受諾し、正式に鎮田学校を〝公立村営学校〟から正真正銘の「公立学校」へ転換した。かくして、雁田で村の集団が運営する教育の歴史に幕が下りた。このことは、入学者数のさらなる増加をもたらした。地元の子ども、特別な三区分の子ども——〝住居購入家庭児〟、〝工場経営家庭児〟、〝貢献家庭児〟——に加えて、父母が当地の公安派出所ならびに病院に勤務している家庭の子どもにも、同等の地位が与えられた。村の集団の経済的な負担は、毎年およそ四〇〇万元から毎年五〇万元ほどになり、かなり軽減された。

出稼ぎ労働者子女向けの雁田学校

二〇〇三年九月一日に開設された鎮田学校の整備にともない、既存の公立雁田小学校は使われなくなっていった。出稼ぎ労働者の子どもが直面している就学問題への取り組みがまだなされていなかったことから、雁田村は、風崗鎮政府と協議を進め、東莞市政府の許可を得て、雁田小学校を「新莞人」なる出稼ぎ労働者の子女教育にあたる学校へ転換することを決定した。二〇〇三年、依然として同校には一部分の地元の子どもが通学していた。しかし、その数は徐々に減少して二〇〇五年には五年生一人だけとなり、二〇〇六年には完全にいなくなった。東莞市、風崗鎮、そして雁田村のさらなる協議を経て、最終的に、この学校は〝民間が支援する公立学校〟と規定されることになった。「風崗鎮文化教育事務室」が政府を代表して管理にあたり、校名は雁田小学校から「雁田学校」に改称され、風崗鎮において農民工子女教育を目的とする最初の学校となった。雁田学校は、教室棟（職員室を含む）三棟、教職員宿舎棟三棟、図書室（二七、〇〇〇冊）、情報処理室（コンピュータ六〇台）を備えていた。

公立学校であるなら、国家の教育計画を順守することを求められる。さらに重要なことに、政府は、そうした学校の運営を支援するため、必要な資金を提供しなければならない。現実は、違っている。村の集団は、学校の校舎などを無償で差し出した。そして、毎年、一定の資金援助も行っている。〝民間が支援する〟とは、学校の運営費が部分的に民間から、おもに授業料・雑費からもたらされることをいう。この学校は、小学生には毎学期八八五元（教材、健康診断、制服など、雑費として二一〇元を含む）を課した。年間一、七七〇元である。中学生は、二〇〇三年、二〇〇四年には、毎学期一、四〇〇元（雑費を含む）を、二〇〇五年には毎学期一、六〇〇元、年間三、二〇〇元を納めた。二〇〇六年を例に取れば、計四〇クラス（小学一～六年生は各学年六クラス、中学一～三年生は各学年二クラス）(註12)、在校生の総数は二、二二二人であった(註13)。同年の授業料・雑費をみると、学校は児童・生徒からほぼ五〇〇万元を受領していた。ところが、風崗鎮政府からは一〇〇万元、雁田村の集団からは三〇万元、計一三〇万元しか得られなかった——風崗鎮政府からの経済的な支援は、当初の五〇万元から増えていた——。このように資金源からみると、雁田学校は〝公的な支援を得ている民営学校〟と表現する方がより的確であろう。

二〇〇七年九月、この学校は、外来者の子女も地元の子女と同じように処遇される公立学校へ完全に切り換えられた。理論的には、学校の運営費は政府——特に鎮政府——によって解決されるべきである。しかし、実際には、たとえ鎮政府による経済的な支援が二〇〇八年一月一日から年間一八〇万元にまで引き上げられたとしても、その額では必要とされる総額よりもまだかなり少なかった。在校生が納める授業料などは、依然として主たる資金源であった。私たちが入手した最新の情報によると、二〇〇九年九月から、小学生、中学生ともに、授業料と教材費を免除されたが、制服費はそうではなかった。

二〇〇八年、この学校はほぼ一〇〇人の教職員を有していた。教員は八三人で、そのうち一九人は政府財政から給与を支給される正規教員［公弁教師］で、残り六四人は代用教員であった(註14)。教員の五六％は高等専門学校以上、三二％は中等専門学校の課程を修了していた。二〇〇八年、正規教員の平均給与は約七万元であった。代用教員は、学校から——つまるところ、在校生が納めた授業料・雑費から——、平均約五万元を得ていた。

株式制〝貴族学校〟——新世紀英才学校

新世紀英才学校は、雁田村の集団が運営していた雁田中学校を基礎に創設された寄宿制学校である。公立教育サービス——特に質の高いサービス——が、雁田、風崗、さらには珠江デルタ全域にわたり慢性的に不足していたため、雁田の幹部たちは、さまざまな家庭環境の子女に、より優れた、さらに多様な教育サービスを提供しようと、私営企業との連携の可能性を探った。

一九九三年、雁田村党支部書記・鄧耀輝は、広州市を本拠地とする「茂華置業〈不動産〉有限公司」取締役会長・楊志茂と、「東莞市新世紀科教拓展〈科学教育開拓〉有限公司」を共同で設立することに合意した。彼らは、そうした教育公司を通じて、幼稚園から高校まで一貫教育を提供する、この上ない民営寄宿制学校——新世紀英才学校——の開設に投資した。この取り組みは、東莞市政府によってただちに許可された。新世紀英才学校は、先に村の集団が運営していた雁田中学校をもとに開かれたので、村の集団は、新しいこの学校に土地の一部や基本的な既存施設を提供することにした。学校建設の初期（一九九三年）、幼稚園、小学部、中学部が設けられた。一九九七年、中学部は拡張された。同校は、教室や職員室に加えて、図書室（六万冊あまりを所蔵）、閲覧室、情報処理室、音楽室、美術室、実験室、屋内運動場など、三八の特別教室・施設も備えていた。一九九三年に一億二、〇〇〇万元が注ぎ込まれ、一九九七年の中学部拡張に際して、さらに六、〇〇〇万元が投じられた。

一九九三年の村の集団と茂華置業有限公司との合意にしたがって、村の集団は新世紀科教拓展有限公司の株式を三〇%取得した。これは、旧雁田中学校の土地、有形・無形資産をもとに算定された。楊志茂は、残りの株式七〇%を取得した。鄧耀輝は当該公司の取締役会長になり、楊志茂は取締役副会長であった。新世紀英才学校は、「取締役会長指導下での校長責任制」を導入した。これは、取締役会が校務委員会の委員を任命し、職務について指示を与えることを意味した。取締役会は、学校管理者として地元の村民ではなく、幾人もの専門家を採用した。たとえば、初代の校長・胡百良、副校長・陳心五、張貴和は、すべて雁田村外出身者であり、長年にわたり教育業務に従事していた。

一九九四年九月一日、新世紀英才学校が正式に開設された。入学者はもとより、教員も全国から集められた。これは〝株式制民営学校〟であったため、国家は何も投資せず、給与も支給しなかった。学校のすべての資金的ニーズは、当該公司によって——すなわち授業料などを通じて——解決された。当時、新世紀英才学校は、その発展に向けた資金を整えるため、在校生の家長に積立金を課した。具体的な方法は、次の通りであった。

(1) 一九九四年九月一日から、家長は自分の子どもを小学部、中学部、高校部へ通学させるにあたり、積立金として、それぞれ二〇万元、一八万元、一五万元を納めた。

(2) この積立金は、その子が高校部を卒業するまで、新世紀英才学校——ならびに、本校を営む当該公司——によって活用されることになった。高校部卒業時、新世紀英才学校は元金を無利息で家長へ返した。

(3) 積立金に加え、教育の段階や寄宿施設の利用に応じて、子どもを学ばせている家長は授業料・雑費を納めた。幼稚園は、一クラスを三〇人として募集していた。通園児は毎学期四、〇〇〇元、寄宿園児は二倍の八、〇〇〇元であった。小学部は、一クラスが四〇人で、すべて寄宿児童であった。一年生から三年生までの児童は毎学期八、八〇〇元、四年生から六年生までは毎学期九、三〇〇元であった。中学部は、一クラスが三五~四〇人で、生徒の八〇%は寄宿生であった。通学生は毎学期三、八〇〇元であったが、寄宿生は毎学期九、〇〇〇元（食費を含まず）であった。ただし、学業成績が優秀な生徒については、（風崗鎮から毎年九〇人のみ）特待生として毎学期一、〇五〇元になった。高校生には、計画枠募集生――東莞市が策定した計画にしたがって募集された生徒――と、計画外募集生――政府の計画外で募集された生徒――の二種類があった。それらは、おおよそ同数であった。計画枠募集生は毎学期一、一五〇元で、さらに寄宿費が二二五元であった。計画外募集生は毎学期九、〇〇〇元であったが、学業成績が優秀な四〇人については、毎学期六、〇〇〇元（雑費別）になった。高校部は、一クラス四五人であった。

(4) 地元の子女は、いずれの学年でも毎学期三、〇〇〇元であった。そのうち二、〇〇〇元は村の集団が負担し、残りの一、〇〇〇元はその子の家長が納めた。しかし、二〇〇七年以降、村はそうした二、〇〇〇元の支払いを止めた。ただ、地元の子女、ならびに、〝住居購入家庭子女〟、〝工場経営家庭子女〟、〝貢献家庭子女〟については、同校より毎学期五〇〇元の授業料免除を受けられた。

人材育成に加えて、楊志茂と村の集団はその教育公司が成長して上場企業となることも期待していた。アジア金融危機に見舞われた一九九七年、そうした見通しはまったく立たなかった。雁田村の集団は、出資持分の譲渡により四、〇〇〇万元とされる対価を一括で受け取り、当該公司から手を引いた。そして、それは、楊志茂によってすべて所有される私学教育公司に転換された。その後一九九九年半ば、アジア金融危機の影響を緩和するため、広東省政府によって打ち出された新たな政策は、資金調達メカニズムに大きな衝撃を与えた。教育積立金を課しているすべての民営学校は、在校生の家長にその積立金を返し、これからは、一括前払いで受け取るのではなく年間ベースで負担を求めることとされた。この新政策にしたがって、新世紀英才学校は積立金を家長に戻し、年会費に切り換えた。郭主任によれば、新世紀英才学校は、二〇〇七年に損益均衡を達成した。同年、授業料・雑費収入は総計三、〇〇〇万元近くになり、在校生一人あたりの費用は一二、〇〇〇元――減価償却費を含めると一四、〇〇〇元――であった。小・中学部教育ではいくらか利益をあげたが、幼稚園・高校部教育では赤字を出した。

この学校は、大変人気があり、開設一年目（一九九四年）には、一、四〇〇人あまりの子女と、一八〇人の教員を含む、四〇〇人近い教職員を全国各地から集めた（Deng ed. 2003, 295）。後に、在校生数は二、二〇〇人に増加した。そのうち五〇人あまりは外国人留学生――おもに韓国から――であった。開校されたころ、大多数の子どもは東莞市から、そしていくらかは近くの深圳市、広州市、恵州市などからも来ていた。さらに同校は、香港、マカオ、台湾、そして韓国からも、一〇〇人あまりの子女を集めていた（註15）。発展するにつれて、在校生の出身地構成はかなり変化した。東莞市からはわずか一〇%に止まり、「新莞人」が八〇%あまりを占めた。新世紀英才学校で学ぶ地元の子どもはあまりいない。たとえば、二〇〇六年、小学生七一九人のうち、当地村民の子女は三一人（四・三%）にすぎなかった。

二〇〇七年、新世紀英才学校は、四〇一人の教職員を有していた。そのうち、教員は二二〇人

——中学・高校部一〇〇人、小学部七五人、幼稚園四五人——で、職員は——守衛、調理員、事務員など——一八一人であった。教員の九〇%は、湖北省、湖南省、江西省、黒竜江省など、他省出身者であった。資格に関して、小学部教員は、高等専門学校以上の教育学科を卒業していることが求められた。中学・高校部教員は、少なくとも教育学士を有していることが期待された。そして幼稚園教員は、専門的な研修を受けていなければならなかった。新世紀英才学校のすべての教職員は、任期付契約で集められていた。したがって、多くの教職員は、特に大半の教員の戸籍は、依然としてそれぞれの郷里に置かれていた。なかには、東莞市人材センターへ人事書類を正式に移した者もいた。また、一部の教員は、定年退職後に副収入を得ようと着任していた。教員の平均年収は、幼稚園で三万元ほど、小学部で五万五、〇〇〇元、中学部で六万元あまり、高校部では七万元あまりであった。

新世紀英才学校の教育理念も、時が経つにつれて変化した。当初、新世紀英才学校は、二一世紀新型人材の育成をはかり、小・中・高校教育改革への新たな道筋を模索するため、世界各地の成功事例と歩調を合わせることにねらいを定めた。二〇〇一年には、この学校は、「人を中心に、個性を伸ばす、質・効率性の高い教育」という新たな理念を掲げた。それから、同校は、その教育を経済的に豊かな家庭子女のニーズに、より一層合わせようと試み始めた。

新世紀英才学校は、その創設以来、大成功を収めてきた。多くの児童・生徒がさまざまな賞に輝き、新世紀英才学校は、二〇〇三年、「広東省十佳〈トップ一〇〉民営学校」の一校に、また「全国中小学公民道徳教育実験学校」にもなるという栄誉を手にした。

個人が創設した私学での基礎教育

風崗鎮ならびに雁田村の幹部や教員への聞き取り調査から、質の高い教育への根強い需要があることは明らかである。風崗鎮は、当地戸籍の人口が二万人あまりにすぎないが、外来人口は五〇万人を超えている。公立学校は、その地に戸籍登録されている人口をもとに計画される——したがって、その地に戸籍登録されていない人口は、当地の国家公立教育計画から除外されている——。要するに、出稼ぎ労働者は、子女を通わせられる私立学校を探し出さなければならない。風崗鎮の場合、計画にそって進められる公立教育部門は、当地戸籍の人口二万人をもとに、八、〇〇〇人を就学させられるだけであった。そもそも、二万人ともいう外来人口の子女は、公立教育にアクセスできなかった。雁田村の状況も、風崗鎮と似通っており、こうした状況は珠江デルタ全域で普遍的にみられる現象であった。これは、中国における経済・社会的変動のなかにあって、驚くべきことではない。そして、それは教育へのアクセスの膨大なニーズを生み出してきた。国家が公立教育への支出を増やす優遇政策を導入し、雁田村の集団が、集団教育を推進するため、それへの投資を増加させ、私営企業とのパートナーシップにより教育公司を設立するなか、個人が創設した私立学校の発展にも大きな進展がみられた。

個人が創設した私立学校は、雁田において、一九九〇年代に初めて現れ、教育への高まる需要に応じて発展してきた。二〇〇六年、風崗鎮政府は、標準化管理を進めるため、雁田村所在のそうした私立学校すべてを全面的に検査し始めた。この検査に合格した学校には、経営許可証が交付された。また、不合格であった学校は、定められた期間内に、基準を満たすように強く求められた。期限までに基準を満たせない学校は、閉鎖された。雁田では、私立小学校四校、私立幼稚園八園だけが残り(註16)、個人が創設した私立学校数は急激に減少した。このような私立小学校の授業料・雑費標準額は、東莞市当局が設定した毎学期一律七五〇元とされていた。それゆえ、学校は利益をあげようと、経費削減はもとより、より大勢の児童を募集しよう取り組んできた。これらの学校は、いずれも出稼ぎ労働者の子女を集めた――地元の子どもは、実のところ、誰もこうした学校に通学していない――。

村を散策していると、いくつかの個人が創設した私立幼稚園に出くわす。幼稚園は学費をより高額に設定できることから、多くの場合、小学校よりも格段に利益があがる。一般的に、子どもを幼稚園に通わせるには、家長は少なくとも毎学期二、〇〇〇元を納めなければならない。比較的良い幼稚園であれば、その費用は三、〇〇〇元さえも超えるかもしれない。企業は、従業員の子育てに関わる心配を和らげるため、自社の幼稚園設置に資金を投じた――たとえば、嘉利集団によって開設された嘉利幼稚園など――。また、新世紀英才幼稚園は、新世紀英才学校の重要な構成要素である。雁田村の集団が新世紀英才学校から手を引いた後、新世紀英才学校と新世紀英才幼稚園は、楊志茂の私学教育事業の中核を成している。

私立幼稚園は、市場環境のもとで生き残り、発展してきた。小・中・高校と同様に、さまざまな社会的地位の人々が子女を相応の幼稚園へ通わせている。たとえば、地元の村民は、子どもを新世紀英才幼稚園や童宇幼稚園へやり、出稼ぎ労働者は、その他のいろいろな幼稚園に行かせていた。むろん、選択に際しては、費用がおもな要因であったが、社会的地位への自覚も大いに関係した。

まとめ

急速な発展と著しい変動にともない、雁田はもはや昔ながらの村ではない。商売、出稼ぎ労働、営農を目的とする外来者の流入は、人口の劇的な増加につながり、教育を始めとして、各種サービスの供給不足を招いた。村の幹部によると、雁田には出稼ぎ労働者の子女が五、〇〇〇人あまりいた。国家の教育立地計画にそって、いくつかの行政村が公立小学校一校を共用することも多い。公立の学校教育は、明らかに、雁田ではその教育需要にとても応えられていなかった。唯一の成し得る方策は、公立学校、集団学校、個人投資家と集団の共同出資による株式制学校、個人が創設した私立学校の多元的なネットワークづくりという、そうした仕組みの多様化であった。最終的に、外来者の子女五、〇〇〇人あまりは、学校に居場所をまさしく見出した。さらに、教育の質は、低下ではなく向上している。

もっとも、そうした多元的なネットワークには、結びつきが明らかに脆弱な部分もある。とりわけ危ういのは、提供される教育の質に差異が存在することである。さまざまな家庭環境の子どもが、教育サービスの甚だしいばらつきを経験的に感じ取った。たとえば、新世紀英才学校については、在校生のほとんどが高収入家庭の子女であった。鎮田学校は、雁田村籍もしくは当地の発展に大きく貢献した有力投資家の子女を集めていた。雁田学校は、入学者のすべてが出稼ぎ労働者の子女であった。したがって、これら三校の施設・設備には相当な格差がみられる。

二〇〇六年、私たちの実地調査によれば、在校生一人あたりの敷地面積、床面積、コンピュータ台数は、新世紀英才学校が雁田学校より、それぞれ一六倍、一二・六倍、五倍も上回っていた。同年、一クラスの人数に関しては、新世紀英才学校が三四人、鎮田学校が三八人、雁田学校が六〇人であった(註17)。

二〇〇六年の実地調査は、経済状態も明らかにした。新世紀英才学校では、授業料・雑費総収入が七〇〇〇万元を超え、鎮田学校は、雁田村の集団より寄せられた三〇〇〇万元を含め、四〇〇〇万元を上回る総収入を得ていた。一方、雁田学校は、授業料・雑費総収入一八〇〇万元ほどを手にしているだけであった。新世紀英才学校の在校生数は、雁田学校とほぼ同数で二、〇〇〇人あまりであったが、新世紀英才学校の授業料・雑費総収入は雁田学校の約四倍に達した。鎮田学校の在校生数は、雁田学校の半数足らずであったが、その運営費は雁田学校の二倍を超えた。教員をめぐっても、際立った違いがあった。二〇〇六年、教員一人あたり在校生数は、新世紀英才学校一五人、鎮田学校一二人、雁田学校二八人であった。また、教員の資質に関しても差異がみられた。同年、学士を有している教員の割合は、新世紀英才学校では六七・三%、鎮田学校では四五・〇%、雁田学校ではわずか八・一%であった。しかも、雁田学校で学士を有する教員は、より良い仕事に移りがちで、おもな原因はこれら三校間の大きな教員収入格差であった。二〇〇六年、教員の平均年間収入は、新世紀英才学校でほぼ六万～七万元、鎮田学校で五万元、そして雁田学校では四万元に満たなかった。

中国農村部の雁田にて独占的であった公立教育部門は、多様な手立てで資金手当てがなされる多元的なネットワークへと転換されてきた。雁田においては、村の集団や個人投資家による尽力が、当地の不足する教育サービスを補う重要な要因となった。もっとも、供給は増えたが、公平な教育サービスの提供という課題は解決されていない。教育改革のさらなる深化にあって、重大な課題となっている。私たちは、先の実地調査から、政府、集団組織、株式制企業――教育公司――、個人投資家の間の、より良い協力とより緊密な関係が、そうした課題に立ち向かう上で、実行可能な解決策を提起すると考える。雁田のような地区での取り組みでは、そのネットワーク化された教育機構が地元村民の子女だけに止まらないサービスを提供し、政府の調整が重要な役割を果たしていた。

註1　「私塾」は、官立、公立学校とは異なる、民間の旧式教育機関であった。それは、一種の私学であり、中国固有のもので長きにわたる伝統を誇っていた。春秋時代（前七七〇～前四〇三年）に現れ、形態としては個別指導であった。人々は、孔子〈前五五二／一～前四七九年〉が郷里の山東省曲阜で開いた個人の講座を私塾と呼び、孔子は最初の名高い塾師〈私塾の先生〉となった。私学である私塾は、公的な制度に則った教育を補うものとして続けられてきたが、一九〇五年に廃止された。もっとも、その後もしばらくは影響力を維持していた。それは、伝統文化の浸透と教育振興の進展に重要な役割を果たした。私塾は、その資金源によって、〈一〉豊かな家庭が塾師を招いて家で学ばせる「坐館」や「家塾」、〈二〉村や親族集団が資財を提供し、塾師を招聘して、貧しい家庭の子どもを学ばせる「村塾」や「族塾」（「宗塾」）、〈三〉塾師がみずから開設した場所で教え、塾生より授業料を徴収した「私塾」や「門館」（「教館」「学館」「書屋」）の三タイプに分けられる。私塾はたいてい小規模で、塾生は二〇人以下であった（詳細は、http://baike.baidu.com/view/42498.htm?fr=ala0. に記載されている）。私塾の段階的廃止については、鄧鵬（Deng 1997）を参照。

註2　これらは、「四書五経」の四書で、儒教枢要の書ととらえられている。最初の『大学』と『中庸』については、『礼記』から選ばれた二編である。『論語』は、孔子の言行録である。そして、『孟子』は、戦国時代の思想家・孟子〈前三七二年頃～前二八九年頃〉の言行を記した書である。

註3　一九四九年一〇月一日、中華人民共和国の建国が北京で宣言されたものの、人民解放軍による広州解放は二週間後の一〇月一四日であった（Vogel 1980, 41 を参照）。

註4　一九七六年一〇月六日、「四人組」は逮捕され、文化大革命の急進的な教育政策を推し進めたとして批判された。

註5　劉少奇は、それを一九五八年に提起し、一九六四年にその考えを改めて表明した。「二つの教育制度」とは、全日制教育制度と、半工半読あるいは半農半読の教育制度を指した。「二つの労働制度」とは、全日労働制度と、半日労働・半日学習の制度を指した。後者の制度下の学校は、「耕読学校」と呼ばれた。半日の生産労働には、工場での作業も含まれた。一九六五年には、中国全国に半日制の中等専門学校が七、二九四校あり、在校生は一二七万人であった（Tsang 1991, 70を参照）。

註6　鎮田学校は中学部を有していたが、高校部はなかった。中学部を卒業した者は、学業成績に応じて、風崗鎮の普通高校や華僑高校へ進学できる。一部は、雁田村の新世紀英才学校へ通う選択をしている。

註7　これには、学校建設用地にかかる費用や、建設完了後の毎年二〇〇万元を超える追加投資は含まれていない。二〇〇三年から二〇〇八年に、村の集団はおよそ一、〇〇〇万元の追加投資を行っていた。

註8　この学校は、名目上は公立学校であるが、実際には雁田村の集団によって運営されていた。

註9　毎学年、春学期と秋学期の二学期制となっている。

註10　教員の平均年収は、およそ五万元であった。

註11　その年の教職員数は八五人で、そのうち教員は六五人――正規教員は三三人――であった。

註12　中国にて中学校の標準的な修学期間は三年間である。ともかく、この学校は、中学校の卒業証書を授与する資格を有していなかった――そうした申請は、上級主管部門に承認されていなかった――。それゆえ、中学三年生のクラスを設けられなかった。生徒は、中学二年生を修了後、みずからの進路を見出さなければならなかった。比較的豊かな家庭の生徒は、通常、私立の新世紀英才学校中学三年生への編入を考えた。生徒のなかには、中学三年生に進級するために帰郷する者もいた。また、一部の生徒は進級をあきらめ、雁田の工場に職を求めた。この学校の中学部は、その小学部の卒業生でほぼ満たされていた。成績が優秀な児童（二〇人あまり）は、小学部を修了後、風崗鎮の華僑中学校や、新世紀英才学校への進学を選んだ。一方、大多数は、中学校教育を受けるため、雁田学校に留まった。雁田学校は特殊な学校で、中学部への進級者の比率を状況に応じて決定できた。通常、こうした学校は、教員、教室、施設数の制約にともない、児童の半数にだけ中学部への進級を認めていた。

註13　そのピーク時には、在校生総数が二、四〇〇人に達した。しかし、二〇〇九年には減少して、春学期には一、七九二人となった。そのうち、六〇%は広東省内からで、大半は汕頭市と潮州市からであった。東莞市内からはわずか一〇人ほどであった。

註14　通常、代用教員は学校と単年契約を結んでいた。

註15　香港、マカオ、台湾からの子女は国内の子女と同レベルの授業料を納めていたが、韓国からの子女はそれよりも高額を支払っていた。

註16　それらは、私立小学校については、才華小学校、銀星小学校、徳力小学校、康龍小学校であった。私立幼稚園は、新世紀幼稚園、童宇幼稚園、童欣幼稚園、銀星幼稚園、康龍幼稚園、金星幼稚園、金揺籃幼稚園などであった。

註17　二〇〇六年、雁田村の教育管理に関わる実地調査のおもな参加者は、胡必亮、李国祥、李玉祥、劉紅禹、魏培莉、靳文麗、胡笛であった。ここに用いた資料は、ほとんどが靳文麗によって整えられた。

第七章　同じ村でありながら別の世界
――雁田の医療衛生サービス

経済改革は、中国農村部の医療衛生サービスに劇的な影響を及ぼし、治療費の大部分は自己負担となって、以前からの不平等を悪化させた。二〇〇三年、そうした問題に改めて関心が寄せられるまで、中国農村部では、医療衛生サービス施設・提供者は退歩した。「郷鎮衛生院〈診療所〉」の病床数は、一九八〇年の七八万床から二〇〇六年には六九万床にまで減少したが、二〇〇八年には八五万床に増加した。農村の住民一、〇〇〇人あたりの病床数は、一九九〇年の〇・九五床から二〇〇四年には〇・七六床という低さにまで落ち込み、二〇〇八年には〇・九六床に上昇した(http://www.moh.gov.cn/open/publicfiles/business/htmlfiles/zwgkzt/ptnj/year2009/t-3.html)。また、医療保険の加入者も激減していた。農村の集団組織が解体され、加入率は一九七九年の八〇％から一九八七年にはわずか二％にまで下落し、一九九七年には六・五七％に持ち直した(Zhongguo nongcun 2000, 21)。一九九七年以降、僅少な加入率が上向き、穏やかな改善が初めてみられたが、二〇〇三年には「新型農村合作医療制度」が導入された。この新制度では、重篤な疾病と医療費に起因する貧困という二大問題への対処が意図されていた。このような制度の再整備にともない、加入率は急速に伸びた。公表されているデータによれば、農村部において、その加入率は二〇〇四年の一〇・八％から二〇〇七年には七五・〇％へと上昇し、二〇〇八年末には九一・五％に達した（http://www.moh.gov.cn/open/publicfiles/business/htmlfiles/zwgkzt/ptn/year2009/t-3.html）。これらと同じような傾向は、雁田の医療衛生サービスにも見て取れる。

改革の時代、さまざまな医療衛生サービス施設が現れた。現今、地元村民と流入者を合わせた八万人に対して、公立病院——鳳崗華僑医院雁田分院——、公立「コミュニティ衛生〈医療衛生〉サービス・センター」、規模の大きな私立病院——広済医院——、一七ヵ所の個人診療所、約五〇ヵ所の無認可個人診療所、そして一〇店あまりの個人・国有企業の薬局がみられる。

雁田では、一九五〇年代初頭、すべての医療衛生サービスは、三ヵ所の個人診療所——馮永怡診療所、龔瑞龍診療所、李振新診療所——によって提供されていた。こうした個人診療所は、小規模ではあったが、西洋医療と伝統的な中国医療を施していた。しかし、一九五四年に合作化がひとたび開始されると、それら三ヵ所の個人診療所は、一ヵ所の連合診療所——医療従事者は五人——にまとめられた。この制度では、依然として医療費がかかったが、一九五八年に人民公社運動がいったん始まると、雁田は自己負担の必要がない公費医療を導入した。しかし、これは長続きしなかった。公費医療が開始されてまもなく、村の集団はそれにともなう重い財政負担に耐えられず、取りやめとなった。一九六〇年代に入ると、農村部は合作医療制度を導入するように指導され、雁田においても新たな試みが行われた。農民は、一人あたり年間二～三元を納めるだけで、医療・医薬品費が無料になった——ただし、通院時には毎回五分〈〇・〇五元〉の受付料を求められた——。そうした費用の差額については、生産大隊が負担した（Deng ed. 2003, 309）。

またしても、当該集団にとっては財政負担があまりにも大きくなり、一九七六年より雁田村民の診療に関わる費用は全額自己負担となった。

中国農村部の他所と同様に、幾人かの若い農民は、短期研修を通じて、いくばくかの医療的な知識を取得し、臨床実習の後に、村民に診療を施すことが許された。こうした人たちは、「はだしの医者」と呼ばれた。村の医者として、彼らは賃金ではなく労働点数を受け取り、それぞれの生産隊の福利分配に加わった。結果的に、雁田にてこのような「はだしの医者」は、集団医療衛生の最前線を担う主力となった。

一九八〇年代に入ると、外国からの投資家の流入により、大きな変化が生じた。農外雇用の増加は、当地農民の収入を高め、さらには、おもに中国内陸部から多数の出稼ぎ労働者を引き寄せた。これは人口の急増を招き、医療衛生サービスへの需要も膨らんだ。雁田においては、合作医療制度の下でのわずかな医療衛生資源では、そうした新たな需要をとうてい満たすことができなかった。それゆえ、政府のより大きな関与、私営部門の高まる役割、そして村の集団が担うさまざまな機能をてこに、多元化、ネットワーク化された医療衛生サービスという管理構造が生み出された。

公立病院――風崗華僑医院雁田分院

大躍進・人民公社設立期、一九五八年に建てられた風崗華僑医院の前身は、風崗鎮の公立病院として開設され、当初は「風崗衛生院」と称されていた。一九八〇年代初頭、改革がスタートすると、多くの華僑が風崗に投資し始めた——風崗鎮を出身地とする華僑は約二万人で、今や三六ヵ国・地域に暮らしている——。一九八九年、風崗衛生院を真新しい総合病院にする拡張・整備にあたり、華僑は数百万香港ドルを寄付した。謝意を込めて、風崗衛生院は「風崗華僑医院」と改称され、東莞市衛生局と風崗鎮政府によって管理された。当病院の運営費は、東莞市衛生局からの予算配分を通じて賄われ、病院運営上の具体的な事項については、風崗鎮政府の監督・指導下にある。

一九九一年、その拡張・整備からまもなく、風崗華僑医院は、「広東省文明衛生院」など、多くの賞の第一位に輝いた(註1)。何よりも、この病院は、東莞市社会保険指定医療機関のひとつであり、全鎮二万人の戸籍人口と五〇万人を超える流動人口に、医療、救急、予防ケア・サービスを提供している。風崗華僑医院が受け持つ区域は、八二・五五平方キロメートルで、一居民委員会と一一行政村が含まれている。さらに、この病院は、一部の教育・研究も担っている。

二〇〇六年六月の調査時、風崗華僑医院は、病床数が三〇〇床あまり、職員数が五三〇人であった。二〇〇五年には、来診者七〇万人あまり、入院患者一万人あまりを受け入れていた。副院長の鐘向陽によれば、風崗鎮の戸籍人口については、すべて「農民基本医療保険」制度に加入していた。したがって、全般的に、医師に診てもらうことができていた。しかし、流入者に関しては、医療衛生サービスへのアクセスが依然として難題で、なおかつ高額である。二〇〇五年、この病院は約一五〇万元を負わされたが、その九九%は流入者によるものと鐘向陽はみていた。二〇〇五年から二〇〇八年にかけて病院は拡張され、病床数は五〇〇床あまりに増えた——なお、職員数は五〇〇人ほどになった——。地元の人々の医療衛生への需要により良く応えるため、風崗華僑医院は、その本部拡張に加え、人口密度の高い三村——雁田、油甘埔、官井頭——に分院を設立してきた。

風崗華僑医院雁田分院は、一九九三年、東一村民小組の区域内に建設された。開設後まもなく、業績不振により、雁田分院の経営は個人に委託されることになった。しかし、業績に改善がみられ、しかも国家の政策的規制にともない、二〇〇二年、政府の直接経営に戻され、市衛生局の直接管理下に置かれた。かくして、より伝統的な政府による収支の統制というやり方が復活した。今なお、雁田分院には、財務と人事について何らの自主権もない。その創設以来、四次の拡張・改修が行われてきた。二〇〇八年七月に私たちが調査した際、雁田分院には医師・看護師四一人、守衛・清掃員六人が配されていた——大部分は当地村民ではない——。人員の半数は、国家の正式な職員・労働者であり、残り半数は、広く市場で募集され、任期付契約にもとづく。二〇〇八年、平均月収は、医師が四、〇〇〇元、看護師は三、〇〇〇元あまりであった。雁田分院の病床数は三〇床ほどであったが、重症患者は入院に際して、たいてい風崗華僑医院本部を紹介されたことから、基礎的な需要を満たしていた。雁田分院では、基本的な胸部・腹部・顔面・耳鼻咽喉・整骨・婦人科手術を行うことができる。入院治療に加え、その重点は、内科と小児科である。着目すべきは、雁田分院での特に感染症に関わる手慣れた対策業務で、雁田に暮らすほとんどの人々が、さらには深圳の住民でさえ、予防接種にやってくる。

二〇〇六年六月二一日、雁田分院長の馬瑞成より、この分院では一日あたり平均四〇〇〜五〇〇人の外来患者を診察していると、私たちは聞いた。二〇〇八年七月九日、再び調査した際にも、その数に変わりはなかった。患者の大半は出稼ぎの人々で、地元の村民は一〇%を占めるに止まった。二〇〇五年、雁田分院の総収入は七〇〇〇万元あまりであったが、二〇〇六年には六〇〇〇万元に減少し、二〇〇七年に再び増加して八〇〇〇万元を超えた（二〇〇八年七月調査）。利益率は、毎年、安定していた――通常、一〇％を上回ることはなかった――。もっとも、利益はみな風崗華僑医院本部へ納められる。入院に関して、滞納はわずかということで、年間一万～二万元である。

馬院長によれば、十分な医療衛生サービスの提供は、雁田においては課題ではない。それどころか、各種医療衛生サービスが、競争の激化に直面している。当院の顧医師は、二〇〇八年七月九日の聞き取り調査の際、そうした見方を繰り返し語り、かつてこの分院が業務量において、雁田ではすべての医療衛生サービス提供者をしのぎ、第一位であったことを指摘していた。けれども、より先進的な設備、より良いサービス、さらにはよりしなやかな経営モデルを整えた、私立の「広済医院」へ多数の患者が移っていき、二〇〇八年からは広済医院が業務量にて雁田分院を上回った。

雁田戸籍で、まずまずの収入、医療保険を有する人々には、医療衛生サービスは利用しやすく、無理なく支払えるようであると、馬院長と顧医師はともに感じていた。しかし、出稼ぎ労働者については、特に重篤な疾患の場合、状況が異なった。これは、とりわけ小規模な私営企業に就業するそうした人々において、然りであった。そうした企業の大部分は、従業員のために医療保険をかけたがらない。また、政府支出が徐々に増やされることもないため、新たな医療設備の整備など、病院の増大する運営費は、当然のこととして患者にまわされている。

政府が創設した「雁田コミュニティ衛生サービス（CHS）ステーション」

二〇〇九年二月、雁田を再訪した際、村に新しいタイプの医療衛生サービス提供者──「雁田コミュニティ衛生サービス（CHS）ステーション」──が活動を始めていたことを知った。これは、多くの住民にとって非常に重要な施設となっており、二〇〇八年末に始まった東莞市の新たな取り組みを受けて設立された。このステーションは、「風崗鎮コミュニティ衛生サービス（CHS）センター」の管轄下に置かれ、財政的な自主権は有していない。この取り組みは、一九九六年一二月に開催された「全国衛生工作会議」の討議にもとづいて起草され、一九九七年初めに打ち出された中国共産党中央委員会・国務院の「衛生改革と発展に関する決定」という文書を端緒とする（『健康日報』一九九七年二月一八日）。その多岐にわたる文書は、先進国におけるコミュニティ・レベルでの医療衛生サービス経験を生かして、新たな政策の要点を取りまとめ、「都市衛生サービス体制の改革、コミュニティ衛生サービスの積極的な推進、適切に機能する、利用しやすい衛生サービス・ネットワークの漸進的な整備」の必要性を明示した。二〇〇六年二月二一日、さらに具体的に、国務院は都市コミュニティ衛生サービスの発展に関する第一〇号文件（文書）を発表した（註2）。CHSは、公益性を考えて、営利目的で開設すべきではないとした。また、政府によって管理されるが、他の組織から資金を得ることが許されていた。CHSの主たる対象は、女性、子ども、高齢者、慢性疾患を抱えている患者、身体障害者、貧困層とされた。条件が整えば、すべての市と県級市において、三万〜一〇万人に一ヵ所の割合でCHSセンターを設置し、二〇一〇年末までにそうした体制を構築することになった。国務院の規定にもとづき、CHS機構は公共事業体とされた。そして、地方政府は、当該サービスの調達ニーズに応えるため、財政補助を行うよう求められた。調達についてその方式には、集中仕入れ・配送、利益をのせない医薬品販売、処方と調剤の分離がみられた（http://www.gov.cn/zhwgk/2006-02/23/content_208882.html）。

次に、地方の実施規定が、そうした全国的な指針に続いた。二〇〇七年三月一二日、広東省政府は、珠江デルタのすべての市と県級市に、その都市コミュニティ衛生サービスの発展に関する考えを公示した。条件が整ったところでは二〇〇八年までに、CHSが、「軽症疾患、予防、健康ニーズへの対処はコミュニティを拠点に」という目標の達成に努めることになった。都市周辺部の郷鎮衛生院は、CHSセンターに転換されることになった。資金に関しては、地方政府の予算でCHSの展開がはかられることになったが、基本的な医療は、医療保険、公的扶助［医療救助］、ならびに自己負担といったかたちで支払われる対価によって賄われることになった。市・県級市・区政府は、補助金について第一義的な責任を負った。さらに、規定を満たしていたCHSは、「城鎮職工〈都市労働者〉基本医療保険」の給付対象に含まれることになった。原則として、一万人につき一般医二～三人、公衆衛生医一人、そして一般医一人に対して看護師一人が配された。

雁田にとって重要なことに、広東省政府は、条件が整うなら郷鎮政府も国務院の指針に沿って、CHSを展開できると明言した（http://www.chinabaike.com/law/df/gdong/1399112_4.html）。これには、二〇〇七年八月二四日、東莞市政府の文書が続き、鎮ごとにCHSセンターを一ヵ所設置し、その下に、人口に鑑みて公衆衛生サービスへの十分な需要がある村については、CHSステーションの開設も求めた。CHSステーションは、一ヵ所につき人口八、〇〇〇人から一万二、〇〇〇人を受け持つことになるが、その数字を弾くにあたって、流動人口は、実際に存在する総数のわずか三〇％という換算がなされた。一万人あたり一般医は三人とされ、CHSは、予防医療、母子保健、計画出産、そして慢性疾患からのリハビリテーションに重点を置くことになった。東莞市の保険加入者五〇〇万人について、外来患者費用の六〇％は、医療保険を通じて給付されるものと推計されていた（Liu and Zhong 2008）。

市政府は、CHS機構が、「CHSチーム」――積極的な訪問支援サービス――、「かかりつけ医」――一般医はそれぞれ七〇〇～八〇〇戸、三、〇〇〇～三、五〇〇人を担当――、「健康カード」、「コミュニティ健康情報ネットワーク」といった革新的な四モデルを試みるように推奨した。CHS機構の運営費の大半は、鎮政府や、居民委員会を指導している都市部末端行政機構の街道弁事処によって手当てされ、さらにいくばくかの補助金が市政府より交付されている。CHS機構の基本的な支出は政府の財政で賄われるが、収入については、すべて財政専用口座に納められる。医療従事者の収入は、サービスの提供から得られる収入と直結しないことになった。CHS機構は基本医療保険の指定医療機関に組み込まれており、規定を満たしているサービス項目は、基本医療保険の給付対象となる。こうしたコミュニティの保険加入者による自己負担の比率は、CHS機構を利用する地域住民をより多く惹きつけるため、徐々に下げられることになった。

二〇〇八年八月二七日、東莞市で最初のCHS機構（一センターと七ステーション）が、横瀝鎮にて正式に開設された。そのモデルは、それまでの〝医療機関による運営・管理〟から〝医療機関による運営、政府による管理〟へと切り換えられた。横瀝鎮では、二〇一五年までに、地元住民が徒歩一五分以内で基本的な医療保健サービスを利用できる〝一五分健康圏〟構想を実現するため、CHSセンターとステーション計一八拠点を整備すると当地の幹部は明らかにした。

横瀝鎮でのCHSセンターならびにステーションの創設は、東莞市の全域でそうした機構の隆盛をもたらした。二〇〇八年一〇月までの二ヵ月に、全市では八〇％のCHS機構が立ち上げられた。これには、二〇〇八年一〇月一日に活動を始めた風崗鎮CHSセンター、ならびに、雁田など各村のCHSステーションも含まれた。二〇人の医療スタッフ、いくつもの診療科を擁する風崗鎮CHSセンターは、一日二四時間、この鎮の住民に総合的なサービスを提供している。広東省ならびに東莞市の文書に従い、風崗鎮CHSセンターは、風崗鎮政府の下の公共事業体である。風崗鎮CHSセンターの下には、一二ステーションが――一居民委員会と一一行政村に――設置され、計画、基準、標識、設備、管理の五項目において、すべてが均一なサービスを提供することが求められている。風崗鎮において、目標は、〝五分健康圏〟の実現である(註3)。

風崗鎮雁田CHSステーションは、その〝五分健康圏〟の実現を図る一環として、二〇〇八年一〇月一日に開業した。地元住民だけでなく、流入者にも総合的なサービスを提供している(註4)。目下のところ、風崗鎮財政によって、賃貸ビルに開設されたこのステーションは、医療スタッフ八人（医師三人、看護師三人、薬剤師二人）、清掃員一人、そして守衛一人を雇い入れた。ひとまず、風崗華僑医院によって管理――全医療従事者の給与も支給――されているが、やがて政府の直接管理に転換され、給与についても政府が責任を負うつもりである。その管理原則は、人員の収入を業績とは関係づけず、支出はすべて政府の財政によって負担され、収入はみな政府財政へと上納される〝収支を分離した管理〟となろう。

雁田CHSステーションにて掲げられた主たる目標は、小児保健、妊産婦保健、高齢者保健、予防接種、伝染病の発見・報告、一般的な病気をめぐってはコミュニティに根ざした診療、現場での救急処置、身体・精神障害の患者へのリハビリテーション、さらには健康記録の管理を含め、「雁田住民への生涯を通じた質の高いコミュニティ衛生サービスの提供」である（二〇〇九年二月一九日、当該ステーション責任者・王進雄への聞き取り調査）。東莞市社会保障局が運営する医療保険に加入している村民は、身分証明書を提示すれば、医療費の六〇％は給付され、残り四〇％は自己負担となる。実際、雁田村籍の当地村民は、医療保険にはすべて〝強制〟加入となっており、保険料は、村の集団によって各自の配当収入より直接引き落とされている。また、雁田では大部分の工場も、従業員のために医療保険への加入を進めてきたことから、このCHSステーションの患者数は比較的多い。この後者の取り組みは、言うまでもなく、一部の出稼ぎ労働者には役立つであろう。政府の規定にしたがって、CHSで提供される一〇〇あまりの医薬品は、〝利益をのせない医薬品〟として、工場出荷価格で製造業者から直接調達されるため、医療保険に未加入の人々でさえ恩恵を受けられる——通常の医薬品価格と比較すると一五—二〇％ほど安く提供されている——。

最後に、雁田CHSステーションは、六〇歳以上の村民には無料で健康診断を行い、そうした対象者について健康記録システムを構築してきた。種痘などの予防接種サービスは、風崗華僑医院やその雁田分院によって提供されていたが、このサービスは徐々に雁田CHSステーションへ移されるとのことであった。

私立病院――広済医院

雁田において、最も効率的な医療機関は私立の広済医院であり、雁田村の集団はこの病院の株式を三〇%保有している。二〇〇六年六月二一日、私たちが初めて広済医院を視察した際、主管の一人である陳宏斌より、本病院の計画案は二〇〇四年の始めに初めて提示され、二〇〇五年五月一七日に竣工と聞いた。東莞市衛生局による検査の後、二〇〇五年六月七日、その開業許可証が交付された。四億元の資金は、「広済実業投資有限公司」が手当てした。そして、広済医院は「三級甲等」(最高等級)に相当する近代的な総合病院に指定された(註5)。

陳宏斌によれば、「広済集団公司」とその関連公司四社は、いずれも衛生・医療・健康管理――医薬機器の製造、医療衛生サービスの提供など――に関わる私営企業である。短期間に当該公司が遂げた成長は、目覚ましかった。広済医院の第一期建設事業において、雁田村は一三五畝の土地を割り当て――従業員宿舎には一〇畝をあて――、村の集団は病院の株式を三〇%取得した。医療衛生サービス提供者の数が増えるなか、広済医院は一億元もの多額を先進的な医療設備などの導入に注ぎ込んだ。

広済医院には、いくつかの重要な特色がみられる。第一に、内科、外科、産婦人科、小児科、皮膚科、耳鼻咽喉科、口腔科、伝統的な中国医学科、リハビリテーション科、画像診断センター、医療検査センターなど、広範な診療科・センターが配されている。第二に、二〇〇六年一月二四日、広済医院は、南方医学大学(旧中国人民解放軍第一軍医大学)との合意により、南方医科大学南方医院の付属病院に認定された。南方医科大学南方医院の専門医は、病棟や緊急治療室の回診のため、広済医院を定期的に訪れ、さらにはニーズが生じるとスタッフへの研修も施している。第三に、広済医院は、利用者にやさしい環境づくりに尽力している。建物は清潔で整然としている。診察を待つ空間には、子どもを遊ばせる簡単な設備も整えられている。案内板に加えて、専任の案内係も配されている。また、広済医院は、患者の金銭的な負担の軽減を試みている。たとえば、開業してまもなく、受付料——当時二元——を廃止し、医薬品の価格を引き下げた。最後に、広済医院では、患者の無料送迎など、申し分のないサービスも提供されている。

そうした強みによって、広済医院は、雁田のみならず、半径三〇キロメートル圏内にある近隣の七～八鎮——深圳市平湖鎮、観瀾鎮など——からも、多くの患者を引き寄せていた。むろん、患者の大半は、雁田で働き、生計を立て、当地に住まう人々で、外資系企業二〇〇社あまりのほとんどの従業員も含まれた。流入者に加えて、地元村民の過半も、この病院で診察を受けている。開業後まもなく、広済医院は、東莞市社会保障局により、東莞市社会保険指定病院に認定された。また、東莞市衛生局により、緊急治療サービスを担う一二〇救急センターの提携病院とされた。

広済医院において、一日あたり外来患者数が一、一〇〇人を超えて最多となったのは、二〇〇五年五月中旬に開設された直後の一ヵ月であり、その数はほどなく一日あたり八〇〇人前後に落ち着いた。開業当月、病院の総収入は三五三万元に達し、翌月には四〇〇万元を突破した。陳宏斌とともに概算したところ、広済医院は、月々の収入として四〇〇万元ほどを得られると収支のバランスが取れる。この病院が、そうした開業初期の経営状況で進展し続けるなら、投資家の予想通りとなり、八～一〇年で投じた資金を回収できることになる。

より的確に需要を満たすため、広済医院はその施設を拡大し、ネットワーク化を進めた。最初に、病床数が四〇〇床から五〇〇床近くに引き上げられ、従業員数は三〇〇人――そのうち医師・看護師は二〇八人――から、四五〇人――同三三〇人――に増員された（註6）。広済医院は、本院のほかに、雁田村の豊田酒店〈ホテル〉に診療所を開設し、従業員として四〇人を募集した。さらに、鳳崗鎮には分院を創設して、一〇〇人あまりを採用した。

二〇〇八年七月九日の聞き取り調査において、広済医院副院長の黄俊河は、最新の状況を概説してくれた。第一に、数年の模索を経て、病院は「理事会指導下での院長責任制」といった管理体制に落ち着いた。この体制のもと、理事会は、病院の投資やその他の重要事項に関わる大きな決断を下し、病院の日常的な業務は、理事会が任命した院長によって直接管理される。二〇〇八年七月の調査時、当院長は、東莞市医学協会の会長も務める、非常に権威のある人物であった。

第二に、広済医院は、二〇〇七年の総収入が九、〇〇〇万元に達し、二〇〇八年には一億元を超え――私たちが弾き出していた損益分岐点の二倍にもなり――、経営状況は想定を上回った。その結果、投資家は、注ぎ込んだ資金を当初の予測よりもはるかに早く回収できるであろう。利益率は、一〇%前後と推定される。第三に、病院のそうした経済的に優れた実績ゆえに、従業員の収入もかなりの水準であった。二〇〇七年、従業員の給与ならびに賞与は、総計四、〇〇〇万元近くに達した。最も高い年間収入の医師は約五〇万元を手にし、最も低い新卒看護師の年間収入でさえ三万元あまりであった。広済医院に勤めている人々に、強い金銭的インセンティブがあると言っても差し支えない。

第四に、この病院を利用する患者は主として二グループで、外科で診察を受ける工場労働者が全症例の三分の一ほど、そして産婦人科にかかる患者がもう三分の一を占めた。この後者のグループに関しては、ほとんどが雁田で働く村外からの女性たちであった。残りは、さまざまな身体の不調を訴える患者であった。第五に、広済医院は、鳳崗鎮、雁田村、近隣地域に暮らす人々に人気があり、地方政府、さらには中央政府の関連部門からも、高く評価されている。

個人の請負経営による、村の集団の「衛生ステーション」

雁田の医療衛生サービス機構には、さらに、「雁田第一衛生ステーション」と「雁田第二衛生ステーション」の二施設がある。これらは、建前としては集団所有下にあるが、実際には個人によって営まれている。調査を通じて、それらが村の集団所有・経営から集団所有・個人経営へと大きく変化してきたことが明らかになった。

雁田第一衛生ステーションは、請負制のもとで一九九四年に開業したが、現実には村の集団へ請負費［承包費］が納められることもなく、独自に営まれていた(註7)。村の集団は、この衛生ステーションについて、名ばかりの所有権を有するだけで、当該経営者がその業務を取り仕切っている。

初代の請負経営者は、一八歳の時に医業を始めた雁田の「はだしの医者」、李裕斉であった。彼は、衛生ステーションという制度に転換されてから、その切り盛りを請負った。当時、雁田には、医療衛生サービス機構としては集団が擁する衛生ステーションが二施設あるのみで、それゆえ、第一衛生ステーションは多くの患者を受け入れていた。李裕斉はこのステーションを率いたが、医師、看護師、薬剤師をそれぞれ三人抱えるだけであった。けれども、一九九五年から一九九七年にかけて、このステーションは、一日あたり四〇〇人あまりを診察していた――李裕斉自身は二〇〇人を超える患者を診ていた――。

二〇〇六年六月一九日、雁田第一衛生ステーションでの調査の際、私たちは彼の息子である李智仁に迎え入れられた。そして、彼の父親は二〇〇四年に亡くなり、彼は正式に医業に就いた二〇〇五年に事業を引き継いだ、と聞いた。このステーションは、二重管理体制下にあり、行政的には雁田村の下に置かれ、技術的には風崗華僑医院の指導を受けていた。また、一九九五年九月、ステーションが集団経営から個人経営に変わったとも教わった。当時、彼の父親は一〇万元を投じた。そして、二〇〇六年、このステーションには一五人の従業員がおり、年間収入は三〇万元あまりであった。

二〇〇九年二月二〇日、私たちは再び調査に行ったが、今度は雁田第一衛生ステーションが新たに借りている建物で、その空間は以前よりも広々としていた。この新築物件は、東二村民小組の集団資産であり、賃貸料は毎月四、五〇〇元であった。李智仁は、衛生ステーションに加え、従業員用に二部屋の住戸も、毎月六〇〇元で借りていた。

そのように整えられたステーションの事務室において、私たちは、「東莞市医療機構公示」という額入りのリストを目にした。そこには、このステーションの名称が、「風崗鎮雁田村民委員会衛生ステーション」と明示されていた。「公示」によれば、ステーションの法定代表人は、鄧沢栄――当時、雁田村民委員会主任・党総支部副書記――であった。ステーションは、「非営利医療機構」で、そのサービス対象は「社会」とされ、診療科目については「内科、外科、小児科」と記されていた。李智仁は、主要な問題は凄まじい競争で、地元の人々とは親密な関係を築いていたが、機器が古びてしまったと口にした。何よりも、彼のステーションは社会保障制度に組み込まれておらず、したがって、患者にとってはその医療費が給付対象とならなかった。二〇〇八年、彼が率いる雁田第一衛生ステーションの純収入は毎月五、〇〇〇元前後で、年間では六万元ほどであった。

雁田第二衛生ステーションの形態も、一九九四年、集団の医療衛生ステーションが雁田第一衛生ステーションと雁田第二衛生ステーションの二施設に分けられた際、村の集団経営から個人経営に改められた。第二衛生ステーション長には鄧祖貽が就き、私たちは二〇〇六年六月二〇日に会った。鄧祖貽は、医者の家に生まれ、父母の父親はともに医業に携わっていた。一九七三年、彼自身も村の医者として医業を始めた。そして、一九七〇年代、八〇年代には、それぞれ恵陽、東莞の衛生学校での在職者研修プログラムに参加した。また、通信制の医学教育も受講した。彼は、一九七三年から一九九四年まで、当時の「雁田衛生ステーション」で働き、賃金ではなく労働点数を得ていた。なお、それは月々およそ四〇元に相当した。一九九四年七月、雁田第二衛生ステーションを創設するため、彼はこの村の李桂容と組んで、村の集団と契約を結んだ。そして、東莞市への申請を経て正式に開業した。

彼が言うには、一九九四年の医療衛生サービス体制改革は、雁田にとって目新しいことではなかった。なぜなら、一九八一年、雁田は集団合作医療制度に代えて、医療衛生請負制を導入していた。一九八六年と一九九四年にも請負制が広められ、そのときに請負経営者はもはや村の集団に請負費を納める必要がなくなった。代わりに、彼らは、業務上の主管部門である東莞市衛生協会へ、毎年六、〇〇〇元の〝広報費〟を納めるように求められた。

雁田第二衛生ステーションは、比較的狭く、病床は設置されていない――すなわち、入院患者は受け入れていない――。ここには、医師四人（二人の共同経営者を含む）、看護師三人、薬剤師二人、そして清掃員一人が配されている。このステーションでは、通常、毎日一〇〇人近くの患者を診察しているが、夏期（七～九月）には、その数が二〇〇人前後にまで増加することもよくある。概算で、年間延べ二万人あまりの外来患者を受け入れ、一日あたり収入は通常二、〇〇〇元ほどで、年間収入は一〇〇万元近くになる。しかし、経費を差し引くと、一人あたり年間純収入はわずか三万元ほどである。患者の八〇％近くは、出稼ぎの人々である。ステーションには伝統的な中国医学科の優れた医師がいるが、つねに八〇％以上の患者は、西洋医薬を処方する医師にかかることを希望する。

地方政府の規定により、個人で請け負っている村レベルの衛生ステーションでは、CT、X線、超音波検査ができない。したがって、ほとんどの患者は軽い病気で、風邪が四〇～五〇％を占める。その後に続く、気管支炎、扁桃炎、そして胃の不調を合わせると、患者総数の八〇％以上に達する。患者は、軽い病気の治療に多額をかけない。受付料一元、診断費一・五元、そして薬の代金を含め、一回の診察で平均費用は一五元ほどである。衛生ステーションで最も高額な処方がなされても、せいぜい七〇～八〇元である。

二〇〇九年二月二〇日、私たちは改めて訪ね、その二人の共同経営者より、近況について話を聞いた。二〇〇八年まで、業務量は――毎日一〇〇人前後の患者で――安定していたが、世界的な金融危機が雁田の流動者数に甚大な影響を与えていた。二〇〇九年の春節〈旧正月〉後、多くの出稼ぎ労働者が故郷から戻らず、患者数が半減した。私たちが調査に出向いたとき、医師と看護師はみな閑散とした待合室で、ジェット・リー〈李連傑／中国出身のアクション俳優〉の記録映画をじっと観ていた。不安定な状況にもかかわらず、鄧祖貽は種々の理由で衛生ステーションの先行きに楽観的であった。第一に、当人と共同経営者は、数十年にわたり医業に従事し、医術に通じている。第二に、彼の同僚を含め、患者を大事にしてきたとの思いがあった。第三に、このステーションでは、手頃な金額でサービスを提供してきた。彼は、みずからの仕事と収入に満足し、その専門職に愛着を抱きながら、以前と同じように患者を診ていた。衛生ステーションの管理にも関わり、毎日九～一〇時間働くことになっても、非常に幸福であった。彼の共同経営者とともに月収は八、〇〇〇元で、みずからを誇りに思っていた。鄧祖貽の夫人は、看護師として勤務していた風崗鎮医院を退職していた。そして、二人の子どもは――それぞれ、風崗鎮政府の公務員、風崗鎮で銀行員になり――良い暮らしをしていた。今後の計画についてたずねると、彼は、「将来を思い描くことも、強く求めるものもなく、私にはすべてがすでにうまくいっている」と応じた。

その他の医療衛生サービス施設と薬局

雁田には、これまでに述べた医療衛生サービス機構のほかに、村民小組によって営まれている集団の医療衛生ステーション、外資系企業の小規模な付属診療所、開業許可証を交付されている個人診療所、認可されていない個人診療所、さらにはさまざまな所有制のもとで経営されているいくつもの薬局など、数多くの小規模なサービス提供者も存在する。

二〇〇六年六月、私たちは、雁田村内の医療衛生サービス施設を悉皆調査した。そして、四村民小組——水貝、布心、長表、石蚧——にて、集団がかねて営んでいた診療所は、すべて個人経営に転換されていたことが分かった。政府関係部門の審査・認可を経て、それらの診療所は個人経営の許可証を得ていた。このほか、「博愛診療所」「豊田診療所」「怡安診療所」など、一三診療所が認可を受けていた。

大規模な工場、学校のなかには——たとえば、「嘉利集団」「東莞信濃馬達有限公司」「得利鐘表〈時計〉廠」「新世紀英才学校」は——、従業員や教員・子どもたちのため、構内に医務室を設置している。こうした医務室の規模はさまざまで、医療従事者数は、わずか一〜二人から数人まで開きがある。いずれも対内的なサービスの提供に止まり、医療費については、個々の患者ではなく、企業ないしは学校によって直接負担されている。

なお、開業許可証を取得せずに、ある程度の医療衛生サービスを提供している個人診療所もみられる。大部分は名称さえないが、患者を診ている。雁田には、五〇ほどの認可されていない個人診療所があり、それらは低額で済ませられることから、収入が少ない出稼ぎ労働者を引き寄せている。政府による数度の取り調べにもかかわらず、そうした流入者の差し迫ったニーズゆえに、無認可の診療所は相変わらず活動を続けている。

さらに、薬局は一〇店あまりあり、そのうちの四店——「永康薬店」「雁田薬店」「豊田薬店」「鎮田薬店」——は規模がかなり大きい(註8)。他所とは異なり、雁田の薬局は患者の診察も行う。たいていい専任の医師・看護師が配され、薬を売りながら、よくある病気について患者に治療を施している。政府が反対していることには、気づかぬふりである。永康薬店、雁田薬店は個人薬局であるが、経営的には「風崗鎮医薬公司」の影響下にある。二〇〇〇年一一月に開業した豊田薬店は、国有の「東莞市医薬公司」の下部組織である。この公司は、三、〇〇〇種あまりの西洋医薬品、六〇〇種あまりの伝統的な中国医薬品を取り揃え、傘下の国有企業である薬局には選りすぐった医薬品を供給している。二〇〇一年九月一九日には、国有企業の鎮田薬店が開業した。これも、東莞市医薬公司の傘下にある。

雁田の医療保険

中国の他所と同様に、経済改革は、雁田村の医療保険に大きな影響を与えた。一九八〇年代前半より、雁田村はその医療衛生サービス体制を、集団合作医療制度から、請負経営制の村の医療衛生ステーションへと転換させ始めた。これは、医療衛生サービスの面で、村民はもはやいかなる保障も受けられないということであった。一部の比較的豊かな家庭は、商業医療保険へ加入した。また、南坊などの村民小組は、重症疾患、慢性疾患で苦しんでいる成員を救済し、一定の医療費補助を行うため、当該集団の収入から資金をいくばくか確保していた(註9)。もっとも、二〇〇〇年、雁田村は三段階の過程を経て、すべての村民が医療保険に加入することになった――東莞市政府は　第四段階を立ち上げていたが、本書の執筆時点では、雁田はそれを実施していなかった――。

第一段階として、東莞市政府は、一九九九年一一月八日、「職工基本医療保険暫定規定」を設けた(註10)。この規定のもと、全市における保険料徴収は二〇〇〇年三月一日から、給付については五月一日からとされた。東莞市の職工基本医療保険には、「総合基本医療保険」と「入院基本医療保険」の二種類があった。総合基本医療保険は、入院時と通院時の基本医療費を保障していた。また、入院基本医療保険は、入院時の医療費のみ保障していた。総合基本医療保険に関しては、社会的共同基金と個人口座という仕組みが導入され、事業者は被雇用者の給与の六・五％に相当する金額を、個人はみずからの給与の二％を納めた。個人が納めた保険料は各自の口座へ直接入るが、事業者が納めた保険料は、被雇用者の年齢に応じて、四五歳未満の者には給与の二％、四五歳以上の者には給与の二・三％、そして退職者には平均給与の四・五％に相当する金額が、個人口座へ移された。入院基本医療保険に関しては、事業者だけが保険料――前年度における被雇用者平均給与の二％――を求められた。個人は、納める必要がなかった。個人口座は、通院時の医療費や一定の基準を満たす他の基本的な医療費の給付にだけ用いられた。共同基金については、主として、基準額を超えた入院費を対象に、患者への給付に当てられた(註11)。なお、これには、年間給付限度額が設定された(註12)。

一九九九年のこの規定にて、総合基本医療保険への加入を義務づけられたのは、国家機関、公共事業体、社会団体の職員、国有企業、市政府に属する集団企業、市政府に管理されている外資系企業、東莞市に置かれた中央・省などの企業の従業員、そして国有企業の一時帰休者であった。当初、農村の人々は外された。入院基本医療保険についても、当時、農村の人々は同じく加入を認められず、鎮レベルの集団企業、鎮・区政府に管理されている外資系企業、私営企業の従業員と退職者、ならびに都市の個人経済組織の人員が含まれるだけであった。もっとも、二〇〇〇年から、東莞市政府に奨励され、雁田村民は、市の職工基本医療保険に加入し始めた――二〇〇六年六月現在、その加入者数は全村で一、三四一人に達し、雁田村籍を有する村民総数の四三％を占めた――。

次の段階として、東莞市と雁田村は、中央政府が新型農村合作医療制度を立ち上げようと二〇〇三年に出した指示に応じた（Guobanfa 2003）。これは、家庭が参加の基本単位となる任意の公的医療保険とされた。二〇〇三年五月二二日までに、すでに一、八三九人の村民――総数の六四・一％――がこの制度に加わっていた。残りの三五・九％は、職工基本医療保険に加入していた。その割合は、九村民小組にわたって、さほど変わらなかった。新型農村合作医療制度への加入率において、最高は西坊六八・七％、最低は石鈴五九・二％であった。二〇〇三年一月一六日に中央政府のその通知が全国に公布されたばかりという状況を踏まえると、雁田がそうした新たな政策の推進に積極的であったのは明らかである。

にもかかわらず、この制度の導入後まもなく、二〇〇三年一一月二八日、東莞市は農民基本医療保険という新たなモデルを持ち出し、第三段階が始まった（註13）。第一に、先に進められていた新型農村合作医療制度は、農民基本医療保険に取り込まれた。第二に、以前の制度における村や鎮・区レベルの共同基金は、全市の共同基金へと格上げされた。そして、第三に、管理上の責任は、衛生、農業部門から、社会保障部門に移された。新しい保険制度のもと、職工基本医療保険に入っていない東莞市戸籍――農村戸籍ならびに都市戸籍――の住民は、村民委員会を通じて、農民基本医療保険に加わることができた（註14）。この保険のための資金については、個人が納める保険料を主とし、集団が支え、政府も補助した。当該制度により、農民には当人の医療費に対して、まさしく給付がなされた。

東莞市は、二〇〇四年の初めに農民基本医療保険の暫定規則を打ち出した。そして、二〇〇四年六月一日、全市で保険料の徴収が始まった。保険料には二段階——プランAとプランB——が設けられ、村民委員会は、村の経済発展レベル、農民の収入状況によって、みずから選択することができた。最初の年、プランAの保険料は、一人あたり年間九〇元——そのうち加入者個人は六〇元、市政府ならびに鎮政府はそれぞれ一五元——であった。プランBの保険料は、一人あたり年間二二〇元——そのうち加入者個人は一九〇元、市政府ならびに鎮政府はそれぞれ一五元——であった。風崗鎮においては、プランBが選択された。

この保険制度においては一括支払いが導入され、翌年六月末までに納めなければならなかった。納付に関して、減免措置は認められず、滞納にはその間一日あたり未納額の〇・二%を延滞金として課された。プランB加入者には、入院の場合、基準額を超えた基本医療費の七〇%を共同基金より給付された(註15)。これは、職工基本医療保険の給付率(在職者九五%、退職者一〇〇%)よりも低かった(註16)。通院時の医療費については、保険証書に規定された疾患にあたり、なおかつ基本医療費基準額以下であれば、その六〇%が共同基金より給付された。共同基金による入院・規定の外来診療への年間給付限度額は、三五、〇〇〇元とされた。加入者が病死した際には、共同基金より二、〇〇〇元の弔慰金が一回限り支給された。

雁田村も、プランBの保険料を選んだ。一九〇元の村民個人の保険料は、村の集団によって当人への配当からあらかじめ差し引かれた。二〇〇六年六月に調査した際、統計によれば、一、七八〇人の村民——雁田村籍の村民総数の五七%——が農民基本医療保険に加入していた。残りの四三%は、職工基本医療保険に加入していた。

東莞市は、第四段階として――雁田村は加わっていないが――、すべての人々が同様な給付を受けられるように、職工基本医療保険と農民基本医療保険の統合を決めた。二〇〇八年七月一日より新政策が施行されたとはいえ、依然として二保険制度は異なる資金源によって賄われている。しかも、こうした政策は当地の戸籍を有する「東莞人」――正規労働者［職工］、月次年金や失業手当の受給者、非正規労働者、都市・農村住民――には恩恵をもたらすが、東莞への外来者である「新莞人」（新東莞人）は含まれない。なお、この新しい「社会基本医療保険」の基本原則は、「多方面から資金を集め、政府からも補助を行う」方式で、市全体としての医療保険共同基金の設立も目論んでいる。月々の保険料は、市全域の正規労働者にあっては前年平均月収の三％相当額とされ――入院には二％相当額がすべて事業者より、通院には一％相当額が規定にしたがい事業者、個人などから――、基金に納められる（表7.1）。

雁田は、この新システムを導入しなかったが、農民基本医療保険において求められる保険料の個人負担は、職工基本医療保険の場合よりも低額であるにもかかわらず、二保険制度の加入者には同様な給付がなされた。したがって、村民のなかには、職工基本医療保険から農民基本医療保険への切り替えもみられた。全村で農民基本医療保険の加入者数は二、〇〇〇人を突破し、村の人口に占めるその割合は、二〇〇六年の五七％から二〇〇九年には六五％に増加した。一方、職工基本医療保険に加入する者の割合は、四三％から三五％に減少した。

表 7.1　東莞市「社会基本医療保険」保険料規定

加入者の種類	治療形式	保険料（率）				
		事業者	個人	政府補助	小計	合計
正規労働者［職工］	入院	2.0%			2.0%	3.0%
	通院	0.3%	0.5%	0.2%	1.0%	
非正規労働者	入院		2.0%		2.0%	3.0%
	通院		0.8%	0.2%	1.0%	
都市・農村住民	入院		1.0%	1.0%	2.0%	3.0%
	通院		0.5%	0.5%	1.0%	

出典：東莞市社会保障局（2008 年 5 月）

まとめ

雁田村にて、改革は、医療衛生サービス体制を、集団所有・集団経営による村の医療衛生ステーション方式から、集団所有とは名ばかりで、個人の請負経営による村の診療所方式へと変えた。広済医院の発展や、他にも多くの認可・無認可の私営医療衛生サービス提供者の出現とともに、私営部門の役割は増大している。こうした変化は、たとえば、集団の衛生ステーション二施設が個人経営になっても免税というかたちで、公共財の提供に対しては補助を行うといった政策によって支えられていた。

私営部門の役割が大きくなってきたが、政府の役割も増した。地方政府は、公立病院の風崗華僑医院雁田分院に加えて、雁田ＣＨＳステーションを創設した。また、国有の薬局数も増えている。雁田では、政府と個人の提供する医療衛生サービスが、バランスよく発展してきた。これは、理論的には市場の失敗や政府の失敗を防止し、克服することに役立つであろう。

もっとも、雁田分院など、いくつかの公立病院の位置づけは、営利機関かそれとも非営利機関なのか曖昧で、またその経営についても、政府による直接経営か、それとも他の方式とすべきか定まらず、実のところ、雁田分院に政府は資金を投じていない。その結果、諸費用を賄えるだけの料金を徴収しなければならなかった。いわゆる公立病院における診断費や治療費は、私立病院よりも高額になっている。

このモデルは、改革下、市場の失敗を是正するどころか悪化させ、雁田の収入が低い出稼ぎ労働者やその家族が適当な医療衛生サービスにアクセスすることを非常に難しくしてしまった。貧しい人々にとっては、政府の開設した病院より提供される医療衛生サービスなどから、得るものはほとんどなかった。政府から公立病院へのそうした支援の欠如は、公衆衛生にもほとんど、あるいは、まったく政府から資金が投じられないという結果ももたらし、特に膨大な流動人口に深刻な影響を与えた。

その悪影響は、たとえば、子どもの予防接種、食品衛生検査・管理、労働災害の防止など、数多くの領域でみられる。風崗華僑医院のある幹部によれば、一九九六年から二〇〇六年まで、公衆衛生にさえ、政府から資金をまったく得ていなかった。病院の建設と大型設備の購入に際しては、たいてい銀行から融資を受け、徴収した料金でもって返済された。

村の衛生ステーション二施設については、地方政府が経営許可を与え、医療衛生サービスの提供に弾みをつける好条件を整えたが、先進的な医療機器の購入は制限され、サービスの質的向上には支障をきたした。しかも、これら個人請負経営の衛生ステーション二施設は、社会保障・保険制度に組み込まれず、患者は医療保険に加入していても、みずからの医療費について給付を受けることができなかった。これは、衛生ステーション二施設の持続的発展に直接影響を及ぼしている。

政府、私営部門、村の集団——コミュニティと称される新たな組織も——が、すべて医療衛生サービスの提供に関わっているが、政府がより重要な役割を果たし、医療衛生サービスの市場、価格、質を共同管理するような協議・調整機構を立ち上げる必要があるかもしれない。こうした機構の欠落が、無秩序な市場競争をもたらしたのかもしれない。これは、いくつかの個人医療衛生サービス施設の責任者や医師が指摘していた懸念でもある。彼らは、雁田の医療衛生サービス市場は、これまでのところ過度にオープンで、ひどく混乱した競争状態を引き起こし、結果的に医療衛生資源の浪費であると語っていた。

公平性に関しては、雁田村籍の当地村民は、流動者と比較すると、医療保険、医療衛生資源の利用においてかなり有利な立場にある。同じ村に暮らしながら、これら二グループは、実のところ〝別の世界〟に住んでいる。今後、出生地によって不利益が生じることなく、また他でも給付を受けられる社会保障制度の創設が求められる。

註1　一九九五年には、中国衛生部、国連児童基金（ＵＮＩＣＥＦ）、世界保健機関（ＷＨＯ）より、「赤ちゃんに優しい病院」に認定された。一九九六年には、衛生部より「二級甲等（二級Ａ等級）医院」に評定された。さらに、二〇〇六年には、「広東省高等医学院校教学医院」に指定された。

註2　「都市コミュニティ衛生サービスの発展に関する国務院の指導的意見」［国務院関于発展城市社区衛生服務的指導意見］国務院発布（二〇〇六）第一〇号。

註3　これは、農村部にて公益事業の整備を図るため、「農村コミュニティ」［農村社区］を立ち上げる試みが掲げたひとつの目標であった。試行は、二〇〇六年に始まり、当該事業は二〇〇九年から全国的に実施されることになっていたが、多くの末端コミュニティはその構築をはぐらかしてきた。その実現は、「社会主義新農村」を建設する広範な政策的取り組みの一部分である。

註4　病気の予防、基本的な医療サービス、看護、リハビリテーション、健康教育、計画出産の方法に関する相談など。

註5　二〇〇八年七月九日に雁田村を訪れた際、この医院はまだ「三級甲等医院」と評定されていなかった。

註6　省内の者は三〇～四〇％を占めるにすぎず、その他は省外からきていた。高級職階名の医療スタッフは、当初の三九人から六九人に増加した。

註7　一九八〇年代には、一九八一年と一九八六年の二度にわたり、雁田は、請負制を中心とする医療衛生サービス体制改革を進めた。ただ、請負経営者は、当時、村の集団へ一定の請負費を納めるように求められていた。

註8　永康薬店と雁田薬店は私有で、豊田薬店と鎮田薬店は国有である。

註9　一九九一年より、南坊村民小組は、当該成員の入院費が五、〇〇〇元を超えた際、その医療費の三〇%を助成する医療費補助を始めた。

註10　「東莞市職工基本医療保険暫行規定」(東莞市政府一九九九年一一月八日)を参照。

註11　東莞市において、社会的共同基金のそうした基準額は、医療機関の等級によって異なった——三級医院・より高度な医療機関では六〇〇元、二級医院では五〇〇元、一級・その他の医院では四〇〇元——。

註12　保険への加入期間とその種類——総合基本医療保険、入院基本医療保険——に応じて、加入者には年間給付限度額が設定されていた。三区分がなされ、〈一〉加入期間が二~六ヵ月の場合、総合基本医療保険では一万元、入院基本医療保険では五、〇〇〇元、〈二〉六ヵ月~一年の場合、総合基本医療保険では二万元、入院基本医療保険では一万元、そして〈三〉満一年以上の場合、総合基本医療保険では七万五、〇〇〇元、入院基本医療保険では三万五、〇〇〇元であった。

註13　主として農民の加入をねらいとする制度であったが、都市住民も任意で加わることができた。

註14　居民委員会を通じて手続きをすることもできた。

註15　職工基本医療保険と同様に、基本医療費は、自費分を差し引いた医療費を指している。加入者は、自費分と免責金額を差し引いた医療費について払い戻しを受けた。自費分を差し引いた医療費が免責金額に満たない場合は、すべて加入者自身の負担とされた。

註16　おもな理由は、農民基本医療保険において、退職者の割合が十数倍も高かったことによる。

第八章　鄧氏の村
——ガバナンス

これまでの章において、私たちは、経済発展と社会開発を論考してきた。それらの凄まじい変化は、村のガバナンスの大きな改革にもつながった。本章は、村政の変化や政策執行に関わる意思決定機構を概観する。ひとつの変わらない特徴は村党支部・総支部の優位であるが、それは村政や経済活動を切り盛りする組織のネットワークに埋め込まれている。なお、一九九九年をむかえるまで、統治機構は不透明であったと言わざるを得ない。どのように見ても雁田は村と思われていたが、一九八三年から一九八六年まで、実際には「雁田郷」とされ、一九八六年からは雁田管理区と称されていた。つまり、〝村〟の幹部については、上級からの任命ということであった。「村民委員会組織法（試行）」は一九八七年に制定され、その後「村民委員会組織法」が一九九八年に採択されていたが、雁田には適用されず、その村民自治は遅れた。当地が正式に雁田村とされ、中国農村部の他所ではより良く知られていた管理体制を導入したのは、一九九九年になってからであった。雁田村は、村民自治、村民の選挙、村務公開、村民の監督に関わる制度を取り入れてきた。なお、雁田村において、特に重要なもうひとつの組織としては、村民の経済活動を管理する株式経済連合社がある。

村民自治

第一章では、村の組織の基本構造と、一九九九年に村民委員会組織法をもとに整えられていく村のガバナンスについて概説した。一九九九年六月一三日、「広東省村民委員会選挙弁法〈規則〉」にしたがい、雁田村は、その第一回村民委員会選挙を実施した。予想通り、雁田管理区時代の党支部書記・鄧耀輝が、雁田村第一回村民委員会主任に当選した。副主任には鄧満昌が選出され、さらに五人の委員も選ばれた。三年ごとに改選との規則にしたがい、この後二〇〇二年一月、二〇〇五年四月、二〇〇八年五月、そして最近では二〇一一年四月に投票が行われた。村民の選挙のほかに、村務の舵を取る上で重要な手立ては、村務公開、村の主要組織間の協調、村の幹部に対する監督の奨励である。

一九九八年の村民委員会組織法から一二年後の二〇一〇年一〇月二八日、第一一期全国人民代表大会常務委員会第一七回会議では、農村部の状況変化にともなう課題に対処するため、村民委員会組織法の改正案が採択された。とりわけ、この改正においては、村民委員会成員の罷免方法の具体化、村民会議を開催しやすくする規定の追加、村での監督機構の強化などが図られた。これまでの章で論じてきたように、村のガバナンスでひとつの大きな課題は、人口の流動化により実際の居住地と戸籍［戸口］との結びつきがほつれ、しばしば切れていることである。農村部の数千万人にものぼる住民は、もはや戸籍所在地で暮らしていない。雁田村では、七〜八万人あまりの流入者が、この村での政治的権利を享受していない。村民委員会組織法の改正においては、権利の根拠を戸籍から実際の居住地に転換することが試みられ、選挙権が当該村に一年以上居住した人々に広がった。しかし、これには但し書きが付き、村民会議または村民代表会議の同意が必要とされた。当然のことながら、村民――特に雁田のような豊かな村の人々――が、みずからの権力を弱体化させかねないやり方で政治的プロセスを開く可能性など極めて低い。二〇一一年四月の村民委員会選挙の際、出稼ぎ労働者はだれも参加しなかった――できるだけ多く見出そうにも、まったくと言ってよいほど存在しなかった――。

中華人民共和国憲法ならびに村民委員会組織法が、村民自治の法的な根拠となり、民主的な選挙の必要性も含め、村民自治については、「三つの自己」と「四つの民主」が強調されている。この村民自治の基本的な枠組みを表す標語の「自己」は、村民がみずからを組織して、――おもに三方面にて、すなわち、自己管理、自己教育、自己サービスを通じて――公事にあたり、各自の権利や利益を実現することを表している。自己管理とは、法律にもとづき、村民がみずからを組織して村の公事を共同管理することとされる。自己教育とは、村民がみずからを組織して公事に取り組むことにより、知識や管理能力を高めていくことをいう。そして、自己サービスとは、みずからを組織して必要な各種サービスを整えることである。

「四つの民主」とは、民主的な選挙、民主的な意思決定、民主的な管理、民主的な監督である。民主的な選挙とは、村民委員会組織法にしたがい、村民委員会成員――主任、副主任、委員――が選挙権を有する村民によって直接選挙されることである。民主的な意思決定とは、村民の権利や利益に影響を及ぼす重要事項の決定が、村民会議での討論を通じてなされることを表している。

これには、村の集団が得た収益ならびに集団資産の分配や利用、村内にて公益事業の整備を図るための資金・労働力の動員方式、請負地に関する利用計画の確定、住宅用地の分配や利用、土地収用にともなう補償金の活用などが含まれる。民主的な管理とは、村民会議で定めた「村民自治章程〈規則〉」や「村民規約」［村規民約］にそって、村民がみずからを組織して自己管理することをいう。民主的な監督とは、村民委員会の活動や村の幹部の行動を村民が監督することをさす。民主的な監督のおもな手立ては、村務公開、村民委員会成員の職務遂行状況の評議、村務監督委員会の設置、村民委員会成員の在任・離任時の財務責任に関わる監査などである。

村民の選挙

村レベルの民主主義に関するたいていの著述は、村民委員会選挙に、そして最近は、党員による村党支部選挙に着目している(註1)。しかしながら、雁田においては、株式経済連合社の株主による理事会選挙も行われる。したがって、党組織としての村党総支部、行政管理機構〈村民の自治組織〉としての村民委員会、村の集団経済組織としての株式経済連合社の三大組織すべてで選挙が実施されている。それでは、村民委員会選挙から見てみよう。

村民委員会選挙

二〇一〇年一〇月に改正された「中華人民共和国村民委員会組織法」には、選挙過程の管理について、次のような五つの要点が含まれている(註2)。第一に、直接選挙が必須とされた。主任、副主任、そして委員の直接選挙に関わる一連の手順が決められている。そうした手続きには、村民の自由意志による候補者の推薦［海選］、村民選挙委員会が設けた場での候補者の選挙演説ならびに村民との質疑応答がなされる競争的な選挙［競選］などが組み込まれている。いかなる組織・個人も、村民委員会成員の指名、任命、更迭ができない。

第二に、いくつかの踏むべき段階がある。主任と委員で構成される「村民選挙委員会」は、「村民会議」、「村民代表会議(註3)」、あるいは「村民小組会議」にて選出される。村民選挙委員会は、それから村民委員会選挙を取り仕切ることになる。村民選挙委員会の成員が村民委員会の候補者に推薦された際には、その者は村民選挙委員会を辞さなければならない。第三に、選挙は無記名投票で行われ、公開集計され、選挙結果はその場で公表される。第四に、当選が有効であるかの確認は、「二つの過半数」といった原則にもとづくこととされる。選挙人名簿に登録された村民の過半数が投票を行い――委任者を含めて――、なおかつ、候補者が過半数の支持を得た場合にのみ、その結果が有効となる。

第五に、候補者は満一八歳以上で、政治的権利を剥奪されていないことなどの基本的な要件(註4)に加え、二〇一〇年一〇月に改正された村民委員会組織法には、居住状況に関わる新たな規定が盛り込まれた。それは、他所の戸籍であるが、一年以上当該村に居住している者について、村民会議もしくは村民代表会議が同意すれば選挙への参加を認めている。選挙人名簿への登録を承認されると、他所での投票は許されない。

雁田村の第一回村民委員会選挙は、村民委員会組織法と広東省にて採択された村民委員会選挙規則にしたがって、一九九九年六月に実施された。むろん、雁田村籍でない人々にはいかなる配慮もされなかった。そして、驚くことではないが、一九八一年より村を率いてきた鄧耀輝が選出された。実のところ、選挙演説も質疑応答もなされず、それは既定の結論であった。村民ならびに村の幹部は、入念に考えられた「選挙」の手順は、〝完全に余計なこと〟と感じていた。これは、ひとつの姓が支配する村では、人々は同族の候補者へ投票する傾向があるという何包鋼（He 2003）の論考と符合する――多くの姓からなる村では、対照的に、有権者は候補者の素養をより重視する傾向がある――。

雁田の選挙過程は、次の通りである。まず、村民は、村民選挙委員会の成員――第四回、第五回選挙においては一一人――を選出し、その後、村の最高権力機関である村民代表会議の代表――第四回、第五回選挙においては九〇人――が選出された（註5）。続いて村民会議が開催され、無記名投票により、村民委員会成員の候補者が職位と組み合わせて――〝2 in 1《ツーインワン》〟［二合一］方法で――選ばれる。候補者が確定されるや、村民選挙委員会は、村民委員会の主任、副主任、委員について、最終の直接投票を取り仕切る。

第一回村民委員会選挙においては、地方政府の規定にしたがって候補者数を成員数よりも二〇％多くし、結局八人の候補者より七人――主任・鄧耀輝、副主任・鄧満昌、委員・鄧淦田、鄧旭枢、鄧沢栄、鄧芸歓、鄧森揚――が選出された。一九九九年六月三〇日、雁田村民委員会が正式に設立された。その際、当時の鳳崗鎮副鎮長・楊志欽は挨拶の言葉を述べ、選ばれた者には当選証書が授与された（Deng ed. 2003, 384）。村民委員会組織法の規定にしたがい、第二回村民委員会選挙は、二〇〇二年一月に実施された。予め最終候補者名簿が作成されることもなく、一月四日、「海選」方式にもとづき、候補者が職位と合わせて村民より推薦された。一月一三日、正式な選挙が執り行われ、七人の現職者が再選された。

二〇〇五年四月一二日の第三回村民委員会選挙は、それまでに村民委員会主任を二期務めた鄧耀輝の続投が認められないため、雁田にとってことのほか重大であった。鄧耀輝は、一九八一年より雁田の党支部・総支部書記でもあった。さらに、地方政府の規定にしたがい、村民委員会の成員数を七人から五人に削減しなければならなかった。こうしたことは懸念を生んだが、最終的には、新しい村民委員会の成員が正式な手順にそって選出された。先の村民委員会の委員であった鄧沢栄が主任に選ばれ、副主任の鄧満昌は留任となった。委員については、鄧旭枢が再任、鄧順誼と陳麗娟（女性委員）は新任であった。二〇〇八年五月一五日、第四回村民委員会選挙では、主任・鄧沢栄、副主任・鄧満昌がともに再選され在職期間を延ばした。委員には、鄧順誼と陳麗娟が再任、鄧恵新は新任であった。

二〇一一年三〜四月、雁田では選挙が続いた。三月一五日には村民代表会議の代表九〇人、三月二八日には株主代表一〇〇人が選出された。また、四月には、第五回村民委員会選挙を管理する村民選挙委員会成員、ならびに九村民小組にて組長の選挙を実施した。二〇一一年の選挙にて、注目すべきひとつの特徴は、選挙過程の指導、候補者の推薦について風崗鎮党委員会・政府が再び幅を利かせてきたことであった。雁田村第五回村民選挙委員会は(註6)、風崗鎮によって初めから整えられていた選挙規則を〝起草〟した(註7)。なお、鎮の指針は、その管轄区域内すべての村に適用された。この指針により、先に述べた投票手続きや、成員数五人（主任一人、副主任一人、委員三人）のうち委員一人は女性とし、投票用紙を別にして選出といったことが明確にされた。

先の選挙とは大きく異なり、風崗鎮党委員会は、雁田村第五回村民委員会成員の推薦候補を列記してきた（註8）。鎮党委員会は、そうした〝提案〟が現任者に対する業績評定ならびに民意調査にもとづくものと主張した。鎮当局は、明らかに現状に満足し、民主的な手順にことごとく応じて混乱につながるような危険をおかしたくなかった。結果が既知であるように民主主義を管理、〝誘導〟しようとのそうした企ては、体制全体を通して広く見受けられる。二〇一一年三月、党組織を一九八一年より運営していた鄧耀輝が雁田村党総支部書記を退き、後任には村民委員会前主任、雁田村党総支部副書記の鄧沢栄が就くことになるため、おそらく、この時期、そうしたことは特に重要と考えられた。雁田村第五回村民委員会の新主任には、一九九九年から副主任を務め、長年、党支部・総支部副書記も担ってきた鄧満昌が推された。党総支部書記と村民委員会主任の兼職は、東莞市当局によって推奨されていない。〝提案〟には、鄧沢栄は選挙に参加しないと注記されていたが、かくして、この村党総支部書記・鄧沢栄も、鄧満昌が選ばれることを支持した。

雁田村第五回村民委員会成員の候補者推薦大会は二〇一一年四月四日に、最終の正式な選挙は四月一〇日とされた。筆者らは、選挙を実地調査するチームを率いた。村内における重要性を考え合わせ、四月四日は東二村民小組にて候補者推薦大会を追った。これは、村内で人口が最多――一八三戸・六七八人、そのうち一八歳以上の有権者は五五九人――で、鄧満昌はこの東二村民小組の成員である。さらに、当該人口の七一％は、鄧氏である。投票のため、各戸は代表一人を会場に送り込むことを認められていたが、みずからの投票を隣人、親族、ないしは友人に託す者もいた。結果的に、候補者推薦大会のために来場したのは一五五戸の代表に止まった。計五五八票が配られ、五五七票が投じられた（投票率九九・六％）。

この東二村民小組での候補者推薦大会は、午前九時三〇分に始まり、その内容は、東二株式経済合作社理事・鄧進霊による候補者推薦大会についての簡単な説明と、推薦する候補者・職位への投票の二項目であった。

風崗鎮党委員会によって提案された候補者名簿は、会場の前方に設けられた投票所内には掲示されなかったが、外の目につくところに貼り出された。さらに、投票所を示す掲示板の裏側にも、提案された候補者名簿が掲げられていた。もっとも、実際にそれを閲覧していたのは、中年女性二人だけであった。投票者は、戸主の名前が呼ばれるまで待って、投票のために進み出た。有権者には二種類の推薦票が配られ、一枚は村民委員会主任、副主任、二人の男性委員用で、もう一枚は一人の女性委員用であった。投票には、一時間程度かかった。その後、投票箱は封印され、四人の警官によって中央会場へと運ばれた。

九村民小組の投票箱が寄せ集められ、票が数えられた。開票所は立ち入り禁止とされ、開票を担う指定された者のみ中に入ることを許された。各投票箱は、少なくとも一人の警官に守られた。一時間後、集計結果が公表された(註9)。鎮党委員会の提案と符合するように、鄧満昌は、得票率八三%で――それどころか、副主任、委員にという票も含めると、彼は八九・八%の支持を取りつけ――、村民委員会主任に推挙された。副主任では、鄧順誼の得票率が八一・四%に達した。そして、村民委員会の二人の男性委員には、鄧恵新と鄧錦浩がそれぞれ得票率七七・二%、六八・八%で、また女性委員には、陳麗媚が得票率九〇・一%で推された。「二つの過半数」という要件は満たされた――有権者の過半数(二、六〇八人のうち二、六〇四人)が投票し、すべての候補者の得票率が五〇%を超えた――。かくして、四月一〇日に予定されていた最終の選挙は、実質的になくてもよくなり、この候補者推薦大会で十分であると判断され、選挙は終了した。

この選挙結果は、全般的に受け入れられていたように思われる。鄧順誼と陳麗媚は、それぞれ合計の得票率が九〇％を超え、鄧満昌もほぼ九〇％に達した。平均得票率は、八六・一％であった（表8.1）。もっとも、他にも多くの候補者が村民によって推薦され、鎮党委員会の提案にすべてが単純に追随しているわけではないことを示していた。選出された五人の候補者以外に、四八人もの候補者が推薦されていた。たとえば、鄧汝嬌は村民委員会委員に一九七票、鄧樹培は副主任に四票、委員に一一一票、そして鄧岳輝は主任に二票、副主任に六票、委員に一〇六票を得ていた。

村党総支部選挙

鄧春桂、鄧徳晩、鄧連歓、鄧瑞洪を含め、村民五人が初めて中国共産党に加わったのは、一九五一年一月になってからであった。彼らは、当時の風崗郷政府で宣誓を行った。そして、一九五一年九月には雁田に党支部が設立され、新たに陳秀林、鄧旭鄰、梁照倫の三人が入党した。一九五九年末、党支部の党員は三七人になり、その後、受け入れた新党員は一九六〇年代に一〇人、七〇年代に二七人、八〇年代には三人のみ、九〇年代には二九人となった（Deng ed. 2003, 314-318）。二一世紀に入ると最初の一〇年間に、新党員は四八人と大幅に増加した（註10）。このような動向は、一九九〇年代以降の党勢復活、ならびに、人脈の構築と個人の成長に枢要な機関としての党の役割を反映している。二〇一一年、党員数は一五九人に達し、雁田村籍を有する村民総

表 8.1　第五回村民委員会成員の候補者推薦大会における得票

候補者	得票数（票）				有効票総数(票)	得票率（%）			
	主任	副主任	委員	計		主任	副主任	委員	計
鄧満昌	2162	145	32	2339	2604	83.0	5.6	1.2	89.8
鄧順誼	150	2145	172	2467	2604	5.7	82.4	6.6	94.7
鄧恵新	57	130	2010	2197	2604	2.2	5.0	77.2	84.4
鄧錦浩	13	54	1791	1858	2604	0.5	2.1	68.8	71.4
陳麗媚	0	6	2345	2351	2604	0.0	0.2	90.1	90.3
平均				2242	2604				86.1

出典：2011 年 4 月 4 日、雁田村での筆者らによる実地調査時のデータ

数の約五%を占めた——全国とほぼ同様な割合である——。

そうした歴史を通じて、雁田の党支部・総支部は、鄧春桂(一九五〇年代)、鄧就権(一九六〇~七〇年代)、鄧耀輝(一九八一年より村における改革の総指揮者)の三人によって導かれてきた。ただし、これら鄧氏三人は、非常に異なる過渡期、時代に村を率いた。鄧春桂は、一〇年にわたり、合作化に踏み切り、農業水利施設の整備に取り組むように先導した。鄧就権は、二〇年にわたって、科学的な農法、農業開発の推進を試み、文化大革命という激動の初めから終わりまで村の舵取りをした。鄧耀輝は、党支部・総支部書記として、三〇年間、初期の改革から、グローバル経済への統合、さらにはその後に続く富の創出まで村を指揮した。

雁田における党の活動史は、二期に分けられる。一九八〇年代の幕が開く前までは、合作化、そして人民公社体制のもと、党支部は、上からの指令が農村部で遂行されるように取りはからう政治的な機関としておもに機能した。基層の党組織の責務は、上級への報告で、自発性や柔軟性が受け入れられる余地はほとんどなかった。当然、党支部の書記は、村の党員選挙によらず、上級の党組織によって任命された。いずれにせよ、この時期、二人の党支部書記が鄧氏であったことは注目に値する。一九八〇年代半ばから、党支部書記の鄧耀輝は、村の党員による直接選挙を提唱し始めた。当該選挙は、やがて村民委員会選挙と同じ年に、やや先立って実施されることになった。後に、同時期に行われる二委員会——党総支部委員会と村民委員会——選挙は、さらに村の経済管理委員会である株式経済連合社選挙も含めた三委員会選挙に広げられた。

党総支部委員会の選挙管理規則は、「中国共産党章程〈規約〉」と「中国共産党基層組織選挙工作暫行〈暫定〉条例」によって定められている。これら二文書をもとに、五基本原則・重点事項が設けられた。第一に、選挙の手続き、組織的な作業を含め、選挙に関わるあらゆる活動は、現任の党支部委員会によって取り仕切られねばならない。第二に、党総支部委員会の成員数は、通常、上級の党組織——すなわち風崗鎮党委員会——によって提案され、それより候補者数が決められる。たとえば、二〇一一年の選挙では、風崗鎮は雁田村党総支部委員会の成員数を七人とした。また、選挙の候補者数は、定員数よりも二〇%上回ることとの「暫定条例」の条件を満たすように八人となった。第三に、候補者は、一般の人々、党員、党支部・総支部委員会それ自体による推薦を通して見出され、鎮党委員会の同意によって確定される。この候補者予備人選名簿は、討議のため、村のすべての党員に示され、多数意見によって候補者名簿が決定される。続いて、村の党員は、無記名投票を行う。そして、六〇%を超える選挙権者の投票があれば有効となる。最後に、投票が終了すると、ただちに投票用紙が皆の前で検査・集計される。候補者が選出されるには、可とする票が選挙権者総数の過半数を占める必要がある。得票が過半数に達する候補者数が定員数を上回った場合には、党総支部の成員は、得票数にしたがって決定される。開票検査員は、会場の村の党員に結果を報告する。また、この選挙結果は、村のすべての党員に公表される。

二〇〇四年八月一二日の選挙は、このような手続きのもとで行われ、党支部書記には鄧耀輝が再任された。二人の党支部副書記には、鄧沢栄と鄧満昌が再選された。そして党支部委員には、鄧森揚、鄧淦田、鄧順誼、陳麗媚が選出された。二〇〇五年一月一八日、雁田村党支部は、農村基層党組織改革を試行する一機関に選ばれた。党員数が増加するなか、雁田村党支部は、村民小組をもとに——小規模なところは二小組を合わせ——形成された五党支部を傘下におく、雁田村党総支部に格上げされた。二〇〇八年三月一二日、雁田村党総支部は選挙を行い、現任者はすべて再選された。幹部たちに対する村の党員の満足度が、それなりに高いことを示している。

最近の村党総支部委員会の選挙は、二〇一一年二月下旬から準備作業が始められ、三月八日に行われた。そうした作業の第一段階は、候補になる可能性のある人物の名簿づくりであった。この討議は、村の党員だけに止まることなくなされた。全村の村外からの投資家や出稼ぎ労働者の党員を除く、正式な党員一五一人とともに、村民代表九〇人ならびに株主代表一〇〇人も参画した。もっとも、身分の重複のため、実際に協議した人数は、総計三四一人ではなく一八〇人であった。そして、このグループが、村党総支部委員会候補者の予備的な人選にあたった。

第二段階は、この一八〇人のグループが人選した一四人の候補者の評定であった。この作業は、「民主的評定」［民主測評］と呼ばれ、主として、現職についての総合評価と、政治思想、職業倫理、実務能力、調整能力、企業家精神など、具体的な要件についての評価で構成されていた（表8.2）。この評定を経て、第三段階においては鎮党委員会に上位八人の候補者を報告し、改選選挙党員大会の開催、その議題案とともに指示を仰いだ。三月四日付けで、村の党総支部委員会は、日程については三月八日、候補者は八人で、そのうち鄧沢栄と鄧満昌がそれぞれ党総支部委員会書記と副書記に唯一の候補者として推されたとする文書を正式に提出した(註11)。風崗鎮党委員会からは、即日、そうした提案を承認するとの回答があった。党総支部委員会委員が選出されたなら、鎮党委員会に報告のこと、また書記と副書記の選挙結果に関しては鎮党委員会に報告して指示を仰ぐことと記されていた(註12)。

そして、第四段階であるが、三月八日に選挙は予定通りに実施され、すべての党員一五一人が投票をした。候補者のうち七人は、得票が過半数に達して選出された。前党総支部委員・鄧森揚は、

表 8.2　雁田村党総支部委員会に推薦された候補者に対する民主的評定・意見収集用紙

<table>
<tr><td>氏名</td><td></td><td>現職</td><td colspan="4"></td></tr>
<tr><td colspan="2" rowspan="2">現職についての総合評価
(✓印をつけてください)</td><td>優秀</td><td colspan="2">十分</td><td colspan="2">不十分</td></tr>
<tr><td></td><td colspan="2"></td><td colspan="2"></td></tr>
<tr><td colspan="2" rowspan="2">党支部委員候補者とすることに同意しますか
(✓印をつけてください)</td><td colspan="3">同意</td><td colspan="2">不同意</td></tr>
<tr><td colspan="3"></td><td colspan="2"></td></tr>
<tr><td rowspan="10">定量的評価</td><td colspan="2">具体的な要件</td><td>優</td><td>良</td><td>可</td><td>不可</td></tr>
<tr><td>政治思想</td><td>マルクス主義、毛沢東思想、鄧小平理論に関する知識。政治的に慎重な対応。法規の遵守。高潔な人柄。</td><td></td><td></td><td></td><td></td></tr>
<tr><td>職業倫理</td><td>命令への服従、職務への忠誠。法規にもとづく対処。大局的な観点からの熟慮。人を支援する心構え。</td><td></td><td></td><td></td><td></td></tr>
<tr><td>実務能力</td><td>職務に関連する政策、法規、管理の知識。政策を正しく読み取り、実施する能力。職務の内容、要求事項に関する確かな知識。詳細な情報にもとづく意思決定、適切な管理、秩序立った実施。</td><td></td><td></td><td></td><td></td></tr>
<tr><td>調整能力</td><td>計画的、体系的、先見的で、人々の意欲を高め、仕事・対人関係への適切な対処が可能。</td><td></td><td></td><td></td><td></td></tr>
<tr><td>企業家精神・
イノベーション能力</td><td>職務では革新的、創造的で―計画、案を提示―、特長を備え、重要な役割を遂行。</td><td></td><td></td><td></td><td></td></tr>
<tr><td>文章表現能力</td><td>必要に応じて公文書の作成が可能。的確かつ論理的な口頭表現。</td><td></td><td></td><td></td><td></td></tr>
<tr><td>勤務態度</td><td>出勤記録規程の遵守。集団（公益）活動への積極的な参加。手堅く、主体的に、団結心をもって職責を遂行。</td><td></td><td></td><td></td><td></td></tr>
<tr><td>作業効率・実効性</td><td>職務ならびに指導幹部より与えられた事項の完遂。その質の高い成果。迅速な対応。優れた業績。</td><td></td><td></td><td></td><td></td></tr>
<tr><td colspan="6">＊ 優、良、可、不可からひとつ選び、✓印をつけてください</td></tr>
<tr><td colspan="7">全般的な仕事ぶりや欠点について：</td></tr>
</table>

注　1. 記入欄が足りない場合は、別紙を添付してもよい。
　　2. 民主的評定用紙は、取りまとめのため、鎮党委員会によって回収される。

出典：2011 年 4 月 6 日、筆者らによる実地調査時に入手

得票が最も少なく、したがって落選した(註13)。興味深いことに、最多得票者は、推されていた書記ではなく、一四二票を得た村民委員会の女性委員であった。最終候補者名簿にはなかった者も票を得ていた。そのなかには、村の若い世代を代表する者もいた。また、前党総支部書記・鄧耀輝にも、選挙には出ないと明言していたにもかかわらず、一票が入った。その後、党総支部委員会の初会議では、鄧沢栄が書記に、鄧満昌が副書記に全会一致で選ばれ、鄧淦田は規律検査ならびに組織的作業、陳麗媚は宣伝活動の担当とされた。こうした成案は、速やかに風崗鎮党委員会へ報告された。これは、鄧耀輝から鄧沢栄、鄧満昌という次世代へ、村内における上首尾な権力の移行を明示した。結局、鎮レベルの党組織は特に注意を払い、村民委員会選挙と同様に、みずからの提案する候補者名簿を表明していた。

長年にわたって、雁田村党総支部は党建設活動に取り組むだけでなく、村民のために配当の増加、福利の向上、雇用機会の拡大に力を尽くす、当地経済発展の熱心な推進者でもあった。党総支部は、多額の資金を、新しい道路、発電所、浄水場の建設など、インフラストラクチュア整備に振り向けてきた。また、経済においては民営企業の発展を図りながら、環境の改善にも努めてきた。二〇〇六年、党総支部は、「雁田村党組織建設三年規劃〈計画〉」を立てた。これは、「社会主義新農村の建設に合わせ、村民の能力向上、豊かな社会の達成に努めよ」と繰り返される中央の政策のもと、「工業発展の新たなうねりを求め、さらに投資を呼び込むために、川の東岸――〝河東〟――を開発する機会をとらえよ」というスローガンで、主たる焦点としての経済発展を前面に押し出した。同時に、この計画は、「党建設に拍車をかけるとともに、村のすべての社会的事業を進展させるため、組織的な保証を提供する」必要性を重ねて表明した。確かに、党総支部は、より高い収入、より多くの雇用機会を生み出すだけでなく、医療・年金保険など、社会保障の水準を向上させ、さらには国内外で学ぶ雁田人の若者に奨学金を与えるなど、雁田村籍の住民の幸福増進に全力を尽くしている。このように、雁田村において、党総支部は枢要な機関であり、村民委員会や村民会議が担うような経済発展と幸福な暮らしに関する活動の多くを指揮していることは明らかである。

株式経済連合社選挙

新中国の成立後、中国農村部は、集団経済組織の指導者を選出する仕組みを発展させてきた。一九五六年六月、全国人民代表大会にて採択された「中華人民共和国高級農業生産合作社模範定款」は、農業生産合作社を、相互の利益のために自発的に設立された社会主義的集団経済組織とした。この定款には、農業生産合作社は社員によって選ばれた合作社主任のもと、しかも社員の討議によって決められた重要事項にしたがい、民主的に管理されることと明示されていた(註14)。対照的に、人民公社は、集団経済組織であるとともに、国家の末端政治権力組織であった。一九六一年三月に採択された「農村人民公社工作条例(草案)」では、人民公社―生産大隊―生産隊の三級所有制の確立や、基本採算単位を生産隊に縮小して、その生産隊による土地の所有、収益の分配などが打ち出された。農業生産合作社の定款とは異なり、農村人民公社工作条例(草案)は、民主的な管理についての言及はなく、むしろ時代に合わせ、人民公社の組織原則は「民主集中制」〈民主を基礎としたという中央集権制〉であった(註15)。もっとも、各級社員代表大会の代表と、各級管理委員会、検査委員会の成員は、社員による十分な協議の後、無記名投票により選出されることになっていた。

老齢の村民への聞き取り調査を通じて、このようなやり方が合作化・人民公社の時代になされていたことを確かめた。いずれにせよ、一九八〇年代には大きな経済成長がみられず、村の集団は衰退し、集団の資産を管理する専門の集団経済組織はなかった。こうした状況は、一九九〇年代中・後期までにことごとく変化した。〝新型〟の集団経済が離陸すると、監督・管理に深刻な課題が生じてきた。

一九九九年、村民委員会設立後まもなく、雁田村党支部は、村民の間での幅広い話し合いを経て、「雁田経済連合社」を創設した。一九九九年一二月一六日、雁田村党支部は、「東莞市鳳崗鎮雁田経済連合社土地股份〈株式〉合作制章程〈定款〉」を公布した。この定款は、雁田経済連合社の最高権力機関を当該経済連合社の社員代表大会とした。社員代表大会は、理事長、副理事長を含め、理事会、監事会の成員を選出する。すべての重要事項は、必ず社員代表大会の討論を経て決定され、理事会によって執行される。なお、この重要事項とは、経済連合社の年度収支予算・決算、集団収益の分配、村の集団資産の処分・分配、経済発展・公共財整備に関わる主要な投資事業、集団資産の運用、社員の新株引受権・配当請求権などである。

この定款は、村民委員会選挙と同時期の選挙も求めている。任期三年で、再選は妨げられていない。驚くことではないが、一九九九年末に初めて執り行われた選挙では、理事長に村党支部書記の鄧耀輝、副理事長に陳広勝が選ばれ、理事には鄧満昌、鄧旭枢、鄧淦田、鄧森揚、鄧芸歓が名を連ねた。経済連合社理事会の構成に、党支部委員会の影響力が見て取れる――党員四人が就任――。

二〇〇三年八月、雁田村は農村株式制改革を推進し始めた。結果的に二〇〇三年一一月六日、社員代表大会の決定にしたがい、雁田経済連合社は、「雁田株式経済連合社」に改称された。そして、新たに「風崗鎮雁田股份〈株式〉経済連合社章程〈定款〉」が採択された。新定款には、民主的な選挙に関して、いくつかの重要な点が盛り込まれていた。

第一に、雁田株式経済連合社は、集団で資産を管理する新型の集団経済組織と定義された。第二に、所有権制度は、法人・個人財産権の二重構造とされた。法人財産権の主体とは当該株式経済連合社であり、自然人である個人の財産権とは、新定款の規定にもとづいて取得される株式を指す。この作業は、広東省政府の規定にそったもので、村はその組織を農村株式会社［農村股份有限公司］へ改称するように指示されていた(註16)。村民小組の資産は、村民一人ひとりに株が与えられ、事実上〝公司化〟された。当該株式経済連合社の全純資産は、すべての株主に等しく分けられたが、実際には、個人株はそうした株主による共有となっている。

第三に、新定款は、権力構造の要点を示している。この株式経済連合社の最高権力機関は株主大会〈総会〉とされ、一株一票制による。株主大会のもとには株主代表大会が設けられ、三〇人の株主につき一人の代表が選出される。株主大会での決議は、その会合に出席している株主代表の三分の二以上によって承認されなければならない。そして、可とする票数が全株式の半数を上回った場合にのみ有効となる。株主代表大会については、株主代表の三分の二以上の出席がなければならない。また、株主代表大会での決議の承認には、可とする票数が出席者の過半数に達していなければならない。理事会は、株主代表大会の常務政策決定・管理機関であるが、株主代表大会によって、その権限は制約されている(註17)。監事会は、理事会ならびにその他の管理担当者の業務に対して、株主大会・株主代表大会の決定した事項ならびに定款にそった意思決定がなされるように監査を行う。それゆえ、監事会成員は、理事会成員を兼ねることができない。

第四に、理事会は、株主代表大会・株主大会にて決定された事項を執行する。理事会は、七人で構成され、任期は原則として三年である。再選は妨げられず、村党総支部委員会・村民委員会成員との兼職も可能である。理事会のすべての成員は、株主代表大会で選出されねばならないが、理事長と副理事長は理事会成員による無記名投票で選ばれる。第五に、監事会は、監事会主任一人を含む、五人で構成され、株主代表大会で選出される。監事会の任期は、理事会の任期と同じである。

改めて、村の要人の兼職を見てみよう。二〇〇三年一二月二六日、新定款にしたがって、理事会成員が無記名投票を通じて選出された。理事長には党支部書記の鄧耀輝、副理事長には陳広勝、理事には鄧沢栄、鄧満昌、鄧順誼、鄧恵新、李恵幇が選ばれた。陳広勝と李恵幇を除き、他の理事会成員五人は、いずれも村党支部委員会や村民委員会の現任者であった。監事会主任には、株主代表大会で鄧鶴齢が選出された。他の監事会成員四人は、鄧容穏、鄧紹輝、鄧桂祥、梁耀南であった。興味深いことに、誰も村党支部委員会や村民委員会の成員ではなかった。二〇〇八年五月には、雁田株式経済連合社が二〇〇三年一一月に正式に立ち上げられて以降、第二回目となる理事会・監事会選挙が実施された。

基本的な選挙方法については、以下の通りである。まず、理事会・監事会成員の候補者選びには二方式がとられる。そのひとつは、村民小組での討議を通じて作成される推薦候補者名簿である(註18)。もうひとつは、一〇人以上の株主代表の連名による推薦候補者名簿である。こうして推薦された候補者数が、規定されている候補者数――理事会・監事会ともに当時の規定では定員数に三人を加えた人数――の二倍以内であれば、その者たちは、村党総支部委員会と村民委員会によって、候補者数を規定の数に絞る予備選挙の正式な候補者として承認される。次に、候補者選びに続く予備選挙では、各々の株主家庭が当該選挙に参加する一八歳以上の成員一人を推挙でき、そのように推された者（株主家庭代表）が可・否、あるいは棄権票を投じることができる。なお、予備選挙の候補者名簿にはない人物への投票も可能であるが、可とする票は規定の最終候補者数を超えてはならない。村には、七〇〇あまりの株主家庭が存在した。最後に、正式な選挙においては、無記名投票が行われるが、少なくとも株主家庭代表総数の三分の二の参加がなければならない。再度、株主家庭代表は、最終候補者名簿にある人物のみならず、その他の人物にも投票できる。理事会・監事会成員が選出されると、それぞれ新たに当選した成員のなかで、理事長、副理事長や、監事会主任についての投票が行われる。株主家庭代表は、こうした投票には加わらない。

二〇〇八年四月二一日、規定にもとづき、三〇人の株主につき一人の代表という割合で、第二回株式経済連合社株主代表一〇〇人が選ばれた（註19）。そして、二〇〇八年五月一二日には、新しい理事会・監事会成員が選出された。理事長には鄧耀輝、副理事長には陳広勝、理事には鄧沢栄、鄧満昌、鄧順誼、鄧恵新、李恵幇が再任された。また、監事会主任には鄧鶴齢が再任され、他の監事会成員については鄧祖歓が新任、鄧容穏、鄧紹輝、鄧桂祥が再任であった。

第三回株式経済連合社選挙に関わる準備作業は、二〇一一年三月に始まった。三月二八日、村民小組は、三〇人の株主につき一人の代表という割合で、株主代表一〇〇人を選んだ。なお、各村民小組の株主代表数は異なった。株主代表数が最多であったのは東二で二一人、最少は石蚧の五人であった(註20)。選挙委員会の成員一一人は、四月六日、村の株式経済連合社の理事会・監事会候補者推薦大会に関わる会議を開いた(註21)。そして、新しい党総支部書記の鄧沢栄、新しく村民委員会主任に就くことになる鄧満昌を含め、候補者八人を推す正式な報告書を、風崗鎮党委員会と風崗鎮政府農業部門へ提出した(註22)。同日の午後には、その報告書・候補者が両組織によって承認された。

承認を受けて、選挙委員会は具体的な選挙規則を取り決め、選挙を四月八日午前九時より村の庁舎にて行うとした。選挙規則のおもな内容は次の四点であった(註23)。第一に、理事会成員は理事長一人、副理事長一人を含め七人、監事会成員は五人であるが、理事長については、党総支部書記による兼職とされ、この職位は投票に付されないことになった。第二に、理事会・監事会の候補者は、選挙委員会によって推されることとした。第三に、候補者数は、定員数よりも一人多い選挙［差額選挙］とした。最後に、選出が有効とされるには、三分の二の株主代表が出席し、さらには候補者が出席者の三分の二以上の票を獲得しなければならなかった。

四月八日の選挙には、株主代表一〇〇人のうち九九人が出席し、その九九人全員が投票した。理事会については、鄧順誼が最多の九六票を得た。そして、村民委員会主任・鄧満昌は選ばれたが、第三回の成員のなかでは最少の七〇票であった(註24)。鄧満昌は、そうした得票数にもかかわらず、まもなく理事会成員によって副理事長に選出された。監事会に関しては、三人の株主代表が棄権した。そして、鄧祖歓が最多の九一票を得た。鄧満昌と同様に、第三回の成員のなかでは最少の七七票であった鄧桂祥が、監事会成員によって監事会主任に選出された。要職者二人の得票がそれぞれ最少であった事実は、いかに投票すべきかを上級当局に指図されたことへの不満を示唆しているのかもしれない。時を移さず、この選挙の報告書は、風崗鎮改選選挙指導小組へ提出された。

村務公開

「村民委員会組織法」は、公事や集団の利害に関わる事項を全村民へ伝えるため、村民委員会にさまざまな手段を用いるように求め、村務公開が村政の基本原則であると強調している。また、村民は管理・監督にも関与しなければならない（Yu 2002, 338）。合作化・人民公社の時期でさえ、集団の会計について透明性を求める声があったが、実際に行うとなると、多くの地方においてむろん別のことであった。一九五五年の「農業生産合作社示範章程〈模範定款〉（草案）」、一九六二年の「農村人民公社工作条例（修正草案）」は、合作社、人民公社の帳簿がいずれも定期的に公表され、公有資産のリストが年末に開示されなければならないとしていた（Luo 2006, 111）。一九八〇年代には、江蘇省、山東省、河南省などの集団経済がより発展した村々では、集団の収入、住宅用地の分配、計画出産などの状況や方策を村民に公開し始めた。

一九九四年一〇月、中央政府は、村務公開の進展を図る一部の地方における試みは、全国的に実施されるべきであると提起した。その試みとは、集団の財務状況、住宅用地の審査・許可、計画出産に関する情報を開示するため、壁にポスターを貼ることなどであった。一九九八年の村民委員会組織法には、「村民委員会は、公事・公益事業の費用を手当てするため、村民会議による討議・決定を経て、村の経済組織や村民から資金を集めてもよいが、その収支は、村民と村の経済組織が監督できるように、定期的に公表されること」との規定が含まれていた。さらに、「村民委員会は、村務公開を行うこと」と明確に記されている。これにより、中国農村部において、村務公開制度の普及が進んだ。なお、一九八七年の「村民委員会組織法（試行）」を踏まえ、早くもすでに一九八八年には、二四省・自治区・直轄市の地方法規に、村の公事に関わる財務状況の適時開示を図るといった条項が組み込まれていた（http://baike.baidu.com/view/987139.htm）。

農村が大きく変化するなかで改正された二〇一〇年の村民委員会組織法は、さらなる情報開示を促した。村務公開のおもな事項には、（一）村の集団の収益とその使途、（二）村の公益事業の整備計画、資金調達、労働力の動員計画、（三）村の請負地利用計画、（四）住宅用地の使用計画、（五）集団資産の処理方式、（六）国家の計画出産に関する政策と村におけるその実施計画、（七）村民委員会が行った政府への協力などが掲げられた。こうした公開は、少なくとも四半期ごととなったが、集団の財務処理をともなう重要な事柄については月に一回の開示、さらに村民の利益に影響を及ぼす重大な事象はただちに公表とされた。なお、この改正された村民委員会組織法は、村務公開などの制度の実施状況を監督するために、たとえば村務監督委員会など、何らかの村務監督機関の設置も提起していた（http://wenku.baidu.com/view/6f78620ef12d2af90242e682.html）。

雁田村にて村務公開制度が取り入れられたのは、一九九八年の村民委員会組織法が採択された後であった。もっとも、初期に行われていたことは成り行き任せで、しかも上辺だけであった。二〇〇〇年に入り、雁田村は、東莞市と鳳崗鎮政府からの求めを受けて村務公開といった課題を重視するようになり、村の財務を中心に進めた。この集中的な作業は実を結び、二〇〇八年、東莞市党委員会・市政府は共同で、雁田村を「東莞市村務公開・民主管理モデル農村」とした。

雁田村での村務公開作業には、重要な特徴が三点みられる。第一に、前述の通り、それは上級からの求めに応じ、重くとらえられた。第二に、雁田の劇的な成長は、数多くの建設プロジェクトをともない、村の要職者は、主要事業の認可、工事、竣工といった経過情報の開示に細心の注意を払い始めていた。第三に、その方策については、村民への時宜を得た情報開示に全力を注いでいた。村の集団の収支、すべての事業の契約とその収支、土地の譲渡、工場建物の賃貸契約・賃貸料、村の幹部の給与など、村のすべての財務状況が公表されている。二〇〇八年七月、雁田村での調査時に、村中心部の大きな掲示板に貼られた財務情報が、「年初公開」「毎季公開」「毎月公開」「即時公開」というように四分類されていることに気づいた。毎年「年初公開」においては、その前年の総括と当年の発展計画の概説がなされる。これには、主要な建設プロジェクトと新たな開発構想に関する報告が含まれる。さらに、村の幹部の給与や年間賞与も公表される——こうしたことは実質的には風崗鎮政府によって決められ、村の幹部には自由裁量の権限がない——。

「毎季公開」の内容は、概して、財務データというよりむしろさまざまな大規模建設プロジェクトの進展状況である。なお、医療保険計画に関わる報告もみられる。「毎月公開」の情報はおもに財務関係で、雁田株式経済連合社の毎月の収支、損益計算書〔収益表〕、貸借対照表、勘定科目一級についての内訳書、雁田村民委員会の長期借入金・未払金などである。その他には、土地収用にともなう収入、村民委員会の借入金返済、監事会による建設プロジェクトの監査結果といった重要事項もある。

「即時公開」の対象となる財務情報は、おもに基本建設プロジェクトに関わる毎月の支払いである。また個々のプロジェクトの詳細な情報が公表され、村民はその進捗・予算執行状況を理解でき、的確にプロジェクトを監督し得る。さまざまな事柄が開示されるが、基本建設プロジェクト契約上の合意、土地の譲渡、医療保険の改変、道路改良、学校建設なども含まれている。なお、二〇〇三年、広東省は、一四項目の情報開示を求める資料を配布し、そこにはあわせて定期的な開示のスケジュールも示していた(註25)。

年末には、村民委員会は、村の集団の収支などを概説したパンフレットを印刷する。このパンフレットは、すべての家庭にさらに多くの情報を提供し、村の財務について振り返って、質問できるように配布されている。

二〇〇八年調査時、より詳細な例として、私たちは「年初公開」で発表された次のような資料を目にした。

(1) 二〇〇七年雁田株式経済連合社の「収益表」(同年一二月決算後)において、「収入合計」は一億八、八七〇万元、「支出合計」は六、四〇〇万元、そして「当期収益」は一億二、四七〇万元であった。公開日は、二〇〇八年一月一五日。

(2) 二〇〇七年「収益分配表」――雁田株式経済連合社と村民委員会の計算書を合わせ、株主大会にて公表されたもの――において、「当年収益」は一億二、四七〇万元、「可分配(分配可能な)収益」は一億二、七〇〇万元、「株主に分配可能な収益」は八、七五〇万元――「集団株への分配」は五、三五〇万元、「個人株への分配」は三、四〇〇万元――であった。

(3) 雁田株式経済連合社の貸借対照表(二〇〇七年一二月決算後)において、「年末資産総額」は二〇億九、五〇〇万元と報告され、流動資産が一五・四%、長期・固定資産が八四・六%であった。なお、農業資産は――牧畜業、林業も含めて――零であった。所有者持分は二〇億三、〇〇〇万元に達し、「負債・所有者持分総額」の九六・九％を占めた。

(4) 村民委員会の貸借対照表（決算後）には、「資産総額」が九三〇万元、「負債総額」が三、九三〇万元、所有者持分がマイナス三、〇〇〇万元と示されていた。

(5) 雁田株式経済連合社の「勘定科目内訳書」（決算後）には、一級の三二科目について、「期首残高」、「当期発生額」、そして「期末残高」が、それぞれ「借方」と「貸方」に分けて記載されていた。

(6) 村民委員会の「勘定科目内訳書」（決算後）にも、一級の三二科目について、「期首残高」、「当期発生額」、そして「期末残高」が、それぞれ「借方」と「貸方」に分けて記載されていた。

(7) 東莞市農村（コミュニティ）集団経済組織の「財務収支・分配計画表」。

(8) 東莞市風崗鎮政府による農村（コミュニティ）集団経済組織の「年次経済計画審査表」。

二〇〇〇年七月、風崗鎮は、財務データの信頼性と客観性を高め、汚職のリスクを減らすため、新しいシステムを導入した。これは、各村間で村の会計を交代で行う仕組みで、「会計委派〈派遣〉制度」と称された。かくして、二〇〇〇年、雁田村に初めて派遣された会計は、風崗鎮油甘埔村の村民・黄映娜であった。雁田村を含め、まさにすべての村は、鎮が黄映娜などの給与を賄うために利用していた共同の口座へ、費用を納めなければならなかった。雁田村は、二〇〇七年に八万元、二〇〇八年には一〇万元を納めたとみられる――むろん、その会計がかような額を手にすることはなかった――。雁田村の会計は、鎮政府によって別の村へ派遣された。二〇〇六年、風崗鎮天堂囲村の村民・陳翠玉が、雁田村の会計に着任した。現在、陳翠玉は、雁田村のあらゆる会計業務に気を配り、定期的に村民へ財務データを公表している。

さらに、雁田村は、村の集団の財務ならびに任期を終える村の幹部を監査する制度も導入した。村の集団の財務については、四半期ごとに、他村から派遣されている会計が監査を行う――財務諸表の監査には、四～五日間費やされる――。監査所見は、指摘事項のすべてが解消されしだい、村民に公表される。二〇〇三年、雁田村は、推し進めてきた諸方策によって、「二〇〇三年広東省村務公開工作量化測評〈定量的評定〉表」で、一〇〇点満点の九二点を得ていた。

協調と監督

前述のさまざまな組織は、雁田の発展課題に対処するため、たがいに協力し合う必要がある。協調に関しては、二〇一〇年改正の「村民委員会組織法」と、そのもとになった草案に、党の基層組織――村党（総）支部――は、村で指導的役割を果たさねばならないと明確に表されている。村民委員会組織法には、党支部がリーダーシップにおいて中核的役割を発揮して、村民委員会による職権行使を指導・支持し、さらには村民による自治活動、民主的権利の直接行使を支持・保障することが示されている。また、村民委員会組織法は、村民委員会と集団経済組織の関係についても基本原則を明示している。村民委員会は、集団経済組織が法にもとづき独立して経済活動を行う自主権を尊重・支持し、集団経済組織、村民、請負経営者、共同経営者の合法的な財産権およびその他の合法的な権益を保障しなければならない。なお、村民委員会組織法は、党支部と集団経済組織の関係については直接規定していないが、党支部が指導的役割を果たすとの条項は、集団経済組織の活動が党支部の指導下でなされることを示唆している。実際、先に述べたように、株式経済連合社理事会の理事長は、党総支部書記であり、村の経済集団に対する指導力を確実に保持できよう。

雁田村では、そうした三大組織間の協調に関して、際立った特徴が四点みられる。第一に、もちろん、党のリーダーシップである。村民委員会と株式経済連合社は、いずれも雁田村党総支部の〝指導〟のもとで活動を行う。村民委員会は、多くの点にわたり、株式経済連合社理事会の実務に指示を与えるが、実際のところ、株式経済連合社は、党総支部と村民委員会の連携指導下で営まれている。第二に、仕事を大まかに分担し、協力している。党総支部は、党務に加えて、村の経済活動の指揮、さらには村民の権益保障も期待されている。村民委員会は、教育、医療衛生、治安、環境保護、年金、計画出産など、あらゆる公事に対応する。株式経済連合社は、プロジェクト投資や企業発展に取り組む。

第三に、村の要人には兼職がみられる。二〇〇五年四月以前、党支部・総支部書記、村民委員会主任、そして株式経済連合社理事会の理事長の職位は、すべて一人の人物――鄧耀輝――によって占められていた。二〇一一年四月の選挙を受けて、党総支部の優位は明らかになった。党総支部委員会書記・鄧沢栄は、株式経済連合社理事会の理事長にも就き、また党総支部委員会副書記・鄧満昌は、村民委員会主任と株式経済連合社理事会の副理事長も兼ねた（表8.3）。加えて、村民委員会副主任と委員三人のうち二人は、党総支部委員会の委員であった。株式経済連合社理事会の理事五人のうち二人も、党総支部委員会の委員であった。党総支部委員会の成員七人のうち二人だけが、他の二組織との兼職がなく、三人は三大組織すべての要職に就いた。

最後に、議題によっては、村レベルの組織の合同会議が開催されることがある。ときに、そう

表 8.3　村の三大組織にみられる要人の兼職 — 2011 年—

党総支部委員会成員		村民委員会成員		株式経済連合社 理事会成員	
書記	鄧沢栄	主任	鄧満昌	理事長	鄧沢栄
副書記	鄧満昌	副主任	鄧順誼	副理事長	鄧満昌
委員	鄧淦田	委員	鄧恵新	理事	鄧順誼
	鄧順誼		鄧錦浩		鄧恵新
	鄧永昌		陳麗媚		李恵幇
	鄧恵新				鄧広南
	陳麗媚				鄧岳輝

出典：2011 年の選挙結果をもとに、筆者らが取りまとめ

した三大組織のうち二組織による会議が開かれ、また他の問題では三組織すべてが参加することもある。村の発展に関わるすべての重要な決定は、合同会議での討議・熟慮の末になされるであろう。これには、土地利用、年末分配計画、計画出産の目標などが含まれよう。

大規模な建設プロジェクトは、いずれも、党総支部委員会、村民委員会、株式経済連合社の合同会議での決定を要する。素案が合同会議で承認されると、すみやかに、全村党員、幹部、村民代表を含めた拡大合同会議を開かなければならない。そして、プロジェクトについて投票・可決を経て工事が始まる。たとえば、村の集団は、二〇〇五年、祥新路の第一期整備プロジェクトに一、六〇〇万元、鎮田路の整備に二一〇万元、布心市場の建設に一、二〇九万元を費やした。二〇〇六年には、万金廠の第一期工場建設プロジェクトに二、〇五一万元、道路緑化に七〇六万元を投じた。そして、二〇〇七年には、送電線の敷設に一、九八九万元、万金廠の第二期工場建設プロジェクトに四、八七〇万元、祥新路の第二期整備プロジェクトに一、二五一万元をかけた。すべてのプロジェクトは、合同会議によって打ち出された後、村民代表会議ならびに村の幹部たちの「村組幹部会議」において、ただちに話し合いが何度もなされていた。

近年、村民自治制度に関しては民主的な監督が重視され、二〇一〇年の村民委員会組織法でそのことが強調された。第一に、村民会議または村民代表会議は、村民委員会の年次業務報告の監査、村民委員会成員の職務遂行状況の評議、村民委員会によってなされた不当な決定の取り消しや修正などにより、村民委員会とその成員を効果的に監督することとされた。第二に、村民委員会成員の在任・離任時の財務責任について、監査を行うことが定められた。この監査には、村の収支、村の債権・債務、政府からの給付金や社会からの寄付金の管理・利用状況が含まれる。第三に、村務監督機関が設置され、村民委員会成員の職務遂行状況の評議を行うこととなった。第四に、村民が村民委員会成員を推薦・罷免できるように、手続きの具体化が図られるにいたった。

風崗鎮政府の規定によれば、民主的な職務遂行状況の評議の対象は、党総支部委員会と村民委員会――「両委員会」――、ならびに、それらの成員とされる。「両委員会」については、六指標――(一)要職にある人々の団結、(二)集団経済の発展に向けた取り組み、(三)一般大衆の意見や提案の聴取、(四)物事を処理する際の公正さ、(五)生産・生活で生じた問題の対処に向けて注がれた労力、(六)腐敗と闘い、みずからを律する姿勢――が使われる。また、両委員会成員の個人評価に関しては、八指標――(一)担当する分野における能力、(二)一般大衆との交流、(三)率直・清廉さ、(四)仲間との結束、(五)物事を処理する際の公正さ、(六)仕事の進め方、(七)一般大衆の意見の聴取、(八)腐敗と闘い、みずからを律する姿勢――にもとづく。評価は、優から良、可、そして不可までの四段階である。最近の評議においては、村民代表九〇人と党員約一五〇人が参加した――もっとも、多数の人々が重複しているため、実際の人数は約一二〇人であった――。このほかに、主要幹部は、みずからが前年に行った活動と実績を、少なくとも毎年一回、村民代表会議に報告している。

実際には、監督と実績評定にて最も重要な指標は村の経済で、ことに年末配当の多寡、集団の純資産の増減、外国からの投資水準の変動である。要するに、村民は、評議にあっては非常に実利的であり、そうした経済重視は、一九七〇年代末以来、雁田の発展に貢献してきた――年末配当は増加し、社会福祉は向上した――。驚くことではないが、こうしたなか、大半の村民は、村民委員会の成員に不満はない。今日まで、業績不振ゆえに罷免された者は誰もいない。

まとめ

本章では、村民自治制度、村民の選挙、村務公開などの関連制度、村の主要組織間の結びつき、さらには上級政府との関係まで論じてきた。こうしたことをもとに、雁田村のガバナンスについて要点をまとめてみたい。第一に、雁田村における行政的な管理は、経済管理と同様に、ネットワーク化されている。しかし、それは開かれたネットワーク・システムではない。かつての集団の時代とは異なり、村域でのガバナンスの基礎は正式な行政機関ではない、村の共同体である。今までのところ、参加は、主として雁田村籍を有する当地村民に限られている。ネットワーク化された村ガバナンス・システムに外資系企業、従業員、出稼ぎ労働者が与える影響は微々たるものである。

そうしたネットワーク化された村民自治体系において、おもな統治者〔治理者〕は、村党総支部委員会、村民委員会、村の株式経済連合社理事会であり、被統治者〔被治者〕はおもに村籍を有する当地村民である。外来投資家や流入者――「新莞人」（新東莞人）――は除外される。村のリーダーたちと村籍住民には、一応展開し得る協調・意思疎通のメカニズムが存在する。そのような関係は、主として、村民自治という概念、村民の選挙、村務公開・監督の取り組みを通じて促進される。

雁田村の行政的な体系を、上級政府が成功したと受けとめているのは明らかである。東莞市と風崗鎮は、雁田村をモデル農村として振興してきた。そして、「村級両委〈両委員会〉工作実績量化評比〈定量的評定〉」において、この村は、「総分奨〈得点賞〉」「経済建設単項奨〈部門賞〉」「文化建設達標〈基準達成〉村」など、いくつもの賞に輝いた(註26)。また、雁田村は、社会の安定を維持し、総合的な管理を行うモデル農村ともみられている。

このように当局から称賛されているが、問題もある。そのひとつは、まさに村の三大統治組織——党総支部委員会、村民委員会、株式経済連合社理事会——の結びつきである。時期を分けて、実情を整理してみたい。二〇〇五年四月の選挙前、三大組織はすべて、村でたいへん尊敬されている名士・鄧耀輝一人によって率いられていた。二〇〇五年選挙の後については、政府の規定を踏まえて、みずからの強い意向により、鄧耀輝は村民委員会主任の職を固辞した。結果的に、党・村民委員会指導部の分離論が持ち上がった。もっとも、雁田村民のすべてとは言えないにしても、ほとんどの人々にとって、党務、村政、経済問題の分離など、ありえない考えであった。また、過去三〇年間にわたって、鄧耀輝は雁田の経済的な成功にとって極めて重要ととらえられていた。かくして、彼は立場が変わった後も、揺るぎない影響力を保持した。

第二に、雁田村の統治機構は上級政府の規定によって決められているが、村の発展を促進してきた当地独自の特徴がある。この村には方向性を示すのに長けた幹部が存在し、幸運であった。フォーマルな制度は、インフォーマルな制度、ことに鄧氏という親族関係とよくなじんでいた。それは、村内にて信任、忠誠、権威などを育んできた。二〇〇八年七月三日の意見交換時に鄧満昌が述べていた通り、「雁田の成功とは、確かな伝統に根ざしている。すなわち、私たちは、血縁によって密接につながり、強い連帯感を抱いている。雁田とは鄧氏の村で、鄧（耀輝）書記は優れた人物である」。むろん、集団経済の発展は必須であった。雁田村は、二〇〇二年より東莞市のすべての村のなかで、純資産に関しては第一位、また可処分財政収入においてはトップ一〇に入っている。そうした経済的な成功は、集団資産から支払われる直接配当や公共財の整備を通じて、村民に恩恵をもたらしてきた。現行の制度的な取り決めのなかで、こうしたことが雁田村籍の当地住民に満足感をもたらすのは当然である。

第三に、村の経済組織をめぐっては、たとえば、村政において、株式経済連合社の役割、ひいてはそれと党総支部や村民委員会との関係など、難問を抱えている。雁田村は、株式制改革の導入、所有権の明確化によって第一歩を踏み出した。しかし、次の段階が引き続き難題であり、そうした株式経済連合社が〝公司化〟され、市場原理、企業規範・規程にもとづいて経営されるのかどうかについては論議を呼ぶ。この将来ありうる展開は、村が外資への依存度を徐々に下げ、経済発展の方式を転換し、産業構造の高度化を促進できるかという、村の重大な経済問題に関わる。こうした挑戦の結果は、雁田村の長期にわたる発展の持続可能性を左右するであろう。株式経済連合社が独立した公司へと向かうのかどうかは、極めて重要な問いである。そして、党総支部委員会、村民委員会と、〝公司化〟される組織との関係は、その公司の主要株主と経営陣との関係に一変させられるのか。さらなる展開のなかで、当該公司は株主の多元化が必要になるかもしれず、それは必然的に新たなガバナンスの構造をもたらすであろう。これからの雁田の発展にとって、こうしたことは非常に重大な意味をもつ。

おそらく、最大の課題は、雁田村のガバナンスが排他的な発展から包摂的な発展へと変えられるのかであろう。現行の政治構造は、雁田村籍の人々にはうまく機能しているが、実際の総人口の九六％（現在、約八万人）は正式な政治参加を拒まれている。多くの人々は、何年も雁田村で働き、暮らしてきたが、政治的プロセスからは取り残されている。村務公開・監督制度に携わることもなく、村民自治制度の一部を成してはいない。加えて、彼らは村の集団の年末配当に含められず、村の年金制度にも加入していないため、労苦の賜物を享受できない。これは、雁田村だけでなく、急速に発展している多くの〝村〟・新市街化区域にとって、極めて重大な問題である。この難問に首尾よく対処できるのかどうかは、中国のこれからの社会的安定に著しく影響するであろう。

註1　たとえば、ダニエル・ケリハー（Kelliher 1997）、ロバート・パスター、譚青山（Pastor and Tan 2000）、何包鋼（He 2003）を参照。直接選挙のレベルを郷へ上げるのに失敗した試みについては、トニー・サイチ、楊雪冬（Saich and Yang 2003）を参照。

註2　「中華人民共和国村民委員会組織法」（http://gov.cn.flfg/2010-10/28/content_1732986.htm）を参照。

註3　村民代表会議は、人口密度の高い村や村民が広範囲に散在する村に設置される。村民代表会議は、村民委員会の成員および村民代表によって組織されるが、この村民代表は、村民代表会議の成員の五分の四以上、女性の村民代表は三分の一以上でなければならない。五～一五世帯ごとに一人の村民代表を推薦できる。または、各村民小組より推薦される。

註4　本法には、出身家庭と宗教的信条は候補者をふるい落とすための基準にすべきではないが、村全体としての利益をよく考え、公正で、ある程度の文化・教育水準の堅実な候補者でなければならないと明記されている。

註5　村民代表会議の代表は、各村民小組の人口をもとに決められる。したがって、人口の多い村民小組は、より多くの代表を推挙している。二〇〇八年の村民委員会選挙過程のなかで、各村民小組からの代表数は、次の通りであった。東一・一四人、東二・一九人、南坊・一〇人、北坊・一四人、西坊・九人、布心・七人、水貝・七人、長表・六人、石蚧・四人、合計九〇人。

註6　雁田村第五回村民選挙委員会の主任には、鄧沢栄——二〇一一年三月に党総支部書記に当選——、副主任には鄧淦田、そして、委員には九村民小組の組長が名を連ねた。委員の二人——水貝と布心村民小組——だけが、鄧氏ではなかった。

註7　「雁田村村民委員会成員直接提名〈候補者推薦〉選挙弁法〈規則〉」。

註8　「雁田村第五回村民委員会成員の候補者に関する提案的意見」「関于雁田村第五届村民委員会成員候選人建議意見」。これは、公文書として作成されていた。上部には「中共鳳崗鎮委員会」との印刷がなされた専用の便箋が用いられ、「中国共産党鳳崗鎮委員会」の公印も押されていた。その提言とは、次の通りである。

雁田村村民選挙委員会：

「中華人民共和国村民委員会組織法」、ならびに「広東省村民委員会選挙弁法〈規則〉」および「広東省村民委員会選挙弁法実施細則」にしたがい、また雁田村の村民委員会および党総支部委員会現任者の職務遂行状況の評議ならびに村民委員会成員の候補者を対象にした世論調査の結果を勘考し、鎮党委員会での討議を経て、次回村民委員会成員については、以下のような候補者名簿案が提言されている。

鄧満昌　村民委員会主任 候補者
鄧順誼　村民委員会副主任 候補者
鄧恵新　村民委員会委員 候補者
陳麗媚　村民委員会委員 候補者
鄧錦浩　村民委員会委員 候補者

村民選挙委員会は、この提言の公表、村民への説明を図り、選挙人の理解を醸成した上で、候補者の直接推薦を執り行い、第五回村民委員会の改選作業を首尾よく進めること。

この公文書の最下部には、「備考：鄧沢栄同志は村民委員会成員選挙に立たず」と手書きされていた。

註9

風崗鎮政府に提出されるとともに、村民に公表された「雁田村第五回村民委員会の候補者推薦大会にて直接選出された者についての報告書」［雁田村第五届村委会提名候選人大会直接当選人報告単］には、次のように記されていた。

風崗鎮村級組織換届〈改選〉選挙工作指導小組：

二〇一一年四月四日、雁田村は、関連手続きに厳格にそって候補者推薦大会を開催した。二、六〇八人の選挙人のうち、二、六〇六人が参加した。候補者推薦の投票用紙は二、六〇六票を交付、二、六〇四票を回収した。有効票は二、六〇四票、棄権票は二票であった。村民選挙委員会による点検・審査を経て、さらには「二つの過半数」［両個過半］という要件にもとづき、以下の者が直接選出された。

職位	氏名	得票数	性別	年齢	学歴	所属政党	現職
主任	鄧満昌	二、一六二	男	四二	大学	中国共産党 党員	副主任
副主任	鄧順誼	二、一四五	男	三六	高等専門学校	中国共産党 党員	委員
委員	鄧恵新	二、〇一〇	男	三九	高等専門学校	中国共産党 党員	委員
委員	鄧錦浩	一、七九一	男	三二	中学校	中国共産党 党員	治安隊長
委員	陳麗媚	二、三四五	女	三八	高等専門学校	中国共産党 党員	委員

開票検査員　鄧国姿　　票数集計員　鄧汝嬌
開票読み上げ員　鄧騰方

雁田村村民選挙委員会主任（署名）　鄧沢栄

報告日　二〇一一年四月四日

註10　五人の党員については、入党時期が不詳であった。

註11　他の候補者は、鄧淦田、鄧順誼、鄧森揚、陳麗媚、鄧恵新、鄧永昌であった。「中国共産党雁田村総支部委員会改選選挙党員大会の開催に関する照会」［関于召開中共雁田村総支部委員会換届選挙党員大会的請示］を参照。

註12　「中国共産党雁田村総支部委員会改選選挙党員大会の開催承認に関わる回答」［関于同意召開中共雁田村総支部委員会党員大会進行換届選挙的批復］を参照。

註13　党員一六五人のうち、一六〇人が参加した。このうち、選挙権を有する正式な党員は一五一人、予備党員は九人であった。得票は、次の通りであった。

陳麗媚一四二票、鄧順誼一三五票、鄧沢栄一二〇票、鄧満昌一一九票、鄧恵新一一四票、鄧淦田九〇票、鄧永昌八二票。

これら七人すべてが選出された。

註14　「中華人民共和国高級農業生産合作社示範章程」（http://wenku.baidu.com/view/f1a05fd8d15abe23482f4d25.html）。

註15　「農村人民公社工作条例（草案）」（http://www.lawyee.net/OT_Data/legislation_Display.asp?RID=7505）。

註16　これは、同じ地域の『陳村』での状況であった（Chan, Madsen, and Unger 2009, 340）。

註17　たとえば、集団の投資事業の審議・認可に関して、一、五〇〇万元未満の場合は理事会によってなされるが、一、五〇〇～三、〇〇〇万元の場合は株主代表大会によって行われなければならない。

註18　候補者は、株主で満一八歳以上であり、被選挙権を有すること。また、原則として、候補者は少なくとも中学校教育を修了し、六〇歳以下であること。さらには、「政治的素質」と「経営管理能力」に優れた「紅」と「専」であることとも特筆されていた。

註19　各村民小組の株主代表数は、その人口による。分布状況は、次の通りである。

東一・一六人、東二・二一人、南坊・一一人、北坊・一六人、西坊・一〇人、布心・七人、水貝・七人、長表・七人、石蚧・五人。

註20　その他は、東一・一六人、北坊・一六人、南坊・一一人、西坊・一〇人、布心・七人、水貝・七人、長表・七人であった。

註21　その成員は、新しい党総支部書記の鄧沢栄、組織的作業を担当する党総支部委員の鄧淦田、そして九村民小組の組長であった。

註22　他の候補者は、鄧順誼、鄧恵新、李恵帮、鄧森揚、鄧岳輝、鄧広南であった。

註23　「雁田株式経済連合社理事会・監事会成員選挙規則」［雁田股份経済連合社理事会、監事会成員選挙弁法］。

註24　他の得票については、鄧恵新八九票、李恵帮八五票、鄧広南七六票、鄧岳輝七四票であった。

註25　「二〇〇三年広東省村務公開工作量化測評〈定量的評定〉表」は、〈一〉村の経済・社会発展計画、〈二〉年度財務計画、〈三〉集団資産、〈四〉村の集団の経済プロジェクト、〈五〉集団所有地の収入と利用、〈六〉災害救援のために寄せられた義捐金とその利用、〈七〉政府からの補助金、特定事業費、〈八〉農民が負担する各種費用、〈九〉農村合作医療制度の保険料、〈一〇〉村幹部の給与、賞与、手当、〈一一〉住宅用地の許可、〈一二〉計画出産に関する情報、〈一三〉郷政府への協力、〈一四〉その他、計一四項目を対象としている。

註26　この定量的評定は、東莞市党委員会事務局、東莞市政府事務局、東莞市統計局によって、共同で企画された。おもな経済指標には、（一）工業生産総額、（二）農業生産総額、（三）固定資産投資総額、（四）民営経済固定資産投資総額、（五）東莞市外からの国内資金による固定資産投資総額——他省・市からの資金による五〇万元を超えるプロジェクトの実質投資額——が含まれていた。

第九章　雁田

——過渡期のモデル

過去三〇年間にわたる雁田の発展は目覚ましく、この村を世界的な製造業の中心地である華南の一部へと一変させた。人、資金、工場が流れ込み、生活様式はすっかり変わってしまった。いくつかの点において、このような話はよく知られたことで、有り余るほどの労働力の供給、輸出加工区の建設を通じた新たな富の創出、農村から都市への転換がみられた（Commission on Growth and Development 2008）。また、雁田は、その特異な発展を方向づけてきた、それ自体の特質も有している。今や、韓国や台湾の輸出加工区が抱えているような課題に、同じく直面している。製造業で二〇年近くの輸出主導型成長を率いていた比較優位が崩れ始めたとき、産業の高度化が図られ、国内企業は一段と革新的にならねばならなかった（類似した課題については、Yusuf and Nabeshima 2009）。雁田がこうした新たな難問に対処できるかどうかは、まだ分からない。

雁田の経済発展モデルにみられる特徴

　雁田の経済発展モデルを形成している重要な特徴は、いくつか見出せる。第一に、幹部が文化大革命の政治的な大惨事と経済的混乱から抜け出て、みずからの針路を切り開こうとしたとき、北京でなされた政策転換が極めて重要であった。階級闘争は本質的な問題ではなく、経済発展に重点を置くことは、当地の村幹部に外資誘致のチャンスを与えた。当初は他の一部地域とは違って、村の幹部が、中央の政策の紆余曲折に素直に追随しがちで、特に進取の気概に富むわけではなかったことは注目に値する。土地改革、集団化といった段階には、それはより一層顕著にみられた。中国の他の地域で生じた、集団化への抵抗というようなものはなく、集団組織を止める機会がやってきても、農民はそれを捨て去らなかった。このことは村民自身も認めているが、特に進取の気概に富むというか、勤勉な人々の大半は、一九四九年前後のさまざまな時期に香港に逃れていったという。深圳経済特区の設立とそれに続く珠江小デルタの対外開放は、発展のチャンスをもたらした極めて重要な因子であった――広東省は、毛沢東時代の諸政策のもとで冷遇され、香港、国際市場、さらにはイギリスの植民地であった時期に培われた製造業・貿易の専門知識への近接性といった強みを生かせないでいた――。珠江デルタは、改革の時代の主要な受益者となり、雁田村もそうした恩恵を受けて、三〇年前には想像もできなかった豊かさを手にすることができなった。

　第二に、経済の最も力強い発展段階は、外資によって促された。江蘇省南部や山東省の農村など、中国の他村とは異なり、雁田は、かつての集団化時代から受け継いだ、強い村営企業を欠いていた。また、新しい産業に投資するにも、村には自己資本がなかった。成功した採石場の立ち上げでさえ、香港から資金提供されていた。このように村のリソースが乏しいなか、村の幹部は、香港を手始めに、さらに遠く台湾、その他の地域からも投資を求めた。これは、折しも香港での製造コストが上昇し、国境を越えて中国の安価な土地と労働力が、製造工程を雁田に移すのに適した基盤を提供していた時期であった。絶頂期には、雁田で事業展開する外資系企業は四〇〇社を超えた。

こうした急増は、より廉価な製品を求める米国、西ヨーロッパ、東アジア各地の消費需要に支えられていた。これらの国々のいずれも貿易に障壁を設けず、それぞれが管轄する域内で登記された企業に水を差さなかったことは、大きな後押しとなった。特に米国は、ソビエト連邦との冷戦という対立関係のなか、中国を有用な味方として世界経済へ引き入れることに地政学的な利点を見出した。その開放政策は、一九八九年の大きなできごとによって途切れることもなく、一九九二年に鄧小平が経済改革にてこ入れをした南巡講話を受けて、また中国の世界貿易機関（WTO）加盟に向けた準備が進められるなか急加速した。

第三に、工場に配置できる安価な労働力の供給は、尽きることがないほどであった。中国は、戸籍［戸口］登記制度を廃止していないが、労働市場や移動の自由をめぐっては管理をかなり緩和していた。食糧配給制度や各種制限が廃止され、郷里から遠く離れたところの市場で必需品を購入することができるようになった。華南の急成長する企業での比較的高賃金な農外労働といったプル要因に加えて、プッシュ要因もあった。農家をベースにした農業に立ち返るとは、製造企業によって吸収されうる、大量の余剰労働力が突然解き放たれることを意味した。独自に小規模企業を発展させることができなかった地域に、一時的でも永続的でも他の土地に移ることによって得られるチャンスは、希望を与えた。このように流動する労働者からの送金は、雁田などの生産拠点から遠く離れた農村の家計において重要な役割を果たし始めた。雁田村籍の人々は約三、〇〇〇人であるが、当地に暮らす流動者は、絶頂期には約一五万人に達したとみられる。

このモデルには、雁田ならではの二つの特徴——新型の集団の発展と親族集団の役割——がある。そこで、第四にであるが、経済発展に成功してきた村々は、まさに何らかの集団組織を取り入れてきたことがただちに見て取れる。これら新型の集団は、人民公社時代のかつての集団と明確に区別できる——実際、村が集団を組織するやり方には、かなりの差異がある——。そのようなかたちへといたらせるおもな要素は、土地所有権である。中国において農村の土地は、通常、村の農民による集団所有とされている。それゆえ、個人は土地を売却することや、事業展開の融資を得るための担保とすることができない。要するに、村は、自分たちの土地を完全売却せずに、活用する手立てを見出さなければならない。中国農村部の比較的豊かな地域の多くの村では、農民は、集団が解体され、農家経営請負制が導入された際に手にした農地を、喜んで、あるいは、しぶしぶ返していた。農民はもとの家を出て近代的な集合住宅に暮らすようになり、利益をあげるために、より広い土地が利用可能となった。雁田では、農民は土地を村の集団が管理するように進んで戻したようで、大きく異議が唱えられた形跡もない。村民の居住区は、美しい庭や運動施設を備え、見事なものである。新型の経済集団はかつての集団とは異なり、雁田村籍のすべての当地村民は、個人株を通じて当該組織と明確につながり、年末配当を受けている。集団の管理下に置かれた土地は、今度は、外資系企業ならびに国内企業にそれが貸し出される基盤をなした。中国農村部において、こうした土地の集団所有がなければ、その発展モデルは大いに異なったであろう。とはいえ、雁田では、村による土地の管理にもかかわらず、経済そのものは明らかに市場にもとづき、基本的には私営経済が展開されている。近年、外資系企業数が減少するなか、村はみずからが営むいくつかの企業の育成、より多くの国内企業の誘致、そして、より積極的な不動産事業の展開を試みている。

雁田の株式経済連合社は排他的な組織であり、村籍の当地村民のみ個人株を与えられている。現在、株主数は固定され、新しい株主が加わることは許されていない。こうして、村内で創出された富が当地村民の手もとにとどまり、次世代へと受け継がれるようにしてきた。この閉ざされた組織は、すべての村でみられるといったものではない。たとえば、北京郊外の昌平区に位置する人口約一、四〇〇人の鄭各庄村《チョンコーチョアン》では、村籍住民でない人々も集団の株式を取得することができる。村民に加えて、村内の工場や企業で働いている人々も、「北京宏福集団」――理事長は黄福水鄭各庄村党総支部書記、村民委員会主任――の株を購入することができる。定期的に株式の発行がなされ、購入はいずれの範疇の人々にも開かれている（註1）。実際、北京宏福集団の黄福水理事長は、市場経済への真の移行を成し遂げるには、親族集団による、村の集団に対する支配を打ち破ることが欠かせなかったと語っていた。

第五に、雁田では、その発展の方向づけにあたり、鄧氏の役割が極めて重要であった。鄧氏は村の政治・経済を指揮し、新型の集団を発展させる際にも、重大な役割を果たしてきた。党総支部委員会については、書記、副書記に加えて、委員五人のうち四人も鄧氏である。同じく、村民委員会では成員五人のうち四人、そして株式経済連合社理事会では成員七人のうち六人まで鄧氏である。鄧氏は常に村の党支部・総支部書記で、当該親族集団は、新中国建国前も当地の暮らしを取り仕切っていた。この親族集団こそ、村の最も強力な社会関係資本となっている。香港に残留していた、あるいは一九四九年よりも前にその地へ移住もしくは一九四九年以降に脱出していた鄧氏の族人は、必要な投資を雁田村へもたらす架け橋を築いた。ひとたび彼らが道筋をつけると、ほどなくさらには外国からの投資が続いた。村に拠点がある鄧氏は、親族集団の名を高らしめるため、族譜の編纂、清明節などの行事に合わせた会合の開催、非常に大きな記念館（祠堂）の建設によって、さらには改革の〝父〟、鄧小平とのつながりさえ創り上げ、親族集団を通して過去からの継続性や結合を強化した。重要なことに、親族集団は、どのような政府機構改革の青写真、村政に関わる選挙権の拡大からも、それ自体を守ってきた。株式経済連合社は、現在、その社員が固定されている。したがって、外来者は、給付や雁田村籍の当地村民にとって最も重要な収入源となっている年末配当をともに享受することができない。ただ、鄧氏のみならず、村籍を有するすべての当地村民がそうした恩恵を受けられるようになり、かつての集団化時代がもたらした影響がまさに認められる。もっとも、権力ならびに監督はその主導的な親族集団のなかに存在するということに疑問の余地はない。

この発展モデルの課題

輸出加工にもとづくこのモデルは、その顕著な成功にもかかわらず、持続性に影響を及ぼす諸課題に直面している。そうした課題の一部は、たとえば薄利な企業の収益性を損なう賃金や原材料費などの段階的な上昇のように、輸出加工をもとに発展してきた他の地域においてもよく知られている。あまり高度なことが求められない製品を扱う数多くの企業は、バングラデシュ、ベトナムなど、他の低コストな生産拠点へ、あるいは、内陸部に移転している。日系企業は、世論の動向や政府筋の反応にとりわけ脆弱で、中国でのいかなる途絶も他の生産拠点によって確実に埋め合わせされるように、このところ〝チャイナ＋1《ワン》〟という方策を講じてきた。もっとも、課題のなかには、中国における政策環境の特殊な事情から生じているものもある。未来に目を向けると、経済、社会開発、そして政治的包摂《インクルージョン》に関わる難問がひかえている。

経済分野では、国内外における発展にともない、雁田での企業の収益性は低下し、外資系企業の多くは倒産もしくは他所へ移転した。米国の住宅バブル崩壊に端を発した二〇〇八年世界金融危機は、中国で生産された製品に対する需要の大幅な減少をもたらした。二〇〇九年、中国の輸出額は前年比一五・九％減、輸入額は一一・三％減、そして対中直接投資は二・六％減と推計され、二、〇〇〇万人あまりの出稼ぎ労働者が職を失った（Morrison and LaBonte 2011, 22）。雁田では、外来者数が絶頂期の一五万人から八万人前後に下落した。二〇一一年、ヨーロッパ、米国の債務危機の影響により、またしても製品需要の減少という危機にさらされた。中国は世界最大の輸出国であり続けたが、輸出額から輸入額を差し引いた貿易黒字は前年比一四・五％減となり、二〇一二年に輸出の加速は見込めなかった（*BBC*, 2011/12/07 ; *China Daily*, 2012/01/11）。

人民元高も、利幅を減らしてきた。一九九四年頃から二〇〇五年七月まで、中国政府は、輸出増大の促進、対中直接投資の奨励というその発展戦略の不可欠な部分として、米ドルに固定された人民元を維持していた。こうした政策により、離農しようとした人々への雇用の創出や西側の技術の導入が期待されていた。前者は、おそらく後者よりも功を奏した。しかし、二〇〇五年七月、外圧のためばかりでなく、国内経済への悪影響のために、政策が転換された。極めて重要なことは、国内消費の振興、輸出主導型経済への依存の低減という、胡錦濤総書記、温家宝首相を始め、指導部の意向であった。なお、それらは前指導者の江沢民、朱鎔基が掲げた重要政策の焦点であり、中国が二〇〇一年にWTO加盟を果たして以降、大きく進展していた。結果的には、二〇〇五年七月から約三年間、中央銀行〈中国人民銀行〉の管理下で、人民元はドルに対して八・二八元から六・八三元へ約二一％上昇した。世界金融危機は、指導部内にかなりの懸念を抱かせ、彼らは人民元の切り上げを停止し、国内経済には五、八六〇億ドルの景気刺激策を発動した。二〇一〇年下半期、中国当局は二・九％という人民元の穏やかな切り上げを容認した。二〇一二年の初めには、人民元は一ドル＝六・二九元まで人民元高が進んだ後、六・三七元に一八年ぶりに切り下げられた。こうした通貨高により、珠江デルタに投資していた多くの企業では利幅が著しく減少した。

このような通貨高による影響は、中国の労働者の賃金・諸手当の引き上げで一段と深刻化した。胡錦濤・温家宝の政策的意図は、一部の投資を中国内陸部へ向けさせることであり、中国の発展モデルにおいて際立ってきた所得の不平等への対応である。二〇一〇年四月に胡錦濤が語った通り、賃上げは、「持続的な経済発展を推し進める中国にとって、内需を効果的に高める唯一の道」である（Chung 2010）。

二〇〇八年一月に施行された新しい労働契約法は、労働者の労働契約上の権利を強化した（註2）。その後、二〇〇九年、二〇一〇年夏には、雇用者――特に外資系企業――に賃金水準を引き上げるように圧力をかけるストライキが相次いだ。二〇〇九年第一四半期には、労働争議が四二％増加した。仏山市のホンダ系工場での注目を浴びたストライキ、深圳市の鴻海科技集団——フォックスコン——の工場での従業員の自殺は、賃上げの動きを勢いづけた——中央の指導部によって支持されていたように見える——。

そうした展開を受けて、ホンダ系工場は賃金を二四％、鴻海科技集団の工場は三〇％引き上げた（Chung 2010）。また、より体系的な賃上げ——特に最低賃金の引き上げ——もなされた。たとえば、二〇一一年三月、広東省は最低賃金を月額一、三〇〇元に、深圳市は一、三二〇元に引き上げた（*China Daily*, 2011/03/03：『領導決策信息』二〇一一年一〇月二六日）。さらに二〇一一年四月、労働部門は、今後五年間、賃金を年に一五％上昇させ、最低賃金については毎年一三％引き上げるように求めた（*China Daily*, 2011/04/20）。これが達成されるかどうかは何とも言えないが、生活水準を高め、製造業部門においては製品の質的向上を図ろうとする中央指導部の意気込みが反映されている。二〇一一年、私たちが調査した雁田の比較的大規模な工場では、平均賃金が約二、〇〇〇元であった。二〇一一年八月五日の記事によれば、ボストン・コンサルティング・グループは、二〇一五年に中国の製造業での平均的な賃金・諸手当は、米国の一七％になるであろう——二〇〇〇年の三％から上昇——と試算していた（Slaughter 2011）。これは、ボストン・コンサルティング・グループによる二〇一一年八月発行のレポートで確かめられ、二〇一五年、中国が米国で消費される多くの品目について享受していた低コストという大きな強みが、米国の低コスト地域と比較すると、わずかな違いにまで低下するであろうとも推計していた——靴・繊維製品は当てはまらず、他の低コスト国へ——。そうしたことは、中国で進む賃上げ、輸送費、米国の労働者のより高い生産性に起因するであろう（Boston Consulting Group 2011）。

賃金の上昇は沿海部の労働力不足によっても拍車がかかり、労働者の交渉権は高められた。ひとつには、これは、中国政府が世界金融危機後に講じた大規模な景気刺激策が招いた結果であった。かなりの投資が農村部のインフラストラクチュアになされ、相当数の流動者は、郷里に一層近いところでそれなりの仕事を見出せた。二〇一一年一月、珠江デルタでは、約二〇〇～三〇〇万の労働者不足が見込まれた（『人民日報』二〇一一年一月六日）。なお、二〇一〇年七月、労働不安に対応していた広東省当局は、企業において理事会の成員の三分の一を従業員理事とすることが可能となる企業管理の新条例を起草した。これは多数の外資系企業――おもに香港系企業――に反対されたが、従業員の三分の一が求めれば、賃金をめぐり団体交渉ができるとの指針が取り入れられた。

「国家発展改革委員会対外経済研究所」の張燕生所長は、五～一〇年以内に、中国はその低コストという強みを失い、他に競争上の優位性を探らなければならないであろうと述べていた（註3）。このような展開が東莞地域に及ぼす影響は見て取れる。鳳崗鎮党書記の朱国和によれば、その絶頂期には、外資系企業は全企業の九〇％を占めたが、二〇一一年には、それが四〇％近くに下がってしまった。二〇〇七年、外資系企業は一、三〇〇社に達していたが、二〇一一年八月にはその数が六六〇社に落ち込んでいた。鳳崗鎮において、焦点は、それら外資系企業から国内企業への転換、さらには国内市場をめざす外資系企業への支援であった（鳳崗鎮党書記・朱国和への聞き取り調査 二〇一一年八月三日）。雁田村では、四〇〇社を超えた外資系企業が一八〇社に減ったが、国内私営企業の数は増えている。その減少については、むろん、世界金融危機の影響を受けていた。中国農業部の調査によると、約二、〇〇〇万人の仕事が沿海部の輸出センターにおいて——特に広東省で——失われていたという（*China Daily*, 2010/02/02）。

東莞市当局は、世界金融危機が問題を際立たせる前から、経済モデルを調整する必要があることを認識していた。「東莞対外貿易経済合作局」の蔡康副局長によれば（聞き取り調査 二〇一一年八月三日）、市政府は二〇〇六～二〇〇七年に大改革を検討し始め、二〇〇七年の市人民代表大会・人民政治協商会議（両会）では、経済・社会発展モデルを転換する必要性のあらましが述べられた。この両会では、過去三〇年にわたる輸出主導型戦略の成功は、今後、持続し得ないであろうとの結論にいたった。ひとつには、これは彼らが注目した、企業が移転し始めるまでそうしたモデルが二〇年ほど存立した韓国と台湾に関する研究を踏まえていた。東莞に設立された企業の多くは、初めは香港系であったが、やがて台湾系となった。もっとも、東莞にて下級の政府当局は、当初、問題を認識していなかった。そして、新たな現実を痛感させたのは世界金融危機であったと蔡康は指摘していた。したがって、風崗鎮当局がみずからの経済モデルの転換に乗り出したのは、二〇〇八～二〇〇九年になってからであった（風崗鎮党書記・朱国和への聞き取り調査二〇一一年八月三日）。蔡康によると、協議は、モデルを変えるかどうかから、いかにモデルを変え、さらには何に変えるかに転じていった。ただし、雁田の幹部は、自分たちの発展戦略が終わりに近づきつつあることを、東莞市当局とほぼ同時期には認識していたと語っていた。

東莞市から打ち出された政策は、企業数をよりどころにした量的モデルから、より高度な製品をという質的モデルへの転換である。このような転換が進んでいる全体的な兆候はいくつかある。一九九六年に中国の輸出の四〇％を占めていた靴、繊維、衣料は、二〇一〇年には二〇％あまりになっていた。一方、一九九六年に二〇％に達していなかったエレクトロニクスは四〇％近くに増加していた(註4)。風崗鎮党書記・朱国和は、風崗鎮に残存している工場もしくはこのところ開設された工場は、規模において、撤退もしくは破産した工場の約二倍という。外資系企業の役割が低下していくなか、今後をみすえると、おもに二方面の政策が掲げられる。まずは、蔡康によれば、東莞がエレクトロニクスの拠点であり続けることで、クラスターという利点、当地の専門的知識、インフラストラクチュアにより、産業が残り得るだけでなく、新しい企業が惹きつけられようというものである。彼は、東莞がデスクトップ・コンピュータやさらに大型のシステムで名を馳せたのに対して、後発の蘇州はノートパソコンにより特化していると注目していた。

次いで、それらは、国内市場に進出する外資系企業を手助けするサービス・センターとして発展しつつある。当局者は、輸出目的で設立された企業に、製品のより多くを国内販売できるように規定が変わるであろうと楽観的であった。実際、二〇〇九年、「広東対外貿易経済合作庁」は、外資系製造企業に国内販売の拡大を促そうと、販売サービス網の構築、ブランド化への支援、資金援助の拡充を含む、一連の方策を示した(註5)。この政策的な取り組みはインパクトがあった。東莞は、世界金融危機で最も大きく揺らいだ地域として積極的に関わってきた。二〇一一年半ばまでに、外資系企業の販売促進のため、全国各地で合計二〇〇回の製品博覧会が開催され、その第一回広東省外資系企業製品国内販売博覧会は二〇〇九年六月一八日〜二〇日に東莞市にて行われた。この博覧会には二、五〇〇の展示ブースが設けられ、それらは無料で提供された（http://www.dongguantoday.com/subject/2009fecf/shownews.asp?id+3 参照）。これらの施策は、効果があったようである。二〇一一年半ばにには、広東省の外資系企業の国内販売が八、〇一六・一億ドルとなり、輸出総額の三二・七％に達した。東莞市では、国内販売が一、五〇〇億ドル、二〇〇七年比一二・八％の上昇となった（註6）。

さらに、当局者は、東莞での開発経験が、恵州市など、それほど急速に発展しなかった広東省の諸都市の支援に生かされることを期待していた。東莞市の強みとは、恵州市が開発に利用できる、かなりの土地を有していることである。

雁田村においては、特定の分野での産業集積は進まず、凝集性の高い文字通りの中核的企業が存在しない。村の幹部は、製造業を先細りにし、雁田村経済のサービス化を図ることなどできないとも感じている。結果的に、彼らは中国の私営企業の誘致に重点的に取り組んできた。企業総数としては変わらず、二五〇社近くが事業に資金を投じている。今後、企業の発展を妨げるおもな要素は、村内の土地不足である。最大の事業者である日系企業のシナノケンシ――東莞信濃馬達有限公司――は、新たな生産施設を建設するのに十分な土地を村が整えられず、やむなく安徽省にその新工場を開設した。そのほかに、村は、中国の他の地域でよく知られた手法を取り入れている。彼らは、中央政府の対策にもかかわらず不動産投機を進め、また、より独自な村営企業の創設にも着手している。

そうした経済的課題に加え、この発展モデルは、社会的、政治的課題も招いてきた。第六章、第七章では、教育、医療衛生に関わる政策がいかにしてより包摂的になり始めたのかを論じてきた。流動人口は、絶頂期には一五万人、二〇一一年でさえ八万人前後に達し、当初は、雁田村の組織によって整備された公益事業に、流入者がアクセスすることを可能にするかどうかについて、そして後には、どのようにすべきかについて、かなりの議論がなされた。より大きな進展は、医療衛生よりも教育に関してみられた[註7]。東莞市当局は、「新莞人」（新東莞人）の子女は、一定の条件を満たせば、公立の学校教育へのアクセスを認められるようにすべきとの規定を公表していた（Fenggang Education Office 2011/01）。それゆえ、二〇〇七年九月より、雁田小学校は入学条件を満たす新莞人の子女のために当てられた。しかし、第六章にて論じたように、施設・教員は質的に著しく見劣りした。なお、そうした公立学校に入学できず、雁田の民営学校に通わなければならなかった外来者の子女もいた。医療衛生へのアクセスは、より大きな問題をはらんでいた。経済が発展し、流入してきた人々が比較的長期にわたって留まるようになり、社会的包摂に若干の進展はみられる。この方向での継続的な政策展開は、西ヨーロッパという状況でトマス・H・マーシャルがいう、経済的福祉と社会保障への権利を包含した「社会的市民権」と類似しているかもしれない。中国にて、これは「政治的市民権」より上位にあるようだ（Marshall 1950; 1964）。このことは、中国共産党が政治的権利よりも経済的・社会的権利を優先するのと合致している（Saich 2001）。また、胡錦濤と温家宝の政策の重点、政策に残る社会主義イデオロギーの影響、さらにはすべての人民を代表するという中国共産党の主張——したがって、いかなる政治的反対勢力の必要性も拒否するとの持論——を反映している。もっとも、雁田にて、流動者が依然として二等市民であることは明らかである。

　こうした排除は、村の経営管理へのアクセスや政治参加に関してさらに明確である。どのように見ても、当地の党総支部委員会、村民委員会、株式経済連合社に外来者はいない。流入してきた人々は、二〇一一年の村民の選挙に参加していない。東莞市当局は、そうした問題を認識しており、二〇一〇年より、流入者に当地戸籍の取得を認める政策の推進に取り組んでいる。風崗鎮にて、近年、戸籍［戸口］登録された住民数は一年に約一、〇〇〇人増加し、総計は二万人から二万四、〇〇〇人になった。また、人民政治協商会議の鎮委員会には、「新莞人」から選ばれた委員が四人もいる。もっとも、風崗鎮党書記・朱国和によれば、当地戸籍の取得を望まない外来者はまだ多数いるという（聞き取り調査 二〇一一年八月三日）。郷里にもどった際に土地を確実に持っていたいという人々と、まだ落ち着く先を決めていない、比較的良い教育を受けた人々――海外からの帰国者を含む――といった、おもに二グループが見受けられた。この政治的排除は、今のところ問題を引き起こしているようにはみえないが、村内にて流入者の第二世代が成長し、疎外感を感じると、大量の流動人口を吸収するなかで諸問題に直面してきた、世界のほかの地域でもよく知られた困難な状況が生じ得る。

　雁田の歩みとは、珠江デルタの多くにかつてない富をもたらしてきた発展モデルの典型である。このモデルは、前向きな変化を必要としているが、輸出志向型製造業部門が完全に減退するとは言っていない。投入コストの上昇にもかかわらず、依然として、競争相手と考えられるメキシコなどの他国に対し、比較優位を保っている。明らかに、低コスト生産の多くは海外へ移転していき、あるいは、これから移転していくであろう。しかし、この地域は、より高度な製造工程を要する他の産業を留めておく機会を有している。社会的包摂に関する問題については、流入者は同一の村に暮らしながら、いかにも別世界に住むような状況であるが、少しずつ対処がなされつつある。おそらく、最も難しい問題は、政治的排除への取り組みとともに生じるであろう。たとえ選挙権が拡大されるにしても、雁田において、外来者コミュニティには、なおも新型経済集団の恩恵は分け与えられないであろう。

註1　二〇一一年八月六日、北京にて、村党総支部書記で「北京宏福集団」理事長の黄福水に聞き取り調査。

註2　「中華人民共和国労働合同〈契約〉法」。本法は、たびたび規定に従わなかった国内企業をおもな対象としていた。

註3　また、張燕生は、利益の大半は商標を有する多国籍企業によって国外に持ち去られたとも指摘していた。「中国の製造企業は貿易総額を増加させているが、多国籍企業がほとんどの利ざやを享受している」（*China Daily*, 2011/01/03）。

註4　「中国／安価の終焉か?: 早まるな…」（http://blogs.ft.com/beyond-brics/2011/05/17/china-the-end-of-cheap-not-so-fast/）。

註5　二〇〇九年一月一日（http://www.hktdc.com/info/mi/a/bacn/en/1X000E06/1/Business-Alert--China/Five-Measures-by-Guangdong-to-Help-Enterprises-Expand-Domestic-Sales.htm）。

註6　「対外貿易企業を支援する広東省政府の取り組み」（http://dollaritem.wordpress.com/2011/07/25/guangdong-government-to-help-foreign-trade-enterprises.htm）。

註7　このことは、村民委員会主任の鄧満昌も指摘していた（聞き取り調査 二〇一一年八月四日）。

おもな参考文献

Becker, Jasper 1996, ***Hungry Ghosts: Mao's Secret Famine***, New York, Free Press.

Blecher, Marc 1991, "Developmental State, Entrepreneurial State: The Political Economy of Socialist Reform in Xinji Municipality and Guanghan County," in Gordon White ed., ***The Chinese State in the Era of Economic Reform: The Road to Crisis***, pp. 265-91, London, Macmillan.

Blecher, Marc and Vivienne Shue 1996, ***Tethered Deer: Government and Economy in a Chinese County***, Stanford, CA, Stanford University Press.

Boston Consulting Group 2011, ***Made in America Again: Why Manufacturing Will Return to the US***, n.p.

Chan, Anita, Richard Madsen, and Jonathan Unger 2009, ***Chen Village: Revolution to Globalization***, 3rd edn., Berkeley, University of California Press.

Chang, Leslie, T. 2009, ***Factory Girls: Voices from the Heart of Modern China***, London, Picador.

Chung, Olivia 2010, "Pay-rise Time for China's Workers," ***Asia Times***, June 9.（http://www.atimes.com/atimes/China_Business/LF09Cb01.html, 2012/02/23 アクセス）

China Development Research Foundation 2012, ***Constructing a Social Welfare System for All in China***, New York, Routledge.

Commission on Growth and Development 2008, ***The Growth Report: Strategies for Sustained Growth and Inclusive Development***, Washington DC, International Bank for Reconstruction and Development, World Bank.

Deng, Peng 1997, ***Private Education in Modern China***, Westport, CT, Praeger.

Deng, Yaohui, ed. 2003, ***Dongguan Yantianzhi***［東莞雁田誌］, Unpublished paper.

Dikötter, Frank 2010, ***Mao's Great Famine: The History of China's Most Devastating Catastrophe***, London, Bloomsbury.

"Dongguanshi zhigong jiben yiliao baoxian zanxing guiding"［東莞市職工基本医療保険暫行規定］1999, Dongguan City Government, November 8.（http://www.law-lib.com/LAW/law_view.asp?id=310583, 2012/02/23 アクセス）

Duara, Prasenjit 1988, ***Culture, Power, and the State: Rural North China, 1900-1942***, Stanford, CA, Stanford University Press.

Duckett, Jane 1998, ***The Entrepreneurial State in China: Real Estate and Commerce Departments in Reform Era Tianjin***, London, Routledge.

Fenggang Education Office 2011, "Gei xin guaner jiazhang de yifeng xin"［給新莞人家長的一封信］, January 12.

Freedman, Maurice 1971. ***Chinese Lineage and Society: Fukien and Kwangtung***, London, Athlone Press.

Friedman, Edward, Paul G. Pickowicz, and Mark Selden 1991, ***Chinese Village, Socialist State***, New Haven, CT, Yale University Press.

Guobanfa 2003, "Guanyu jianli xinxing nongcun hezuo yiliao zhidu yijian de tongzhi"［国務院弁公庁転発衛生部等部門関于建立新型農村合作医療制度意見的通知］, ***Guobanfa***, no. 3（2003）.（http://www.ln.gov.cn/zfxx/zfwj/gwybgtwj/200812/t20081212_307261.html,

2012/02/23 アクセス）
“Guowuyuan guanyu fazhan chengshi shequ weisheng fuwu de zhidao yijian”［国務院関于発展城市社区衛生服務的指導意見］, *Guofa*, no. 10 (2006). (http://www.gov.cn/zwgk/2006-02/23/content_208882.htm, 2012/02/23 アクセス）
He, Baogang 2003, “Are Village Elections Competitive?,” in Joseph Y.S. Cheng ed., *China's Challenges in the Twenty-first Century*, pp. 71-92, Hong Kong, City University of Hong Kong Press.
Hillman, Ben 2005, “Politics and Power in China: Stratagems and Spoils in a Rural County,” Ph.D. thesis, Australian National University.
History of the Chinese Communist Party: A Chronology of Events, 1919-1990, 1991, Beijing, Foreign Languages Press.
Hu, Biliang 2007, *Informal Institutions and Rural Development in China*, New York, Routledge.
Kelliher, Daniel 1997, “The Chinese Debate over Village Self-Government,” *The China Journal*, no. 37 (January), pp. 63-86.
Kennedy, John James 2007, “The Implementation of Village Elections and Tax-for-Fee Reform in Rural Northwest China,” in Elizabeth J. Perry and Merle Goldman eds., *Grassroots Political Reform in Contemporary China*, pp. 48-74. Cambridge, MA, Harvard University Press.
Kung, James Kai-Sing 1999, “The Evolution of Property Rights in Village Enterprises: The Case of Wuxi County,” in Jean C. Oi and Andrew G. Walder eds., *Property Rights and Economic Reform in China*, pp. 95-120, Stanford, CA, Stanford University Press.
Lin, Nan 1995, “Local Market Socialism: Local Corporatism in Action in Rural China,” *Theory and Society*, 24, no. 3 (June), pp. 301-54.
Lin, Nan and Chih-Jou Jay Chen 1999, “Local Elites as Officials and Owners: Shareholding and Property Rights in Daqiuzhuang,” in Jean C. Oi and Andrew G. Walder eds., *Property Rights and Economic Reform in China*, pp. 145-70. Stanford, CA, Stanford University Press.
Lin, Nan and Xiaolan Ye 1998, “Chinese Rural Enterprises in Transformation: The End of the Beginning,” *Issues and Studies*, 34, no. 11/12 (November/December), pp. 1-28.
Liu, Jindai and Zhong Daojing 2008, “Dongguan shoupi shequ weisheng fuwu jigou qidong, menzhen ke baoxiao liucheng”［東莞首批社区衛生服務機構啓動 門診可報銷六成］, *Nanfang ribao*, August 28. (http://www.chinanews.com/jk/zcdt/news/2008/08-28/1363547.shtml, 2012/02/24 アクセス）
Luo, Pinghan 2006, *Cunmin zizhi shi*［村民自治史］, Fuzhou, Fujian renmin chubanshe.
Mao, Zedong［1943］1965, “Spread the Campaigns to Reduce Rent, Increase Production and ‘Support the Government and Cherish the People’ in the Base Areas,” October 1, in *Selected Works of Mao Tse-tung*, vol. III, pp. 131-35, Peking, Foreign Languages Press.
Marshall, Thomas H. 1950, *Citizenship and Social Class, and Other Essays*, Cambridge, UK, Cambridge University Press.
Marshall, Thomas H. 1964. *Class, Citizenship and Social Development: Essays*, Garden City, NY, Doubleday.
Mountfield, Edward and Christine P.W. Wong, eds. 2005, “Public Expenditure on the Frontline: Toward Effective Management by Subnational Governments,” in *East Asia Decentralizes: Making Local Government Work*, pp. 85-106, Washington, DC, World Bank.
National Bureau of Statistics (NBS) 2008, *Zhongguo tongji nianjian 2008*［中国統計年鑑 2008］, Beijing, Zhongguo tongji chubanshe.

Nolan, Peter and Dong Fureng eds. 1989, ***Market Forces in China: Competition and Small Business – The Wenzhou Debate***, London, Zed Books.

North, Douglass C. 1990, ***Institutions, Institutional Change and Economic Performance***, New York, Cambridge University Press.

Oi, Jean C. 1992, "Fiscal Reform and the Economic Foundations of Local State Corporatism in China," ***World Politics***, 45, no. 1 (October), pp. 99-126.

Oi, Jean C. 1998, "The Evolution of Local State Corporatism," in Andrew G. Walder ed., ***Zouping in Transition: The Process of Reform in Rural North China***, pp. 35-61, Cambridge, MA, Harvard University Press.

Oi, Jean C. 1999, ***Rural China Takes Off: Institutional Foundations of Economic Reform***, Berkeley, CA, University of California Press.

Oi, Jean C. and Andrew G. Walder, eds. 1999, ***Property Rights and Economic Reform in China***, Stanford, CA, Stanford University Press.

Oi, Jean C. and Zhao Shukai 2007, "Fiscal Crisis in China's Townships: Causes and Consequences," in Elizabeth J. Perry and Merle Goldman eds., ***Grassroots Political Reform in Contemporary China***, pp. 75-96, Cambridge, MA, Harvard University Press.

Pastor, Robert A. and Qingshan Tan 2000, "The Meaning of China's Village Elections," ***The China Quarterly***, no. 162 (June), pp. 490-512.

Perry, Elizabeth J. 1997, "From Native Place to Workplace: Labor Origins and the Outcome of China's ***Danwei*** System," in Xiaobo Lü and Elizabeth J. Perry eds., ***Danwei: The Changing Chinese Workplace in Historical and Comparative Perspective***, pp. 42-59, Armonk, NY, M.E. Sharpe.

Putnam, Robert D., with Robert Leonardi and Raffaella Y. Nanetti 1993, ***Making Democracy Work: Civic Traditions in Modern Italy***, Princeton, NJ, Princeton University Press.

Ruf, Gregory A. 1998, ***Cadres and Kin: Making a Socialist Village in West China, 1921-1991***, Stanford, CA, Stanford University Press.

Saich, Tony ed. 1996, ***The Rise to Power of the Chinese Communist Party: Documents and Analysis***, Armonk, NY, M.E. Sharpe.

Saich, Tony 2000, "Globalization, Governance, and the Authoritarian Westphalian State: The Case of China," in Joseph S. Nye, Jr. and John D. Donahue eds., ***Governance in a Globalizing World***, pp. 208-28. Washington, DC, Brookings Institution Press.

Saich, Tony 2002, "The Blind Man and the Elephant: Analysing the Local State in China," in Luigi Tomba ed., ***East Asian Capitalism: Conflicts, Growth and Crisis***, pp. 75-99, Milan, Feltrinelli.

Saich, Tony 2008, "The Changing Role of Urban Local Government," in Shahid Yusuf and Tony Saich eds., ***China Urbanizes: Consequences, Strategies, and Policies***, pp. 181-206, Washington, DC, World Bank.

Saich, Tony and Xuedong Yang 2003, "Innovation in China's Local Governance: 'Open Recommendation and Selection'," ***Pacific Affairs***, 76, no.2 (Summer), pp. 185-208.

Shambaugh, David. 1997, "Building the Party–State in China, 1949-1965: Bringing the Soldier Back in," in Timothy Cheek and Tony Saich eds., ***New Perspectives on State Socialism in China***, pp. 125-50, Armonk, NY, M.E. Sharpe.

Slaughter, Jane 2011, "Next Low-Wage Haven: USA," August 5. (http://labornotes.org/2011/08/next-low-wage-haven-usa, 2012/02/23 アクセス)

Smith, Graeme 2010, "The Hollow State: Rural Governance in China," *The China Quarterly*, no. 203 (September), pp. 601-18.
Steinfeld, Edward S. 2010, *Playing Our Game: Why China's Rise Doesn't Threaten the West*, Oxford, Oxford University Press.
Teiwes, Frederick C. 1987, "Establishment and Consolidation of the New Regime," in Roderick MacFarquhar and John K. Fairbank eds., *The Cambridge History of China, vol. 14, The People's Republic of China, Part I*, pp.51-143, Cambridge, MA, Cambridge University Press.
Teiwes, Frederick C. 1993, *Politics and Purges in China: Rectification and the Decline of Party Norms, 1950-1965*, 2nd edn, Armonk, NY, M.E. Sharpe.
Tsai, Kellee S. 2002, *Back-Alley Banking: Private Entrepreneurs in China*, Ithaca, Cornell University Press.
Tsai, Lily L. 2001, "Strategies of Rule or Ruin? Governance and Public Goods Provision in Rural China," Paper presented at the Annual Meeting of the Association of Asian Studies, March.
Tsai, Lily L. 2002, "Cadres, Temple and Lineage Institutions, and Governance in Rural China," *The China Journal*, no. 48 (July), pp. 612-45.
Tsai, Lily L. 2007, *Accountability without Democracy: Solidarity Groups and Public Goods Provision in Rural China*, New York, Cambridge University Press.
Tsai, Lily L. 2011, "Friends or Foes? Nonstate Public Goods Providers and Local State Authorities in Nondemocratic Transitional Systems," *Studies in Comparative International Development*, 46, no. 1, pp. 46-69.
Tsang, Mun C. 1991, "The Structural Reform of Secondary Education in China," *Journal of Educational Administration*, 29, no. 4, pp. 65-83.
Unger, Jonathan and Anita Chan 1999, "Inheritors of the Boom: Private Enterprise and the Role of Local Government in a Rural South China Township," *The China Journal*, no. 42 (July), pp. 45-74.
Vogel, Ezra F. 1969, *Canton under Communism: Programs and Politics in a Provincial Capital, 1949-1968*, Cambridge, MA, Harvard University Press.
Vogel, Ezra F. 1989, *One Step Ahead in China: Guangdong under Reform*, Cambridge, MA, Harvard University Press.
Walder, Andrew G. 1998, "Zouping in Perspective," in Andrew G. Walder ed., *Zouping in Transition: The Process of Reform in Rural North China*, pp. 16-23, Cambridge, MA, Harvard University Press.
Wang, Xiaoyi, Zhang Jun, and Yao Mei 1996, *Zhongguo cunzhuang de jingji zengzhang yu shehui zhuanxing: Guangdongsheng Dongguanshi Yantiancun diaocha* [中国村庄的経済増長与社会転型—広東省東莞市雁田村調査], Taiyuan, Shanxi jingji chubanshe.
Wank, David L. 1999, *Commodifying Communism: Business, Trust, and Politics in a Chinese City*, New York, Cambridge University Press.
Watson, Andrew 1984, "Agriculture Looks for 'Shoes That Fit': The Production Responsibility System and its Implications," in Neville Maxwell and Bruce McFarlane eds., *China's Changed Road to Development*, pp. 83-108, Oxford, Pergamon Press.
Watson, James L. 1982, "Chinese Kinship Reconsidered: Anthropological Perspectives on Historical Research," *The China Quarterly*, no. 92 (December), pp. 589-622.
Watson, Rubie S. 1982, "The Creation of a Chinese Lineage: The Teng of Ha Tsuen, 1669-1751," *Modern Asian Studies*, 16, no. 1, pp. 69-100.

Wong, Christine P.W. 1997, "Rural Public Finance," in Christine P.W. Wong ed., ***Financing Local Government in the People's Republic of China***, pp. 167-212, Hong Kong, Oxford University Press.

Wong, Christine 2007, "Can the Retreat from Equality be Reversed?: An Assessment of Redistributive Fiscal Policies from Deng Xiaoping to Wen Jiabao," in Vivienne Shue and Christine Wong eds., ***Paying for Progress in China: Public Finance, Human Welfare and Changing Patterns of Inequality***, pp. 12-28, London, Routledge.

World Bank 2002, ***China National Development and Sub-National Finance: A Review of Provincial Expenditures***, Washington, DC, Poverty Reduction and Economic Management Unit, East Asia and Pacific Region, April 9.

Xi Zhongyang 2008, "Tianxia Dengxing Yuan Dengzhou" [天下鄧姓源鄧州], ***Renmin ribao, haiwai ban***, November 20.

Xu Yong 2000, "Zuizao de cunweihui dansheng zhuiji: Tanfang cunmin zizhi de fayuandi Guangxi Yizhou Hezhai cun" [最早的村委会誕生追記—探訪村民自治的発源地 広西宜州合寨村], ***Yanhuang chunqiu***, no. 9, pp. 34-38.

Yeung, Godfrey 2001, ***Foreign Investment and Socio-Economic Development in China: The Case of Dongguan***, Basingstoke, Palgrave.

Yu Weiliang 2002, "Zhongguo nongcun de cunwu gongkai zhidu" [中国農村的村務公開制度], in Yearbook on Grassroots Democracy and Politics in Rural China ed., ***2001 Zhongguo nongcun jiceng minzhu zhengzhi jianshe nianjian*** [2001 中国農村基層民主政治建設年鑑], pp. 337-54, Beijing, Zhongguo shehui chubanshe.

Yusuf, Shahid and Kaoru Nabeshima 2009, ***Tiger Economies under Threat: A Comparative Analysis of Malaysia's Industrial Prospects and Policy Options***, Washington, DC, World Bank.

Zhao Shukai 2011, ***Nongmin de zhengzhi*** [農民的政治], Beijing, Shangwu yinshuguan.

"Zhongguo nongcun weisheng gaige yu fazhan beijing ziliao" [中国農村衛生改革与発展背景資料] 2000, in Economic Research Department of the Ministry of Health and the Institute of Development Studies ed., ***Zhongguo nongcun weisheng gaige yu fazhan guoji yantaohui*** [中国農村衛生改革与発展国際研討会], Beijing, Unpublished paper.

Zhou, Kate Xiao 1996, ***How the Farmers Changed China: Power of the People***, Boulder, CO, Westview.

Zweig, David 1997, ***Freeing China's Farmers: Rural Restructuring in the Reform Era***, Armonk, NY, M.E. Sharpe.

訳者あとがき

人文・社会科学分野において広く知られている英国の出版社、パルグレイブ・マクミランは、カール・リスキン（ニューヨーク市立大学経済学特別教授）、林春（ロンドン政治経済学院比較政治学准教授）、レベッカ・カール（ニューヨーク大学東アジア研究・歴史学准教授）を主幹に、シリーズ China in Transformation〈変わりゆく中国〉の刊行を、二〇一二年より開始している。同年四月、楊大利（シカゴ大学政治学教授）が取りまとめた Yang, Dali L. ed. 2012, *The Global Recession and China's Political Economy*〈グローバル不況と中国の政治経済〉を皮切りに、八月には、ダニエル・バック（オレゴン大学アジア研究・地理学准教授）による Daniel Buck 2012, *Constructing China's Capitalism: Shanghai and the Nexus of Urban-Rural Industries*〈中国の資本主義建設——上海ならびに都市・農村工業の結合関係〉が上梓され、さらに一〇月には、この翻訳書のもとになったトニー・サイチ（ハーバード大学ケネディ・スクール大宇国際関係学教授）、胡必亮（北京師範大学経済学教授）の共著、Saich, Tony and Biliang Hu 2012, *Chinese Village, Global Market: New Collectives and Rural Development*〈原題／グローバル市場 中国の村——新型の集団と農村開発〉が出版された。原書においては、タイトル・ページに先立って、シリーズの趣旨が次のように記されている。

シリーズ「変わりゆく中国」では、現代中国に関する独創的な研究、翻訳・分析、ディベートの傑作を刊行していく。批判的かつ学際的な視座で、中国をその歴史的、地域的、国際的な背景のなかに位置づけ、さらには中国を糸口にグローバルな潮流を探っていく。本シリーズは、より長期的な問題や課題を見出すしなやかな取り組みとして、学問領域、観点、あるいは手法にとらわれず、学術研究の発展ならびに多角化に資する、変わりゆく中国ひいては世界の新たなとらえ方を提起する。

なお、二〇一四年七月、本シリーズには、鍾雪萍(タフツ大学中国文学教授)と王斑(スタンフォード大学中国学教授)がまとめた Zhong, Xueping and Ban Wang eds. 2014, *Debating the Socialist Legacy and Capitalist Globalization in China*〈中国における社会主義的遺産ならびに資本主義的グローバル化を考える〉が、さらに加えられた(http://www.palgrave.com)。

改めて、本書は、そうした叢書として出版された著作 Saich, Tony and Biliang Hu 2012, *Chinese Village, Global Market: New Collectives and Rural Development*, Palgrave Macmillan の全訳である。

原書のバックカバーには、次の通り、ハーバード大学の世界的な碩学による推薦の言葉が添えられ、その下段に続く簡明な要旨とあわせて、原著者らが長年の実地調査をもとに論考を深めてきた「グローバル市場に生きる、中国・珠江デルタの村」の変わりゆくガバナンスを主題とする、臨場感あふれる〝スタディ・ツアー〟へと導いている。

一九六〇年代初頭、広東省南部・東莞県からの飢えた難民は、隣接する香港へと命がけで逃れた。広東省のひとつの村である雁田は、一九八〇年からの三〇年間に、農業を担う小さな生産大隊から、世界に向けて商品を製造する、人口八万人の繁栄した近代的コミュニティへと成長した。トニー・サイチと胡必亮は、そうした変化のなかで、経済、社会、ガバナンスの構造が、いかなる進展を遂げてきたのかを明らかにしている。

——エズラ・F・ヴォーゲル　ハーバード大学ヘンリー・フォードII社会科学名誉教授

Chinese Village, Global Market: New Collectives and Rural Development〈原題／グローバル市場　中国の村——新型の集団と農村開発〉は、中国における主要な工業・輸出センターのひとつに転じた、一農村に関する興味深い研究である。そうした変化を可能にした新機軸は、ローカル・レベルのリーダーシップと、中央政府およびグローバル化する世界経済との相互作用を通して見出された。そのような変化を促した中央政府の施策は、広く知られている。あまりよく分かっていないのは、実際に地元の人々が編み出し、しかも経済だけでなく末端レベルでのガバナンスに影響を与えた取り組みがどれほど多く、さらには教育から医療衛生まで公益事業がいかに整備されているかである。

——ドワイト・H・パーキンス　ハーバード大学ハロルド・H・バーバンク政治経済学研究教授

本書は、雁田というひとつの村〈広東省東莞市鳳崗鎮雁田村〉の、そしてその目覚ましい経済的、社会的な変動の物語である。この村は、中国がグローバルな製造・生産拠点として現れる原動力となった珠江デルタに位置している。村の成功は、かつてのゆるりとした農村部を絶えず変化させてきた、新型経済集団の創設、ネットワークを活用するその能力、さらには香港への近接性に支えられていた。著者らのおよそ二〇年間にわたる実地調査の成果である *Chinese Village, Global Market*〈原題/グローバル市場 中国の村〉は、経路依存、社会構造、経済的資源、ローカル・レベルの企業家精神など、いくつもの要因によって、諸状況がいかに形づくられているのかを明らかにしている。

この原書は、出版された翌年、イェルゲン・デルマン〈コペンハーゲン大学中国学教授〉によって、コペンハーゲン・ビジネス・スクールが公刊するアジア研究誌 *The Copenhagen Journal of Asian Studies* 31 (2) の書評欄に紹介されている。著作の主題、研究方法、構成を概説した後、この評者は、雁田村での研究から見出されたその経済発展の鍵は、とりわけ、「故郷の村の族人を支援することに関心を寄せた、香港へ移り住み成功していた人々」や「賃貸料収入をもたらした流入者」の存在、「上級政府が、鄧氏という親族集団を当地の主導的な権力組織かつ有用なパートナーとして受け入れ、本来の共産主義的スタンスを翻した」いわば政治力学の転換、そして「土地の資本化」であったと整理してみせ、さらには状況に応じて巧みに手を打ってきた、村の要職を代々務める「選り抜きの鄧氏族人」の力量にも着目している(Delman 2013, 116)。

著作においては、中国のローカル・レベルにおける「発展の軌跡が見事に描き出され、その分析と総合が堅実になされている」と称えた上で、この新刊書評は、歯に衣着せぬ見解も簡潔に示している。たとえば、鄧耀輝編『東莞雁田誌』を含めて当地支援者から寄せられた資料・情報には、「検証」という難題が必然的につきまとい、また詳細に提示されるデータについては、「ときに調査報告書のように読ませている」ところがみられ、さらに「当地のエリートによるレント・シーキング」といった側面への言及は控えられていないかとも付言する（116-117）。もっとも、最後に、「これらは、つまらぬあら探しであり、トニー・サイチと胡必亮の論考は、中国の農村開発研究に関わる広範な分野への明らかに多大な、喜ばしい寄与」と、評者は改めて述べている（117）。

上述の通り、「変わりゆく中国ひいては世界の新たなとらえ方を提起する」というシリーズの編集方針のもとで刊行された原書は、中国の農村開発はもとより、都市・地域開発、国際開発・協力などにご関心をお持ちの日本のみなさま――日本語を実用的な言語とされる国内外の方々――にも大変示唆に富む著作と確信し、微力ながら邦訳を務めさせていただいた。公共・公益思想、内発的発展論、社会的包摂《インクルージョン》などについて具体的に論考を深める際、原著者らの事例研究からはさまざまな手がかりが得られよう。

近年、量子物理学の世界観に関心を寄せる訳者としては、この翻訳作業を進めながら、今日「雁田人」とされる〝定住者〟たる雁田村籍の当地住民――ことに有力な親族集団（宗族）の族人――が、ある意味、歴史的にも、空間的にも、みずからを絶えず〝移動〟させ、自分たちに必要不可欠ないくつかのアイデンティティや〝居場所〟（〝居住〟状態）の共存をもくろみ、しなやかに仕立て上げたそのありさまなぞ、言わば〝量子力学的な重ね合わせ、もつれ合いのありよう〟の一部分とも見てとれ、大変興味深く感じられた（ゾーハー 1991, 183-184:谷村 2012, 64-68 参照）。「新莞人」（新東莞人）といったアイデンティティで当地にひととき暮らすにすぎないとされた人々についても、今後「戸籍制度改革の加速」といった潮流のなか、雁田村での実地調査をベースに改めて考究がなされたなら、その〝実情〟に即した解釈、ガバナンスの次なるかたちを、また大いに学ばせていただきたい。

最後に、人名、組織名、地名などの訳出にあたっては、関係機関のウェブサイトに加えて、特に『雁田新治理―― New Governance in Yantian Village of Guangdong Province』（胡必亮 2012）ならびに『中国村庄的経済増長与社会転型――広東省東莞市雁田村調査』（王暁毅・張軍・姚梅 1996）も参照させていただいた。先覚の精緻な著述に、深謝の意を表したい。なお、原書のなかに記された一部の方々の氏名については、名誉・人権保護などの観点から、漢字をもとにしたイニシャル表記とした。そして、末筆ながら、このような事柄を含め、本翻訳・出版作業の要所にて貴重なご助言をたまわった鹿島出版会出版事業部の久保田昭子さん、ならびに安昌子さんに、心よりお礼を申し上げたい。

二〇一五年五月

谷村光浩

主要参考文献

Delman, Jørgen 2013, "[Book Review] Tony Saich and Biliang Hu, *Chinese Village, Global Market: New Collectives and Rural Development*, NY: Palgrave Macmillan, 2012," *The Copenhagen Journal of Asian Studies*, vol.31, no.2, pp. 115-117, Frederiksberg, Copenhagen Business School.

胡必亮 2012『雁田新治理―― New Governance in Yantian Village of Guangdong Province』、北京、中国社会科学出版社。

Saich, Tony and Biliang Hu 2012, *Chinese Village, Global Market: New Collectives and Rural Development*, New York, Palgrave

Macmillan.
谷村光浩 2012〝移動する人々をめぐる論考からの類推より考えられる「量子都市ガバナンス」の記述〟、『名城論叢』、第一二巻 第四号、49-70頁、名古屋、名城大学経済・経営学会。
王暁毅・張軍・姚梅 1996『中国村庄的経済増長与社会転型——広東省東莞市雁田村調査』、太原、山西経済出版社。
ゾーハー、ダナー（中島健訳）1991『クォンタム・セルフ——意識の量子物理学』、東京、青土社。

索引（人名）

索引（事項）

〈中国語読みが定着していると思われる地名は、それにもとづき配列〉

著者紹介

トニー・サイチ（Tony Saich）

文学博士〔オランダ・ライデン大学大学院文学研究科〕
ハーバード大学ケネディ・スクール大宇国際関係学教授
アッシュ民主的ガバナンス・イノベーション・センター、ラジャワリ財団アジア研究所 所長

　オランダ・ライデン大学漢学〈中国学〉研究所にて、准教授、教授、そして所長を歴任。現代中国の政治・行政等を専攻。一九九四年から九九年までは、フォード財団中国事務所代表。おもな著書に、*Governance and Politics of China*（Palgrave Macmillan, [First edition, 2001] Third edition, 2010), *Providing Public Goods in Transitional China*（Palgrave Macmillan, 2008), *Revolutionary Discourse in Mao's China*（デイビッド・E・アプターとの共著：Harvard University Press, 1998）。

胡必亮（Hu, Biliang）

経済学博士〔ドイツ・ヴィッテンヘルデッケ大学大学院経済学研究科〕
北京師範大学経済学教授
北京師範大学経済・資源管理研究院、新興市場研究院院長

　中国社会科学院研究員、同大学院准教授、教授等を歴任。二〇〇七年から〇九年までは、ハーバード燕京研究所客員研究員、ハーバード大学ケネディ・スクール アッシュ民主的ガバナンス・イノベーション・センター上級研究員。制度経済学、開発経済学等を専攻。おもな近著に、*Informal Institutions and Rural Development in China*（Routledge, 2007), *A Village Economy in Central Thailand*（Thai Watana Panich Press, 2007）。一九九五年、二〇〇七年には「孫冶方経済学賞」、2009年には「張培剛開発経済学優秀成果賞」を受賞。

訳者紹介

谷村光浩（Tanimura, Mitsuhiro）

博士（工学）〔東京大学大学院工学系研究科〕一九六二年大阪生まれ
名城大学経済学部・大学院経済学研究科准教授、早稲田大学法学学術院非常勤講師
中国国際民間組織合作促進会（北京）国際顧問

　これまで、タイ・チュラロンコン大学建築学部ＪＩＣＡ専門家、国際開発高等教育機構研究員、国際基督教大学ＣＯＥリサーチ・フェロー、国連大学学長室客員研究員として、途上国の都市・地域開発論等を専攻。おもな翻訳・近著に、Ｊ・フリードマン著／谷村光浩訳『中国 都市への変貌』（鹿島出版会、二〇〇八）、谷村光浩著／李勇訳〝従物理学類推得出的〝可想象治理〟記述〟（清華大学公共管理学院『中国非営利評論』vol.8, 2011）、谷村光浩著／程雅琴訳〝従移動人口研究類推可想象的〝量子城市治理〟記述〟（同 vol.13, 2014）。

中国《ちゅうごく》 グローバル市場《しじょう》に生《い》きる村《むら》

2015年8月20日　第1刷発行

著　トニー・サイチ
胡必亮
訳　谷村光浩《たにむらみつひろ》

発行者　坪内文生

発行所　鹿島出版会
〒104-0028 東京都中央区八重洲2-5-14
電話　03-6202-5200
振替　00160-2-180883
http://www.kajima-publishing.co.jp

装　丁　伊藤滋章

DTP　エムツークリエイト

印　刷　三美印刷

製　本　牧製本

ISBN978-4-306-07317-3　C3052